ムラの未来・ヒトの未来

——化石燃料文明の彼方へ

ムラの未来・ヒトの未来

——化石燃料文明の彼方へ——

目次

第3章 歴史的断絶が見える――中田豊一 75

序章

和田信明

この本では、あまりに当たり前だと思われているゆえに、これまで誰も書かなかった現代の正体、私たちが今を生きる世界の本当の姿を描き出す

南インド。アーンドラプラデシュ州とオディシャ州の州境近く、バンサダラー川の畔にスブラーイ村がある。一九九三年に、この村で小さな火災があった。出火したのは、この村に住む陶器職人の仕事場だった。窯の火が仕事場の藁《わら》屋根に燃え移ったのだ。幸い、仕事場が焼けただけで鎮火した。周りに壁はなく、木の柱に藁屋根を葺《ふ》いただけの仕事場は、それまでに何度も焼けている。

当時、小さなNGOとも言えないようなNGOを立ち上げて援助を始めたばかりの私は、この仕事場の再建を支援した。藁屋根をトタンに替えて、これで少々飛び火してもすぐに火事にはならないだろうと、私も陶器職人たちもささやかな満足を覚えた。この「再建」にいくらかかったか覚えてはいないが、当時、私の「NGO」であまり悩むこともなく出せる金額だったのだろう。

陶器職人たちは、冬、つまり乾季にさまざまなサイズの甕、椀などを焼き、雨季になると製品を自転車にくくりつけて近隣の村で売り歩いた。このような家庭で使う製品のほかに、建築用の煉瓦も焼いた。陶器は、乗用車の車輪ほどの大きさの轆轤《ろくろ》を回して成形した。釉薬を塗るでもない素焼きの素朴なものだったが、木立や牛や田圃とともに辺りの風景に溶け込み、村の一部となっていた。

ところが、これから数年を出ずして、これらの陶器は村から消えた。まさに、いつの間にか消えて

いた。理由は簡単だ。プラスチックのジャーなどが、陶器を駆逐したのだ。それは、あとで振り返ってみれば、まさにあっという間のできごとだった。時を同じくして、村にさまざまなプラスチック容器が入ってくるようになった。そして、飴の袋、食用油の袋などのプラスチックが、ゴミとなってそこら中に散らかり始めた。これらは、素焼きの陶器と違って辺りの景色に溶け込むなどということはなく、しかし村の生活に居座った。

これを、なんと呼べばいいのだろうか。ただ、生活が変わったというのだろうか。それとも、村の生活が進歩したというのだろうか。陶器が古くなったというのだろうか。陶器を作る人が古くなったというのだろうか。陶器より、プラスチックの容器のほうが便利だというのだろうか。私には、わからない。ただし、私にわかろうがわかるまいが、起きてしまったことは、起きてしまったことだ。

*

前段の終わりで、「私には、わからない。ただし、私にわかろうがわかるまいが、起きてしまったことは、起きてしまったことだ」と書いたが、この「わからなかったこと」のひとまずの解答を書こうとするのが、この本だ。別の言葉で言えば、中田と私がこの本で書こうとしているのは、私たちが現在生きる世界が何を意味しているかだ。時間軸で表現すると、現代世界の意味、ということになるだろうか。しかし、現代世界の意味するところといっても、私たちは、この本で現代の「分析」ということは行ってはいない。ましてや、現代の「解説」なども行ってはいない。そんなことをしても、まず退屈するのは私たちであり、実際、私たちが生きるうえで何の役にも立たないことがよくわかっているからだ。

では、何を書いているか。それをあえてこの本に出てくる順序で、キーワードで表してみると、村、近代化、化石燃料、土、水、ヒト（種としてのヒトであり、ヒト科ヒト属ヒト種のこと）、ゴミ、そして私たちの日々の生活となる。なんだか判じ物みたいだが、最後までお読みいただければ、そのつながりがはっきりおわかりいただけるものと思う。

私と中田は、この四半世紀近くを、いわゆる途上国の農村や都市のスラムと係わってきた。インド、インドネシア、ネパール、ラオス、セネガル、イラン、アフガニスタン、ミャンマー、カンボジア、バングラデシュと国名を挙げていくだけでも、いったいいくつの村を訪れたのか覚えていない。その中でも、鮮やかに記憶に残っている村もあれば、行ったことさえ覚えていない村もある。正確に言えば、私が覚えていないのだから、人に指摘されて、そんな村に行ったこともあったのかと思うだけの村だ。一方日本では、個人的な係わりがあった愛媛県、山梨県、兵庫県、高知県、そして岐阜県北部のいくつかの村しか知らない。それでも、私たちが不思議に思うのは、日本であろうと途上国の村であろうと、文化やその他諸々の違いを超えて、同じ運命を辿ろうとしているとしか思えないことだ。

それは、冒頭のエピソードに描いた陶器からプラスチックへの移り変わりに象徴されるものに、私が、常に喉に小さな骨が引っかかっているような違和感を覚え続けていたことに関係があるようだ。そして、その違和感が何によって来たるものなのか、それがわからないことによる居心地の悪さとも関係があるようだ。ただ、そのことは長年の宿題を棚の隅に放り出したままのように、まともに考えないようにしていた、というより、何をどう考えて良いのかわからなかったというほうが正直だ。

ところが、転機が訪れた。それは、中田が私の途上国の農村での仕事ぶりを参考に、実践的な優れた方法論を築き上げたことによる。その方法論という具体的な武器を手に入れたことで、この一〇年ほど、中田と私二人でその方法論を現場でさらに練り上げるという営みを続けてきた。それはまた、その方法論を通して私たちに新たな視野、というより私たちの思考にある種の風通しの良さをもたらす年月でもあった。そして、私がこの年月「喉に引っかかっていた小骨」について、それが何であったかを明らかにするための、十全とは言えないまでもほぼ十分な経験を積むことができた年月でもあった。

ちょうどそのようなとき、中田が、そのような試みを一気に後押しするような思考の枠組みを文章にした。その後押しを受け、私も長年の疑問に基づく思索を文章にした。この本は、そのような私たちの試みを形にしたものだ。ある意味、謎解きではあるが、そもそも、いったい何が謎なのか、何が「喉に引っかかっている」のか、私にもやもやしたものをもたらしているのか、そのことから中田は本書で解き明かしている。私は、中田が解き明かしたことが何を具体的にもたらしているのか、私がこの四半世紀、私の母国である日本と途上国を行き来することで理解できたことを書こうとしている。

したがって、基本は、あくまでも私と中田のこれまで体験してきた、いわゆる開発途上国の村や都市を通して、そして私たちが日々暮らす日本で、私たちが理解できた範囲のことだ。だから、村に関しては農村、しかも主に私が最も接することの多かった南インドの小さな山村にまつわる体験が基になっている。そういう意味では、私たちの知見の及ぶ範囲などたかがしれている。

この本は、学術的な本ではない。あくまでも、私たちの体験に基づいた村との具体的な係わりを基にした思索であり、これからどう私たちは生きていくのかの、実践的な展望だ。果たして本書がそうなっているかどうかは、読者の判断にゆだねるしかない。


改めて言うまでもないが、中田と私は、長年、いわゆる国際協力という分野で仕事を続けてきた。中田流の言い方をするなら、「援助屋」というやつである。中田が常に言うように、この「援助屋」という表現には、多少の誇りと自嘲《じちょう》がない交ぜになっている。誇りの部分は、人類社会の理想に向かって困難な状況の中で仕事をしているという自負であり、そして自嘲の部分は、果たしてそれが何らかの成果をもたらし、目標とするものに多少とも近づいているのかという根本的な疑問がちらつく、その自分の心の在り様の部分である。

だが、「誇り」の部分も人類社会の理想とは何だと正面切って問われれば、ぐらつかざるをえない。畢竟《ひっきょう》、人類社会の理想とは、具体的にどんな社会を将来作ろうとしているのかということであり、その具体的な社会像が描けない限り、単なるお題目にすぎないからだ。われわれの自嘲の部分は、まさにそこにある。そして、このことこそ私たちの前著『途上国の人々との話し方――国際協力メタファシリテーションの手法』では書けなかった部分だ。

国際協力とは、相手側の状況への介入である。特に、私たちのように、農漁村、都市のスラムなど、コミュニティ単位で係わることが多い場合、相手が現在置かれている状況を変えるという方向で係わる。もっと端的に言えば介入するわけだから、大いにこちらの価値観を持ち込むことになる。その場合、自分たちがどのような未来をめざし、それがどのような価値観に基づいているのかよくわからないなど、これはもう笑うしかない。

私たちは、村に代表されるコミュニティ(共同体)が抱える課題を解決する。解決する主体はコミュニティであり、私たちはそれを支援するという建前になっている。だが実際は、課題の設定もその解決方法も私たちが持ち込むものであり、したがって、文化も生活習慣も、そしてそれぞれ抱える課題も違うはずの世界各地の村で、どこも似たようなプロジェクト、いやまったく同じ内容のプロジェクトを十年一日のごとく行っている。

その代表的な例が、農村で行われている貧困削減のための収入向上プロジェクトであり、大方は、何か商品作物を育てて売ろうというものである。その商品作物は、当該地域でもとから産出されていたものは希で、外から持ち込まれたものが多い。

外から持ち込むということは、すでにその作物を消費しているところを市場《しじょう》とするのであれば、新たにその市場に参入するということであり、当然ながら激しい競争に最初から晒されることになる。

品質、流通経路などあらゆる面を開拓し、既存のシェアに食い込んでいかなければならない。

また、その作物を食べる習慣がなかったところを市場とする場合、消費者が日常的にその作物を消費するようにする、つまり市場を作り出す必要がある。また、作り出したところで、ある程度のボリュームになれば投機の対象になる。砂糖、カカオ、綿花、麻などの市場価格がどのように推移し、それに生産農家がどれほど翻弄されているかを見れば、それは明らかだ。それでなくとも消費者は飽きやすく、ある年もてはやされたものが翌年には見向きもされないなどはよくあることだ。

いずれにせよ、途上国の伝統的な村には、難題という表現でさえ控えめと言うほかない取り組みだ。単に商品作物を育てるという本来の農民としての取り組みのほかに、市場調査、商品の販売促進、コスト計算など、簡単に言えば会社の経営のようなこともやらなければならない。これを、長い時間をかけて学んでいけばできないことはないだろう。だが、プロジェクトの期間は通常三年から五年だ。プロジェクトが終了して外部者の投入（金銭的な投資のほか、技術的指導なども含む）がなくなった途端、作物の生産そのものがいつの間にか終わってしまうなどという例は枚挙に遑《いとま》がない。

現象の奥にあるもの

だが収入向上プロジェクトの成否など、実は上っ面のできごとにすぎない。日々生起する現象の奥には、この程度のプロジェクトをしても、ほとんど有効性をもちえない事態が起きている。その事態とは、言うまでもなく村への市場経済の浸透であり、現金がなければ生活していくのが困難になる社会の仕組みだ。

ある程度土地に余裕があり、さらには村の共有財産を優先的に利用できる農民は、比較的楽に商品作物へ移行した。しかし、土地なし農民は、村の伝統的なセーフティネット（何らかの保証）に頼って生きてきたので、そのようなセーフティネットが機能しなくなると、あっという間に落伍者となり、都会で賃労働者としてその日暮らしをする他の選択肢がなくなる。

さらには、商品作物を栽培するということは、往々にして村でそれまで栽培してきた地《ぢ》の作物ではなく、新たな作物なり品種なりを導入することになり、種を購入する、肥料を購入するなど、それまでより飛躍的に先行投資する必要が出てくる。また、子どもの有利な就職を確保するため、中等、高等教育へやろうとすれば、当然ながら教育へ莫大な投資を必要とする。余裕のある者とない者の間の格差はますます大きくなる。

以前は、持てる者と持たざる者の境目は曖昧だった。持たざる者も、なんとなく食えていた。なんとなく食えていたということは、村人として落伍したという状態がないということだ。しかし、村が市場経済で席巻されると、後者は落伍者として村で暮らすことが難しくなる。

開発途上国の農村は、どこもこのような伝統的な村から市場経済へと組み込まれる移行期にあると言っていい。このような背景を考慮することなく、また村がどこへ行こうとしているのかを考慮することなく、貧困削減のための収入向上プログラムを行うなど、たいした効果が見込めないことは容易に察しがつく。現に、私が知る限りのこのようなプログラムは、プロジェクト終了後雲散霧消している。そして、このようなプロジェクトが消滅するだけならまだましだが、延々と続く依存関係を作り出していることも明らかだ。

私たちは、この本のほぼ三分の二を費やして、村とは何か、村はどこへ向かっていくのかを論じようとしている。そのことが、私たちの謎解きに不可欠だと考えたからであり、長年村に係わってきた私たちの義務だとも考えたからだ。また、そのことを通じて、私たちは何者であり、どこへ行こうとしているのか、いや、どこへ行けばいいのかを論じようとしている。

この本の構成

以上のような問題意識を基に書かれたこの本の構成は、以下のようになっている。

この本の第1章では、導入として村の消滅とはどういう事態を指すのかを書いた。村が文字どおり物理的に消滅するかもしれないという、人類がこれまで経験したことのない事態だ。これは、市場経済と呼ばれるものに象徴される近代化がもたらしたのではないかということは容易に想像できる。危惧されるのは、この近々数十年で現れた急激な村の消滅の兆候が、私たちに「村とは何であるか」を十分考える時間を与えないということだ。この「村の消滅」という事態は、まだ伝統的な村社会が濃厚に残っている途上国の農村においてさえ、兆候が顕著に見られる。冒頭に述べた陶工のように、村もいつの間にかあっという間に消えてしまうかのような。

では、このめくるめくようなスピードをもたらしたのはいったい何なのか。

そのことを解き明かすのが、中田が担当した第2章から第4章までで、ここで中田が導入するのは「化石燃料文明」という概念であり、その概念を使った思考実験を試みる。近代を化石燃料が創ったという考え方自体とりわけ目新しいものではないが、かといって、それが正面切って取り上げられ展開されたという例もまた、私たちは寡聞にして知らない。

それを、あえて「思考実験」としてできるところまでやってみようというのが中田の立ち位置であり、この思考実験で、中田は大きく二つの作業を試みる。まず、「近代」がこれほど私たちに恩恵をもたらしながら、なぜこれほどストレスを与えるのかを余すことなく解き明かし、一方では、近代のこれまでの解釈が最初のボタンのかけ違えで誤解の上に誤解を積み重ねたものだったことを解き明かす。

第5章では、そもそも、村本来がもつリズムは「近代化」がもたらしたリズム、スピードとはまるで次元の違うものであり、その村本来のもつリズムを水と土の二つの側面からおさらいしようと試みる。村と自然との関係性を、マイクロ・ウォーターシェッド（小規模水利系）と土という二つの視点から考える。農耕という人類初めての生産手段がいかに人工的なものとはいえ、土と水を使う。いわば、自然のへその緒を離れられない営みだ。だからこそ、村と土、村と水の関係を確認しておかなければならない。われわれの祖先がどれだけの時間をかけて自然の恵みを利用し、生活していく能力を獲得してきたのか、そして、それがいかに危うい基盤の上に成り立つものなのかを見る。

第6章では、今の村にどんな未来が可能なのか、私たちがこれまで経験し、試みてきたことなどを例に取りながら考える。

私や中田は、単に村のことを論じるだけという立場にない。いくつもの村、老若男女を含む何百人の村人、ときには何千人の村人と時間と空間を共有しながら、彼／彼女ら（以下、「彼ら」と表記）の未来に介入していく。何か課題があれば、具体的な解決方法を模索する。しかも、プロジェクトという形式で仕事をする以上、三年、あるいは五年くらいの時間で、具体的な結果を出さなければならない。したがって、私たちは、どのように他国の村に介入してきたのか、それが何を意味しどのような未来につながっていくのか述べる義務がある。

私はこれまで、村での収入向上プログラムのような活動には否定的な見解を示してきた。では、私たちはそれに替わる何をしたのかを述べなければならない。そして、それがどのように村の未来へと続くのか、その展望を述べなければならない。

第7章と第8章では、「これから」について述べる。第6章では村に可能な未来を述べたが、ここで述べるのは、私たちの「これから」についてだ。私たちに、これからどのような社会を作る可能性があるのか、それはどこから出発すれば良いのか、第1章から第6章までに述べたことを改めて振り返りながら、できるだけ書いてみたい。

個人でできることなどたかがしれているし、ときには途方もない無力感に襲われることもある。しかし、私たちが生身の人間である以上、所詮自分に課せられた最大の制約、限りある一度だけの生のなかで自分が生きる道を探るしかない。ただし、それもあくまで周りの人々との関係性の中でという制約がつき、さらには、分身があるわけでもないので、限られた時間と空間の中でという制約もつく。そのとき、改めて私たちは、個人ではどこまででき他人と共にしかできないことは何であるか、つくづくと考えることになる。大上段に構えると、それは、長年途上国でのいわゆる援助活動から、村から私が何を学べたのかということにもなるが、できうる限りなるべくすぐにも実行できそうな道を探ってみたい。これが、これまで私が途上国でさまざまな人と出会いながら、そして計り知れない恩恵を被りながら考えてきたことに対する一つの答えとなることを望みつつ。

第1章

村は消えようとしているのか

——私にとっての村、私たちにとっての村

和田信明

村は消えようとしている、あるいは村は村でなくなる

近代化していく村では何が起こっているか

二一世紀の最初の年、西暦二〇〇〇年の一月のことである。竹内ゆみ子は、インドのオディシャ州の山岳地帯のとある小さな村を訪れていた。岐阜県高山市のNGO「ムラのミライ」の中心メンバーの竹内は、小さなスタディーツアーのグループを率いて村に数日滞在した。その村の名をプットシルという。ムラのミライは、プットシルに数年前からささやかな援助をもたらしていた。当時、戸数七〇、人口三〇〇人ほどの村であった。そのさらに三〇年ほど以前、一九七〇年代の初めには、戸数わずか三戸、かろうじて部落と呼べる程度の「村」としてプットシルは存在していた。それが、三〇年後には、村は二〇倍以上の規模に育った。それは、あたかも二〇世紀に入ってからの人口の増大を、特に第二次大戦後の爆発的な膨張をそのまま象徴するような人口増であった。ムラのミライは、

一九九〇年代の後半にその村で小規模水力発電のプロジェクトを他のＮＧＯと協働で行った。村に近代の灯りをもたらした。当時は、誰もがそう思った。これで、この山奥の村もようやく近代化への流れに乗ることができる、と。それから数年、竹内は、その村で「近代の灯り」を享受する村人と交流し、やがてそこを去ろうとしたとき、思いもかけない言葉を村長からかけられた。

村長は彼女に尋ねた。「あなたに相談したいことがある。私は、子どもたちに教育を与えることが必要だと外の人間たちに言われ、それはもっともだと思い、村人たちに子どもに教育を与えるよう奨めてきた。小学校の課程までは、さいわい村の学校でできる。しかし、それ以上は、大きな村の寄宿学校に行かなければいけない。寄宿学校に行った子どもたちは、休みの日には村に帰ってくる。しかし、いざ学業を終えてしまえば、もう村に戻ってくる子どもはほとんどいない。私たちは、どうしたらいいのだろう」

竹内は、それを聞いて胸をつかれた。ほかでもない彼女自身も高校卒業後村を出、そして都会に住む生活を送っていたからだ。竹内は、高知県の山奥の村に生まれ育った。高校に通う歳になると、蒸気機関車が引く列車に乗って隣の愛媛県にある高校に通った。そして、高校卒業後は都会の学校で学び、職を得、故郷の村には数年に一度、盆か暮れに帰るという生活を送るようになった。竹内には、村長の問いかけに答えるすべはなかった。しかし、そのとき彼女は、このインドの山奥の小さな村が、自分たちにとって単に援助の対象である以上の意味をもっていることに気づいた。その意味とは、先進国日本と、その日本が援助する途上国の山奥の小さな村、という位置関係を根本的に変えるなにものかであった。それを、あえて言葉にすれば、この小さな村に私たちはどこへ行けと介入しているのだろうか、私たちはどこを目指しているのだろうか、という自分への問いかけであった。ただ、その意味がはっきりとわかるには、さらに時間が必要だった。竹内は同時に思った。自分は初めてこの村のリアリティーと向き合ったのではないか、と。

プットシル村から東南へ約二〇〇キロ隔てたブータラグダ村は、戸数三一戸の小さな山の村である。ブータラグダ村も、プットシル村と同じく、まだ、村の成立過程を現存の村人たちから聞くことができる。この村も、初めはたった二家族から始まった。一九六〇年代終わりから七〇年代初めにかけてのことらしい。最初の一家族が藪を払って住み始め、父と二人の息子がそれぞれの家を営むところへ、もう一家族が移り住んできて今の村のもとができた。それから四〇年余り、今では、ブータラグダは四世代が住む三〇戸の村に発展した。ムラのミライは、この村を含む周囲数十の村々を対象としたプロジェクトを、二〇〇七年から二〇一五年まで行った。そのプロジェクトで中心となって活動したのは、ブータラグダ村の青年たちを含む主に二〇代の青年男女だった。彼らは、小学校低学年から中等教育前半くらいまでの教育を受けている。しかし、かれらより数歳年若の青年たちは、すでにそれ以上の教育を受け、都会で働くかあるいは働こうと志している。つまり、村を出て行く。

このプットシル村とブータラグダ村の例は、世界中で起こっている、無数の同様の過程のほんの一例にすぎない。これが村の「近代化」だとしたら、近代化は物理的に村を消滅させるのかという問いは、いささか唐突に見えるかもしれないが、どうやらそう考えざるをえない。このような現象が、世界の至る所に起こっている。前近代的な村がなくなり替わって近代化された村ができるのではなく、文字どおり村が消滅していく、そのような抗《あらが》いがたい力が二〇世紀後半から圧倒的な速度をもって働きつつある。どうやら、そのように考え、そして身構えたほうが良いような事態を迎えつつある。

私たちは、村が人間の歴史にとってどのような意味をもっていたのか、今後ももちうるのかを考える、そのような暇さえ与えられていないかのようである。少なくとも、私と中田が、この二〇年以上、途上国の、そして日本の村を体験しながら、このように結論づけざるをえない時がやって来たようだ。ただ、村がこのような波にまったく無抵抗であるかというと、そうは言いきれない。

オディシャ州の南隣、アーンドラプラデシュ州北辺の小さな村、ゴディアパドゥの村人たちは、二〇一四年の二月、箒草の収穫で忙しくしていた。例年にもまして大きく育った箒草が多量に収穫でき、そのために州境を越えてまで人を雇った。雇った人たちには宿と食事と賃金を与え、箒の製作までを手伝ってもらった。箒草は常に村の最大の現金収入のもとであったが、つい数年前までは生育状況もばらばらで収穫もまちまち、多くてもこの年の半分にも満たなかった。そのため、村人たちはほかの現金収入を求めて近くの町、さらには遠くの都市へと出稼ぎに行くのが常だった。しかし、この年も含め、この二年ほど出稼ぎの必要はなくなった。この村の箒は目が詰まっていて使い減りがせず評判がよい。これで十分な現金収入となる。この年に達成した収穫は、別に生育地を拡大して育てたものではなかった。これまでと同じ場所、同じ面積に、つまり集落を囲む丘の斜面に生育したものであった。この村にいったい何が起こっているのか。

オディシャ州の山岳地帯のプットシル村とこのゴディアパドゥ村は、地理的にはたかだか直線距離で二〇〇キロほどしか隔たってはいない。広いインドでは指呼の距離である。そして、このプットシルとゴディアパドゥの二つのエピソードの間に横たわる時間は一四年である。しかし、この二つの村のできごとは、実はわれわれ人類[1]の一万年ほどの歴史と、ここ二〇〇年足らずの間に突如起こったこと、そして、もしかしたら可能な未来を示しているかもしれないのである。それはどういう意味をもち、なぜなのか。

私にとっての村

二〇〇二年九月のことだ。私は、合掌造りの里として有名な岐阜県の白川村で、二人の高齢の女性をインタビューした。平たく言えば、おばあちゃん二人に昔話を聞いたのだ。場所はある観光客用の施設で、二人は端布《はぎれ》を使った草鞋作りを実演していた。草鞋《わらじ》作りの話から始まって、おばあちゃんたちの幼い頃から現在までの暮らしぶりを聞いた。彼女たち二人の暮らしの移り変わりを通して、白川村のここ数十年の大きな変化が見える話だった。彼女たちは、加須良（かずら、あるいは、かすら、とも読む）部落の出身だ。二人の話を聞いたときは知らなかったが、その加須良、今は存在しない。話を聞いたとき、二人は八〇歳を優に超えていたので、今存命かどうかはわからない。私にとって、加須良の生活を体験した人の話を聞く最初で最後の機会ではなかったかとあとで気づき、それを幸運と言えるのかどうか、複雑な気持ちになったことを覚えている[2]。

加須良は、私が生まれた頃は、昔と変わらぬ暮らしをしていただろう。そして、私が一八歳になる年、一九六八年にその歴史を閉じている。その背景には、第二次大戦後の農村から都市への大幅な人口の移動がある。今では、都市への人口の集中は、その極限に達しているかの感さえある。

現在都市圏に住む日本の人口は、全人口の実に七〇パーセントである。そして、日本の一四の都市圏が占める面積は、約八万平方キロ。すなわち、全人口の七割が全国土の二割、北海道ほどの広さの面積に住んでいることになる。しかし、このような事態が何を意味し、私たちの生活にどのような未来をもたらすかは、あまり深く考えられることはなかった。

だが、日本の村がどのような状態になっていたのかを、衝撃的な形で私たちに印象づけたのが東日本大震災であった。震災後、犠牲者の数がだんだん明らかになるにつけ、日本の村の高齢化を教えたのは、六五歳以上の犠牲者の割合だった。

二〇一一（平成二三）年四月一七日付中日新聞の記事には、こうある。

東日本大震災の犠牲者で年齢が確認された9112人のうち、65歳以上の高齢者が4990人に上り、全体の54・8％を占めていることが17日、共同通信の集計で分かった。岩手、宮城、福島の3県いずれも各県の高齢者率の2倍を超え、高齢化が進む地域で災害弱者が津波にのまれた実態が浮き彫りになった。

中日新聞の同日付の社説「黙とうと明日への気力　大震災の現場で考える」によれば、日本全国で海岸沿いに平均五・六キロごとに集落が一つあり、その数は約六三〇〇。被害を受けた三陸海岸も、一つの集落あたり三〇から五〇世帯の集落が数多くある。そのような集落の多くが壊滅的な被害を受けている。もちろん、すべて過疎高齢化の進んだ集落ばかりである。高齢化のために、漁業の自給率は現在六〇パーセントまで落ちているということだ。

村を明日へつなげていく次の世代がなければ、当然復興などはありえない。大震災は、やがて消滅すべき村の運命を早めただけだったのか。

そして、私の長年の途上国の農村での経験は、このような村の傾向は決して日本だけのものではないと教えてくれている。

私の「村観」の形成

私にとっての「村」は、ある年齢まで遠い存在だった。私は、一九五七（昭和三二）年四月に小学校に入学し、一九六六（昭和四一）年三月に中学校を卒業した。私の受けた第二次大戦後の学校教育では、村について教えられることはなかった。中学校一年生の地理の時間に覚えさせられたのは世界の工業地帯であり、工業、あるいは第二次産業が発達することこそ、これからの社会が目指す方向だと教えられた。当時一三歳であった私には、そういうものかと思うしかない。

私が子どもの頃から青年期に至るまで、農村に対して抱いていたのは極めて漠然としたイメージだった。たとえば、都会の食料の生産地。私たちが日常食べる食料は、「村」で生産され都会に送られてくる。そのほかのイメージとしては、都会にあるものが村にはない。地下鉄も、映画館も、レストランも遊園地も、そしてデパートもない。子どもの私としては、いったい「村」の人たちはどのように日曜日を過ごしているのか、想像力の外にあった。

このイメージは、漠然とした村の後進性のイメージと結びついている。そして青年期にマルクス主義（マルクス主義については、第4章で中田が述べている）にかぶれると、この村の後進性に理論的なバックグラウンドが与えられた。マルクス主義においては、最も先進的なのが都市の労働者階級だ。それに対して、農民は後進性を象徴する。そして、マルクシズムによって、西ヨーロッパ以外の地域の後進性にも、初めて理論的根拠が与えられた。この場合、「先進性」と「後進性」を隔てるのは産業革命だ。工業化した西ヨーロッパと、それ以外の地域ということになる。言うまでもないが、「先進性」と「後進性」という考え方には、「後進」の状態から「先進」の状態になるという、一つの時間軸上の連続性を前提としている。したがって、「産業革命」以降の世界は、それ以前の世界の発展形であるという理解のもとにあらゆる議論がなされる。

日本語には、村の後進性をなんとなく表す言葉として、「田舎」という言葉がある。言うまでもなく都市に対する田舎だ。近年、この田舎という言葉に肯定的な意味を見出すようになって、「田舎暮らし」とはある意味での贅沢、目指すべき生活のあり方を指すようになった。しかし、田舎という言葉は、私が青年期に至るまでは、明らかに後進性の代名詞であった。

開発途上国の村でも同じことが起こりつつある

既述のブータラグダ村では、もともと丘の斜面での焼き畑を生業としてきた。斜面一カ所で三年ほど作物を栽培し、次の斜面に移る。現在、村で生存している最高齢者は、六三、四歳と思える女性が一人。彼女がこの村に嫁いできたとき、すでに居住していた世帯数は三。それが、おそらく一九七〇年頃のことかと推定される。それから四〇年余り。世帯数は三一だ。人口からすると、ほぼ一〇倍だ。しかし、彼女が住み始めた時点での村人の数は、老若男女併せて一三名。そのうち、現在まで生存しているのは、彼女も含め、わずか三人である。人口は増えているが、世代交代が早い。それゆえ、今、村の中堅どころとなっている世代でさえ、自分たちの親、祖父母の時代に、この村がどのような成り立ちだったのかを知らない。

この村は、最近多くの村人がキリスト教徒に改宗したが、もともとは私たちが便宜的に呼ぶところのアニミズムが信仰であった。つまりは、精霊たちに囲まれて暮らしていたのだ。祭りには、牛、水牛などを屠《ほふ》り、盛大に飲み食いする。飲み代は、自分たちで醸《かも》した酒だ。斜面に畑を拓くときも、精霊のための儀式を行う。そのときは、鶏、豚、羊など、懐具合に応じて屠り、祈った。だが、これはかなりの負担であったらしく、キリスト教に改宗したわけはと尋ねると、畑を拓くたびに儀式をすることがなくなり金を遣わずにすむからという、極めて非宗教的答えが返ってきたのも頷ける。

稲作は、部族としていつ頃から導入したのか定かではない。この村が拓かれたときには、すでにかなりの経験を積んでいたようだ。当時は、雨水に頼った稲作だった。在来種を一種だけ栽培していた。それが、八〇年代に入って徐々に外来種に替わり、今では、在来種はまったく栽培されていない。おそらく、種籾も失われているだろう。在来種と多収穫を謳《うた》う外来種の違いは、在来種は種籾を収穫後に取っておいて使い続けるが、外来種は種籾を外から購わなければならないということ、そして、外来種は化学肥料、農薬を使うということだ。

生活で変わったところは、まだある。村人たちは、以前は野菜をあまり食べなかった。緑黄野菜といえば、森で採ってくるある種の野生の葉っぱ。あとは、インゲン豆などの豆類、雑穀をコメのほかに栽培し、自家消費した。調味料として使うのは、塩、唐辛子程度。そして、外から買う野菜といえば、タマネギくらいのものである。それが、現在では、食物で外から購うものが増えている。まず、ターメリック（ウコン）。調味料として必須のものとなっている。また、トマト、ニンジンなどの野菜。食生活が若干豊かになったと言えなくもないが、いずれにせよ、食べるものの範囲が増えるということは、それだけ現金で購うものが増えることでもある。

生活が変わったといえば、この一〇年で劇的に変わったことがある。それは、就学児童の激増だ。この村ができてから三世代目までは、ほとんど誰も学校に行かなかった。現在二〇代後半の青年たちも、せいぜい小学校の二、三年生で学業をやめている。ところが、彼らより一〇歳くらい下の、二〇歳に手が届こうかという青年たちの中には、すでに大学で工学を学ぶための入学許可を得ている者、あるいは、高校を終えて看護師の学校に行こうとしている者など、高校以上の教育を受けている者が増えてきている。また、中等、高等教育を受けなくとも、外に出てなかなか村には帰ってこないという若者も出始めている。たとえば、ある若者は、左官の見習いで南インドの大都市チェンナイに出て行ったまま、便りもないと父親が嘆いていた。

この村はかなり辺鄙なところにあり、周辺の村の中でもこのような変化が一〇年ほどは遅いと思われる村だ。しかしながら、消費生活への移行、教育の普及による若者の村離れなど、私たちがいつか来た道を辿っているようだ。私たちは、半世紀前、今の日本のような状態が起こるとは誰も予想していなかった。果たしてブータラグダ村が半世紀後に存在しているかどうかは、神のみぞ知る。だが、このままでいけば、地図から消滅するのは避けがたいのかもしれない。

村とは私たちにとって何だったのか、実はよくわかっていない

いったい、村が消えていく、人類が定住生活を初めて以来、おそらく一万年以上馴染んできた共同生活の形が消えていくということが何をもたらすのか、実は私たちにはよくわかっていない。たとえば、政治的、社会的、経済的な側面からそのことを議論することは可能であるし必要であろう。が、

それよりも、人類が自分を自分だと自覚する、いわゆるアイデンティティーに基づいた意識というものがどのように変わるのか、どこに行き着くのか、誰もわかっていない。いわば、こうなるのではないかという推論の範疇《はんちゅう》を出ていない。しかし、人間のあり方自体が大きく変わるのではないか、という仮定の下に、この「消えゆく村」を考えてみることが必要ではないかということは言える。

もう一つの側面としては、経済成長に根ざした現在の人間の生活のあり方を変える、すなわちオルタナティブを探すときに、その核になる問題として存在するのが、資源をどのように持続的に活用し、そしてエネルギーを生み出していくかということである。村が機能しなくなり、消えていくとなったら、このオルタナティブの可能性もかなり低いものとならざるをえない。この点も、今、村に何が起こっているのか、そのことが私たちの生き方にどのような意味をもつのかを考えるための論点の柱の一つである。

＊

私が初めて村を訪れたのは二四歳だった。訪れたのは高知県西土佐村（現四万十市）の村役場がある集落で、小さな町と呼ぶほうが適切な場所だった。当時の国鉄土讃線《どさんせん》の窪川《くぼかわ》駅から予土線に乗り換える頃は、ちょうど夕方から夜になる時刻で、周囲には灯りが一切なく、夜のとばりの中を列車は走り続けた。目的地の駅、江川崎には裸電球が一つ灯っているだけだった。一九七〇年代の半ば、日本が世界第二位の経済大国になってからすでに数年が経っていた。東京生まれ東京育ちの私には、月も星も出ない夜、辺りが漆黒の闇に包まれるという経験がそれまでなかった。身にまとわりつくような濃密な闇は、それまで眠っていた感覚を覚醒させたかのような気に私をさせた。当時は、川エビ、ウナギ、カニ、鮎が豊富に獲れ、川の水はあくまでも澄みきり、向こう岸の深いところが、光の屈折で浅瀬のように見えた。河原は、子どもの頭ほどの大きさの石で覆われ、村人たちは、シーツなどの大きな洗濯物は、そのまま河原に広げて干した。そのとき、私は手つかずの自然を満喫したにすぎなかったが、それがいかに幸運なことであったのかは、あとになってわかった。数年後には、家庭排水のせいか河原に草が生えだし、そして上流の土壌の流出のせいか、川の水も透明度が減少し（それでも都会の人間が「最後の清流」と呼んで、よろこんでやって来る程度ではあったが）、生き物たちも減っていった。

二度目の村は、三〇代の始めのことであり、フィリピンのルソン島北部、マウンテンプロビンスのボントク族の村であった。ここでは、毎食、豚の脂身の燻製をわずかに入れ、塩だけで味付けした野菜の煮物を米にかけたものを食べ、そして豚の囲い（深さ一・五メートルほどの楕円形の穴の周囲を石で囲ったもの）へ毎朝用を足すという経験をした。このルソン島北部に住む少数民族を総称して、イゴロットと呼ぶ。彼らは古来稲作を営んでいて、その棚田は世界遺産にもなっている。ただ、棚田もさることながら私の記憶に残っているのは、終日降る雨になすこともなく、滞在した家の軒先でぼんやりしていたときのことだ。その家の主との何気ない会話の中で、五歳以下の子どもの屍は軒下に葬ることを知った。「寂しくないように」ということだった。彼らは、ほんの数十年前まで「首狩り族」として名を馳せていたが、私は彼らの優しさに胸をつかれた。そして、このとき、文化の違い、多様性とはこういうことかという感慨ももった。私は、それまでにフランスで五年ほど暮らすという経験をしていたが、多少の差はあれ、死者は墓地に隔離されるという方法に日本との差はなかった。たとえ子どもだけとはいえ、このような形で死者と共存するなどという発想は初めてであって、このような感慨をもったのであろう。

三度目の村は、インドのオディシャ州、アーンドラプラデシュ州との州境に近い村であり、そこを基点として近隣の村を訪ね歩いた。初めて、南京虫、ダニ、シラミの洗礼を受け、牛小屋の隣で寝るという経験をした。夜になると満天の星と蛍の灯りしかなく、市《いち》から市へと移動する商人たちが、カンテラをつるした牛車を連ねて通りすぎていった。二月になると、羊飼いたちは、足首に鈴を付けて夜通し踊った。鍛冶屋だけが住む村もあり、また少数民族の村もあった。禁止されてから一〇年以上経っているにもかかわらず、夜空を焼き畑の炎が輝かす光景も見られた。ある村には、「乞食」が住む一角があり、そこの住人たちは、楽器を担いで近隣の村を門付け《かどづ》（人家の門口で雑芸を演じたり、経を読んだりして金品を乞うこと）しながら巡り、穀物などを恵んでもらっていた。まさに食い扶持《くぶち》を稼いでいたのだ。陶工が住む村もあり、乾季に水瓶などの素焼きの陶器を焼き、雨季に近隣を売り歩いた。もちろん、鍛冶屋も乞食も陶工も、ささやかな土地を耕す農民としての顔ももっていた。まさに「百姓」である。村のもつ多様性がそのまま残った姿が、まだ垣間見ることのできる時代だった。三〇代の半ばを過ぎた頃だった。

それ以来、私はいわゆる途上国の村を、文字どおり数えきれないほど訪れている。私には、村での生活体験（わずかな期間滞在したという体験を除き、そこで文字どおり暮らしたという意味では）はなく、常に外部者として係わった。しかし、そのような立場が、逆に今、途上国の村でいったい何が起きているのかを、ある程度客観的につぶさに観察させることとなった。私は都会の人間である。都会でしか生活したことがない。だがこのような都会の人間としての観察は、それを通して村とはいったい何なのか、人間にとって何を意味しているかを深く考えさせることとなった。

村を歴史の「発展過程」にはめ込む不条理

村の後進性は本当か

長年途上国と日本を行き来する中で、私と中田は、途上国の村が「遅れている」、つまり進歩とか発展とかいう線上で私たちの後塵を拝しているという考え方ができなくなった。これは、まさに近代化についての疑問である。あるいは、近代化という言葉のもつ自明性への疑問だ。本当に、村は、都市、そして国家になる以前の社会形態か、それだけのものか、ということだ。誤解のないように言っておくが、途上国の村で、ここはこうしたほうがいいのではないかという、改良すべき点がないと言っているのではない。そのような改良、工夫は、常に行われてきたことだ。でなければ、農村では、未だに石器の鎌を使っていただろう。しかし、近代化とは、それとはまったく次元の違うできごとである。それが、どのようなメカニズムで村を変えていったのか、いっているのか、それをつぶさに見たのが、私と中田の、途上国での最大の学びであったと言っても過言ではない。

近代化については、それを推し進めた西洋社会の側からも、それを受容したそれ以外の社会からもさまざまに論じられている。特に一九七〇年代以降は、西洋の側からも、近代の「限界」について論じられるようになってきた[3]。

ただ、近代への賛辞であれ批判であれ、全体としては近代の「光」と「影」について論じるというのがその基調だ。

近代の「光」の部分とは、乳幼児死亡率が劇的に低下し、すなわち自分の子どもが自分よりも早く死ぬ確率が減り、人類の多数が飢えることもなく、夜も昼間と同じように活動できるということだ。そして、これらの実現が、民主主義と教育の普及によって広がっているとする。受益者、あるいは潜在的受益者が、情報にアクセスする自由と、その情報を理解する教育レベルにあるということが、これらの成果を底支えしているとする。

これに対し、「影」の部分としては、以下の議論がある。これら近代の成果が多大なエネルギーの消費を伴い、その消費が多量の二酸化炭素の排出を伴い、したがって、地球温暖化の危機を招いている。さらに、乳幼児死亡率の低下と、それに伴う平均余命の著しい延びによる人口の爆発的増加に対応するための食料の増産に伴い、地球上の水資源が枯渇の危機にさらされている。また、大量に食糧を増産するために、農薬の使用で環境が汚染され、人体にどのような影響を及ぼすか明らかではないまま遺伝子組み換えによる農産物の生産が行われている。先進国での大量消費によって、マグロ、ウナギ、などの海洋資源が絶滅するかもしれない危機に直面している。このまま大量生産、大量消費を続けると、人類の生存そのものを脅かすような状況が出現するかもしれない、あるいは、もう出現している。

さらには、この大量生産、大量消費の恩恵が、地球上の人類にあまねく及ぼされているわけではなく、途上国で医療、教育を満足に受けることができないでいる人々、地域紛争で作り出された飢餓に苦しむ人々など、近代は極端な格差を生み出し、そして格差はますます広がっている。この問題は先進諸国と途上国の間だけではなく、先進国内での貧富の格差、そして途上国内での貧富の格差として、私たちが解決しなければならない大きな課題の一つとなっている。

だが、これら近代の成果、そして課題、「光」と「影」の背後には、この数十年で明らかな傾向となっているものがある。それは、村から都市への人口の移動、あるいは、都市への極端な人口の集中と、相対的な村の衰微である。

いったい、村は統計として現れるとき、経済と人口の狭間に置き忘れられる。

経済統計では、農業という産業の問題としてしか扱われず、人口統計においては、この数十年の爆発的とも言える人口増の中で、農村人口は確実に減りつつあるという現象としてしか扱われない。さらには、先進国では、村の極端な高齢化も問題となっている。

では、有機的な共同体としての村は、どこで議論されているのだろうか。残念ながら、このことを真っ向から問うような議論はあまり聞かない。ただ、田中優子のような優れた学者が、「都《みやこ》」と「鄙《ひな》」という対立軸を提示することによって、農村（あるいは、農村を中心とする地方だろうか）が現代に問いかける意味を示唆している。単に、示唆にとどまらず、これからの社会像も提示している（田中優子／二〇一四年）。そもそも、田中の問題意識は秀逸だ。

考えてみれば不思議だ。鄙と都は空間の違いである。前近代と近代は時間の違いである。その二つはそもそも関係がない。さらに前近代社会と近代社会は単に仕組みが異なるにすぎないのに、近代社会は『進歩している』と見なされる。進歩は一方向にすすむものなので、まるで近代化した都会が先を歩んでいる、つまり模範になっているように見える。原発事故で、これが思い込みにすぎない、と気づいた人はどのくらいいるのだろうか[4]

ここには、中田や私と共通する近代に対する問題意識が、非常にわかりやすい形で言語化されている。

いずれにせよ、このところ日本だけではなく世界中で進行しつつある都市への人口の集中と村の過疎化、高齢化が、このまま行けば村の物理的消滅へつながるのはあまりにも明らかだ。そのことがたいした危機感もなく見過ごされているのは、村が歴史的に淘汰されても仕方がないということだろうか。途上国の人口はまだ圧倒的にピラミッド型、つまり若年人口が多い、底辺が広い形をしている。したがって、農村でも高齢化は先の話であり、あるいは、これからの展開によっては高齢化が起こることはないかもしれない。しかし、外への（自国の都市のみならず、外国への）出稼ぎは増え続け、また都市への、というより大都市、特に首都への人口の集中は加速している。このままいけば、やはり村という形での定住は数十年のうちになくなるのではないか。

村は物理的に消滅するしかないのか

しかし、この村の消滅という現象を可能ならしめているのは別にイデオロギーではない。たとえば、日本の農産物の生産高は四兆七千億円余り、GDPに占める割合は、一・二パーセントだ。そして、同年の農産物輸入は、五兆円余りと、国内での生産高を上回っている（二〇〇五年：農水省HPより）。概して、日本は、その食料の半分を外国から調達していると言える。それでも、毎日、賞味期限の切れた膨大な食料が廃棄され、日本人の嗜好と胃袋を満たすために、マグロなどの海洋資源が絶滅の危機にあるわけだから、この時代の日本人は何を考えているのだかよくわからないと後世の日本人に言われるかもしれない[5]。

では何が、他国の食料生産を当てにして、日本に未だにGDPの幻想に浸ることを許しているのかといえば、それは日本の人口の半分、六千万人が飽食できるほどの食料が大量生産されているという事実だ。化学肥料、農薬を大量に使用し、遺伝子組み換えを行い、そして地下水を大量に汲み上げ、食料を大量生産するというスタイルは、虚心坦懐《きょしんたんかい》に考えてみれば、ごく少数の人々を除く私たち人類すべてがあたかもブロイラーチキンになったかのようだが、紛争地の難民などを除いて、少なくとも飢えに苦しむ人たちが減ったことも事実だ。村が急速に消えていく、まさに光の速さに等しい速度で消えていくという現象も、この文脈で考えてみなければ本当の意味はわからない。おそらくそれが、私が序章の冒頭で述べた「喉に小骨が刺さって取れない」感覚のよって来たるところかもしれない。その文脈が何であるかを、第２章から第４章まで中田が解き明かす。

1　私たち現生人類（ホモサピエンス・サピエンス）を含むと、人類の歴史は約二五〇万年ほどだと言われている。私たち現生人類の歴史は、約二〇万年らしい。他の人類、ホモ・ハビリス、ホモ・エレクトス、ネアンデルタール人などは、すでに絶滅してしまった。私たち現生人類の歴史のうち、村を作って定住を始めたのが約一万二千年前、農耕を始めたのが、八千年から一万年ほど前だと言われている。

2　「村を出た人びと――いま加須良は」（一九八五年八月二二日～八月三一日付朝日新聞夕刊）
加須良部落が歴史を閉じたのは、１９６８年（昭和43年）の秋のことだった。加須良を、「楽園」だと評したのは、医師の海野金一郎である。海野は、１９４２年（昭和17年）当時、高山市にある久美愛病院の病院長で、ボランティアとして、無医村であった加須良のために集団検診を行っていた。辺地の医療体制の確立は、海野のライフワークだった。その彼が、部落の人々の暮らしぶりをつぶさに見て、ここは「楽園」だと評したのであった。コメは十分すぎるほど穫れ、野菜は畑で作り、イワナやマスなどの川魚は、手づかみで捕れた。当時の住民数は約

70人。第二次大戦後も50人ほどの住民がいた。しかし、最初の離村者が出たのが１９６４（昭和39）年。奇しくも、東京オリンピックが開催された年だった。離村の理由は、主に、「部落には診療所がない」というものであり、雪に閉ざされた冬の間の「無医村であること」への不安だった。

3 それは、あるときは西洋文明への批判的文明論であったり（Roger Garaudy "Pour un dialogue des civilisations" Denoël, 1977）、あるいはその擁護であったりした（Raymond Aron "Plaidoyer pour l'Europe décadente" Laffont, 1977）。一九七〇年代は、西洋文明こそが人類の歴史の発展の到達点であるという考え方がまだ支配的だったころで、ガロディのような表現を堅固に支える事実の集積があったかといえば、まだそのような時期ではなかったと言えよう。近年では、西洋文明が人類の発展段階の到達点ではなく、なぜ今、西洋が支配的でありうるのかという問題の立て方をして、それに解答を与えようと試みる歴史家たちがいる（Niall Ferguson "Civilization - The Six Killer Apps of Western Power" Penguin 2012、Ian Morris "Why The West Rules For Now - The Patterns of History and What They Reveal About the Future" Profile Books 2011）。

4 田中優子「鄙への想い」清流出版　二〇一四年（p144）

5 農産物の輸出は、一九〇〇億円程度（二〇〇六年）なので、日本は、農産物のほぼ「純輸入国（農水省の表現）」である。農産物の輸入を実質的に始めた一九六〇年の輸入額が六二〇〇億円余り。したがって、この半世紀で輸入額のみを見てみると、約八倍から一〇倍となっている。しかも、果物、野菜について見ると、それぞれ輸入額は四六倍、九〇倍となっている。この半世紀、農産物の輸入と反比例する形で、日本の農村人口が減っていったとも言える。現在、日本でほぼ自給していると言える主要農産物は、自給率九二パーセントの米だけである。もし、米の輸入制限が撤廃されたら、日本は、自給を完全に放棄すると言っても過言ではない。

第2章

西洋文明でもない近代文明でもない
化石燃料文明という枠組み

中田豊一

私にとっての「村」

私は、昭和三一年に、愛媛県南宇和郡城辺町《じょうへんちょう》（現在の愛南町）大字久良《ひさよし》で生まれ、一八歳で東京に出るまで育った。そこは、濃密で閉鎖的な人間関係の網の目の中、住民のほとんどが漁業で生計を立てているという、村そのものであった。和田が戦後すぐの東京で生まれて育ち、成人するまで村での生活に触れることがなかったのとはいかにも対照的である。

ところが、改めて考えてみれば、私が自分の故郷を「村」と呼び表すようになったのは、東京に出てしばらくしてからだった。それまでは「久良《ひさよし》の大寿浦《おじゅうら》部落」という固有名詞でしか捉えていなかった。峠を越えた先に役場などの公共施設や商店街が集まる地域の中心があって、「在郷」と呼ばれた。それに対して海岸沿いの漁業集落は「浦方」と呼ばれるのがせいぜいで、「村」や「町」という一般名詞で語られることはなかった。私にとって故郷の「村」はあたかも母の胎内のような、存在を意識することのない天然の環境であった。

地域にひとつしかない高校で学び、卒業して東京に出ると、故郷の村は徐々に私の中に内在化されていった。私のアイデンティティーとやらの重要な構成要素のひとつとして意識されるようになったわけである。
一般名詞としての「村」をさらに明確に意識するようになったのは、国際協力ＮＧＯの現地駐在スタッフとしてバングラデシュに暮らすようになってからだ。その後、ネパール、インドネシア、ラオスなどのいわゆる開発途上国で、ほぼ無数といえるほど多くの村を訪ね、村人と交わった。その間、私は仲間たちと一般名詞としての村を語り、村を論じ、ときには村のあり方に対する具体的な介入さえ行った。

私が一般名詞としての村を論じている間に、私の一部であったはずのわが故郷の村はといえば、少子高齢化と過疎化の急激な進行により、集団の物理的な維持さえ難しくなっていった。私が入学した年には全校で三五〇人以上の生徒がいた久良小学校は、二〇一六年度には一四名にまで減った。統廃合も時間の問題だという。とはいえ、年老いた両親が住み続けている限りにおいて、固有の存在としての故郷の村は私にとって確固たる存在であり、私の一部であり続けている。

故郷の著しい変容を前に、さまざまな思いが心を過る。最も強いのは、「この衰退を招いたのは、ほかならぬ、お前自身だ」という内なる声である。私が故郷を捨て、友人たちもそのようにしていった。その結果がこの惨状である。

私は、仕事がら、折に触れては自分の故郷の村の盛衰を物語り、登場人物の一人としての私の役柄を悔恨の情とともに語ってきた。しかし、本当のことを言えば、私には、村を捨てたことへの罪悪感はあまりない。老後のライフスタイルを模索する歳になった近頃では、田舎暮らしへの回帰という実てきに利己的で現実的な思惑から、故郷を離れて都市に暮らしたことへのささやかな後悔の念が生じてはいるが、それだけのことである。固有名詞としての私の村が衰退しやがて消えていくかもしれないことは、私にとっては親が年老いていくがごとく自然な現象である。子どものときは、自分の親がやがて年老いいつかは死んでいくことを、現実感を伴って捉えることがなかった。今や、その時が目前に迫っているにもかかわらず、実際にその時がやって来るまで、村の消滅もまた実感を伴うことはないにちがいない。

そもそも、故郷を捨てたのは私の意志によってではない。時代の価値観や風潮に従ってそうしたにすぎない。もっと直接的には、私の両親が私たち兄弟にそれを望み、そのように私たちを導き、私も弟もそれに見事に応えた。それだけのことだった。

私の両親は、最盛期で人口一五〇〇ほどだった大字久良の外で暮らしたこともほとんどなく、方言以外まともに話せない生粋の村人である。生涯を村の一部として生き、自分の一部としての村を意識することもなく八〇年以上を生きてきた。私と弟の二人を都会の大学に送り出したことによって、孫たちと共に暮らすことのない人生を送ることになったが、彼らがそれを悔やんでいるとは思えない。彼らが悔やんでいないものをどうして私が悔やむ必要があるだろう。その意味では、「村の消滅」という一般的な現象に対して、和田よりもむしろ私のほうが冷めた目で見ているように思える。

とはいえ、村の一部としての自分と自分の一部としての村が一致している両親とは違い、私はもはや村の一部ではなく、自分の中の一部としてわずかに村を見出すのみだ。にもかかわらず、その部分が顔を出す際の存在感の大きさは言語に絶するものがある。

　神戸から列車とバスを乗り継ぎ七時間ほどで町のバスターミナルに辿り着く。そこからさらにタクシーに乗って海岸部へと向かう。峠を越えたら、一気に姿を現す雄大な海。遊び場だった美しい浜。懐かしさと有難さに私の心は幼少に戻り、故郷との一体感が蘇る。それにも増して圧倒されるのは、親族や旧友たちとコテコテの方言で語り合う際に現れる空間の心地よさだ。親族とのやり取りの中身は常に心地よいものとは限らないにもかかわらず、相手との距離感のあまりの近さ、いや彼我《ひが》の境目の消失の底に横たわる情緒的な安定感、安堵感が、裸の私、等身大の私への肯定感で私を満たしてくれる。この空間の自然さは、誰かが努力して意識的に維持してきたものとは到底思えない。

　やがて私は都市に戻る。家族と共に過ごす空間は、それと同等かあるいはそれ以上の幸福感と安堵感を与えてくれることは言うまでもない。しかし、故郷でのそれとまったく同じ性質なものかといえば、おそらくそうではない。そのような存在としての家族を育み維持していくための努力を、私はどこかで意識的に行っているような気がするのだ。

　確かに私はどこか分裂している。ただし、それは今のところ私にとって何ら問題ではない。故郷に向かい合うとき、つかの間ではあるがその分裂は解消される。しかしながら、平成生まれの私の子どもたちは、まったくそうではない。子どもたちの中には村は内在されておらず、したがって分裂はない。自然で安定した人間関係は周りにほとんど存在せず、常に意識的に関係を作っていく以外に選択肢がないのがその世代の現実である。私はそれを気の毒に思うが、失ったものがあることを初めから知らなければ、惜しむこともないのであろう。

卑近なたとえで恐縮だが、以上の話を血液型に模して整理してみると、次のように言い表せるだろうか。

村人そのものである私の両親をA型とする。都会人の要素Bと村人の要素Aを併せもつ私は、AB型となる。すると、私の子どもたちはB型ということになる。つまり、私は異質の二要素を併せもつという意味で分裂している。しかし、私の両親と私の子どもたちの間にあるのは、分裂ではなく断絶である。

私たちにとってこの断絶が、いったい何を意味するのか、正直、見当がつかない。それを探ることにどんな意味があるかさえわからない。私が私の個人の物語として内に秘めたままにしておきさえすれば、遠からずしてその存在さえ忘れ去られるであろうささいな現象にすぎないのかもしれない。

その一方で、中田豊一の故郷の村である「久良」という固有名詞ではなく、一般名詞としての村の存亡が、今、社会的な関心の渦中にあるのも確かだ。とりわけ、私たちが係わった途上国のすべての村々は、それぞれ段階に差はあるとはいえ、分裂から断絶へと向かってまっしぐらに進んでいる。国際援助あるいは開発協力の世界で語られない日はない極度の貧困と社会的経済的格差、さらには貧困と紛争の連鎖もまたこの渦中におけるできごとなのである。言うまでもなく、そこでも一人一人は、固有名詞によってしか語ることのできないそれぞれの物語を生きている。

私は改めて問わざるをえない。この断絶は、いったい彼らに何をもたらそうとしているのか。さらには、少なくとも私の個人の物語の中では、それほど大きな厄災を今のところもたらしてはいないものの、そこはかとない不安を掻き立てるこの断絶は、私の子どもたちに何かをもたらすものとなるのだろうか。

第二次世界大戦の惨禍を生き延びた力で、身を粉にして働き、驚異的な豊かさと安全をもたらした親たちの世代。その恩恵に浴しながら、ささやかな自己実現を求めて生きてきた私たち。では、子どもたちにはどんな未来が待ち受けているのだろうか。その未来は、私が相手にしてきた途上国の若者たちの未来とどう重なってくるのだろうか。

当然ながら、その答えはまだ見えない。とはいえ、分裂の中に生きた世代である私が、個人の物語と歴史の交錯の中で見聞きしたこと、気づいたことを書き記すことで、子どもたちが展望を見出していくためのいくばくかの助けになるかもしれない。そう願って、この分裂の姿を見極め、断絶の正体を明らかにする作業に取りかかった。その結果浮かび上がってきたのが、これから展開する一見荒唐無稽とも思える仮説であり、一連の思考実験だった。

そこから生まれたこの雑文が、日本の方々だけではなく、彼らのためを標榜しながら実際にはほとんどお役に立てなかった、途上国の村の若者たちに対するせめてもの償いとなることを心から願うものである。

社会の変化に誰もついていけない

社会課題に関わる展望が見えない

今現在の自分のことから始めさせてもらう。

私は神戸に住んでいる。月に数回、東京で用事がある。だいたいは新幹線を使って移動する。車中での仕事はご免こうむりたいので、ぼーっと過ごすか、タブレットPCで将棋のタイトル戦の中継を見たりしながら移動する。その間、打ち合わせのメールや友人の近況のアップデートの知らせなどがひっきりなしに入ってくるが、急ぎのものにだけ対応しておく。

東京駅に着く。構内のショッピングモールには、実にさまざまな食べ物がこれでもかこれでもかと並べられている。世界中の雑貨が見事にディスプレイされ、クールな空間を作り出している。この豊かさ、便利さ、快適さ。これが当たり前に感じられるのは、本当に当たり前なのだろうかという馬鹿な質問を自分に投げてみる。もちろん答えが返ってくるはずがない。代わりに、この便利さと豊かさの代償として、何かに常に追われているような気忙しさを背負わされているにちがいない、といういつもの思いが湧き上がってくる。ここにいるはずの自分の体と前に前に行こうとする気持ちが離れていて、自分が自分でないような気忙しさに苛まれている感覚。その思いは、しばらくそれを巡らせているうちに、地下鉄の駅に足早に向かう人波の中で、体の中にまた沁み戻っていく。

世の中全体が元気でないから、私も元気が出ないのか、あるいはそんなことに関係なく、元気が出ないのは自分のせいなのかも判然としない。元気が出ても出なくても、何かするとなると、気持ちだけは妙に急いてくる。この仕事が一息ついたら、ゆったりと過ごせるぞと自分に言い聞かせる。ところが、実際にゆったりしていいはずの時間を得ても、心はどこかゆったりできない。何か意味のあること、生産的なことをしていないと無駄な時間を送っているような気がする。だが、その正体はわからない。さらには、一人でいるのは寂しいのに、他者と一緒だとわずらわしさや居心地の悪さのほうが先に立って、そんな時間を心から楽しめない。

もう少し目を広く向けると、社会の変化がどんどん加速していることに驚かざるをえない。次々に新しい商品とサービスが登場し、消費者としても生産者としてもそれについていくことを強要されている感じがする。ＩＴの急激な発達によるコミュニケーション手段の変化。止めどのない個人主義の進行。経済格差の拡大。などなど、急激に進行する社会とライフスタイルの変化への戸惑いと底知れぬ不安。これらが社会の通奏低音となっていることは、疑う余地がない。とはいうものの、それがなければ経済成長はなく、経済成長がなければ、雇用も福祉もない。そんな理屈もわからないではないが、どこか釈然としない。

先々のことを思うと、「もやもや」はさらに濃くなる。

社会が急速に変化する中、寿命が年々延び続けているためだろうか、とにかく自分の老後のイメージが湧かず、それが一層の不透明感を醸し出す。物理的、経済的な現状への満足感に対して、この将来に対するそこはかとない不安と不透明感、展望の乏しさ。いつも時間に追われているという落ち着かなさ。

ふと昔を振り返って思う。どう考えても昭和の時代には、こんなことはなかった。

どうしても私は問わざるをえない。これらはいったいどこから来るのか、正体は何なのか。明るい展望が開けることはありうるのか。これからどんな時代になり、次の世代の人たちは、どんな展望をもって生きていくことになるのか、などなど。

このような問いは、この時代を生きる私たちにとって、それほど大仰なものではないし、現実感を伴わないものでもないはずだ。とりわけ、不安と希望が目まぐるしく交錯する思春期を過ぎ、分別と落ち着きをもって自分の将来を見通すことができるようになる年齢――成熟に時間がかかる私たちの社会では、早い人でもそうなるのは三〇代後半からだろうが――から、短期記憶の衰退をはじめとする心身の老化によりそうした問いさえも困難になる年代――早い人だと七〇代後半からだろうか――までの間の年齢にあって、なんとなくそうした感覚を抱きながらも日々の生活に追われている人たちにとって、このような問いは徐々に深刻さを増しているはずだ。要するに、若者たちの将来云々という前に、私たち中高年が自分自身の現実をもてあましている。

私は、三〇年以上にわたり国際協力や海外援助を生業にしてきた。和田と同じく、その大半はNGOと呼ばれる民間援助団体での活動だった。NGOはボランティア的な性格も強く、職業として成り立ったり成り立たなかったりだったが、とにかく私はそれを専業にしてきた。そして、今、私を覆う不透明感、展望の乏しさは、そうした分野への眼差しにも影を落とさざるをえない。

一緒に活動してきた国内外の仲間は、真面目で大らかなお人よしがほとんどだ。彼らの顔を思い浮かべると、思わず笑顔になる。やってきた仕事を振り返れば、後悔ややり残し感はそれなりにあるものの、現実の複雑さと困難さを考えればこの程度で満足するしかないように思える。

では、子どもたちにこの道を薦めたいかといえば、まったくそうは思わない。自嘲がらみの照れや謙遜から言っているのではない。仕事がたいへんな割には経済的に恵まれないことを問題にしているわけでもない。もっと根本的な理由がある。社会的課題に正面から取り組むことに、私自身が明るい展望をもちえないからだ。日本社会はもとより、先進国途上国を問わず、現代世界全体を見渡すとなんとも言えない不透明感と閉塞感が漂っている。そんな中で社会的課題に取り組むことの意味が私にはわからない。考えれば考えるほどわからなくなる。

日々生起し、形を変える社会課題に対して、私たちは、常に後追いになっている。しかも、その対応策には確かな方法論が伴わず、やり方も場当たり的でしかない。

月並みな言い方だが、現代社会において社会課題に正面から取り組むのは、「川の流れに逆らって舟を漕いでいる」ようなものだ。目的地に向かって一生懸命漕いでいるつもりが、ふと川岸を見れば、少しも進んでいないばかりか後退していることに気がつき、愕然とする。疲れて漕ぐのをやめてしまえば、限りなく後ろに流されるしかなくなる。現代社会という大河には、そんな小舟が虚しく行き交っている。NPOは確実にそうであるし、行政による小出しの対応策も目くそ鼻くそだ。小舟同士を比べれば、進んでいるものもあれば停滞しているものもあろうが、大きく見れば大差ない。

もちろんそれは他人ごとではない。長年つかず離れず携わってきた開発途上国の農村開発という活動の先行きを問われたなら、私もまた考え込まざるをえない。伝統的な村にもコミュニティにも昔の面影はなく、多くの地域では村そのものが消滅の危機にさらされている。よりよい生活を求めれば、若者たちは村を出て行くしかない。その潮流が津波のように世界中の農山村に押し寄せている。それに伴い、自然資源を始め、文化、伝統、そしてコミュニティ、すべてが急速に衰退している。その行き着くところがどこなのかは、私たちの社会を見れば明らかだ。さらにその先を問われれば、展望のなさに愕然とするしかない。

そうした現実を突きつける社会課題には、たとえば、次のようなものがある。

格差と貧困

私が国際協力の活動に本格的に関わりだした一九八〇年代初頭、貧困問題といえば開発途上国のものだった。あるいは、アメリカの都市スラムに住む、黒人やラテンアメリカなどからの移民たちのものだった。格差が深刻な問題となるのは、人種差別や社会階級制度が根強く残っている南アフリカやインド、あるいはこれまたアメリカなど一部の地域のもので、一億総中流を謳歌していた日本人には他人ごとでしかなかった。

それが今やどうだろう。格差と貧困の問題が新聞の社会面を賑わせない日はない。子どもの貧困、一人親家庭の貧困、若者の貧困、老人世帯の貧困などなど、不謹慎な言い方だが貧困問題のオンパレードである。

そうした中、子どもの貧困に焦点を当てれば、人々の同情を誘いやすく啓発もしやすい。しかし実際には子どもの貧困を作り出しているのは、親であり周りの社会であり国家である。たとえば、孤食など目先の現象としての貧困はその子たちに向けてのレストランを開くなどの方法でなんとか扱えるかもしれない。しかし、それ以上のところでは、どう対処すればいいのかさっぱりわからない。すると、今やっていることがどれほど役に立っているのか疑問になってくる。だからといって、何もしないわけにはいかない。あるいはやらないよりましだ。こうしてＮＰＯやボランティア活動の名で、場当たり的な対処が闇雲に続けられる。しかし、活動費、とりわけ人件費の捻出は難しい。中心となる人々はやがて疲れてしまい、活動も尻すぼみになる。これがほとんどのNPOの現実だ。

政府からもそのレベルの施策が五月雨式に打ち出されるものの、行政の現場にはそれを扱える人材がさらに乏しい。結局、最前線は住民組織やNPOが担う。しかし、それらの市民組織がどれだけの対応力をもっているのか、いかなる展望のもとにその社会課題に取り組んでいるかと問えば、はなはだ頼りないのが実際だ。

同様に、途上国援助においても、援助組織は、ストリートチルドレン、児童労働、性的搾取などなど、特定の状況に特化して活動することで問題をさらに見えやすく取り組みやすくしているが、その一方で、それを作り出しているのは、家庭であり社会であり国家であり、途上国の場合はそれに国際社会が加わる。外野から声を上げるのは簡単だが、有効な手段を講じるのはとてつもなく難しい。場合によっては大きな危険を伴う。最前線を担うのは、ほとんどの場合現地のNGOだが、和田が指摘するように展望が乏しいことに変わりはない。

対象地の状況がめまぐるしく変化することが、困難に拍車をかける。ストリートチルドレンが社会問題化すれば、地元住民によって彼らは通りから排除され、姿が見えなくなる。あるいは、再開発が進み、近代的なビルが立ち並び、街はかつての面影を留めなくなる。支援の対象としている子どもたちは、状況が好転しようがしまいがやがて大人になり、別の社会課題に巻き込まれていく。その中で生まれ育つ彼らの子どもたちの状況は、さらに複雑化し見えにくいものとなる。いわゆる貧困の再生産である。

途上国においてさえも、衣食住に乏しい、病気になっても医者に診てもらえない、あるいは学校に行けない、などというかつての素朴な貧困の光景は表舞台から消えていきつつある。入れ替わりに、より屈折した心理的社会的状況の中であえぐ子どもの声が漏れ聞こえる。それに呼応して新たなＮＧＯができ、先の見えない活動をやむにやまれず開始する。子どもの貧困を扱ってきたＮＧＯは時代に乗り遅れないよう、やりかけのテーマを置き去りにして最先端の問題に取り組むことになる。要するに、変化についていくのに、皆精いっぱいなのだ。

世界全体に目を向ければ、テロや内戦のニュースでメディアは埋め尽くされている。政情不安と格差拡大がますます進行し、それが私たちの不安と不透明感をいっそう掻き立てる。しかしながら、冷静かつ客観的に近代の歴史を眺めてみれば、私たち一人一人の生活は物理的な便利さと豊かさを日々増していることがわかる。平均寿命の驚異的な延びなど各種の社会経済指標からすれば、世界全体はより安全で平和なものになっているはずだ。なのに、この不安と不透明感。それはいったい何を意味しているのだろうか。私たちの要求水準が上がっているだけのことなのだろうか。あるいは、通信技術の発達と歪んだメディアのあり方が、不安と不満を煽っているだけのことなのだろうか。

フェアートレード

かつて私は、国際協力NGOの現地駐在員としてバングラデシュで活動した。その団体はNGO活動の多くの分野でパイオニア的な活動を行っていて、バングラデシュの村の女性たちが作った手工芸品を日本に持ち帰って売る活動、つまり現在ではフェアートレードと呼ばれている活動の先駆けでもあった。活動費が乏しかった時代、私も村の女性たちが作った刺繍や工芸品を詰めた段ボールの運び屋をやった。三〇年ほど前のことだ。

今ではそれが社会的認知を得て、商品はファッショナブルな女性誌で頻繁に取り上げられるまでになった。現地では年間十億円以上を売り上げるフェアートレード専門のNGOが複数育つほどの隆盛ぶりだ。このようなビジネスへの参入を狙ってバングラデシュ入りする日本の若者もあとを絶たない。隔世の感があるとはこのことだ。

仕事がら、私のパスポートは途上国のビザと出入国のスタンプで埋め尽くされている。結婚当初は、出張のたびに民族衣装や民芸品などを土産に持ち帰っていたが、いつ頃からか、ほとんど買わなくなった。妻や子どもたちがほとんど興味を示さなくなったからだ。

妻は、私と知り合った頃、日本で手織りを学んでいた。一時は職業にしかけたこともあったが、ほどなく断念した。糸や織り機などにかなりの投資をしたようだが、その後、ほとんど使っていない。

妻は「こんなにモノがあふれている時代に、趣味で拙いものを作ってもゴミを増やすだけ」と言う。妻の自嘲に私も共感を覚えずにはいられなかった。

フェアートレードの意義は認めるし、隆盛はうれしい。しかし、背後からは「ゴミを増やしてどうするのだ」という冷ややかな声が聞こえるのも確かだ。シンプルな生活を掲げながら、本当に必要かどうかわからないものを作らせて売ることにジレンマを感じるのは、私だけだろうか。「公正な社会を作るために」などという手あかの付いたメッセージと、ネパールの生産者の素朴な笑顔だけでは、百円均一ショップという大河の流れに逆らって泳ぐ元気はとても得られそうにない。そう感じるのは、私たち夫婦だけだろうか。

省エネと環境問題

環境問題の場合、ジレンマはもっと深刻だ。もっともらしい議論があちこちで交わされている一方で、それをあざ笑うように暴力的な環境破壊が歯止めなく進行している。

たとえば、省エネを薦める電力会社のＴＶコマーシャル。傍らでは、二四時間営業のコンビニが乱立し、客のいない店内に省エネを謳ったＬＥＤランプが煌々と灯される。大小の乗用車が、ドライバー一人を乗せて、店の前の道路を次々と走り抜ける。温暖化防止策と称して省エネを薦める公共広告や電力会社のコマーシャルを他所に、あらゆるところで「もっと買え」「もっと使え」というメッセージが延々と発信し続けられる。そんな中、あの公共広告は私たちにどうしろと言っているのだろう。そうしたメッセージに展望よりむしろ失望をより感じるのは、私だけだろうか。

省エネもエコライフも再生可能エネルギーも、経済成長最優先の現代社会では、所詮、気休め以上ではないのだ。

化石燃料文明論という思考実験に挑む

元凶は経済ではなかった

こうしたもやもやとした思いを胸の中に納めて、私はここ十年余りにわたり、私たちが途上国での現場から独自に生み出した開発協力の方法論の言語化と体系化を進めてきた。情緒的で抽象的な問いはいくら切実で誠実であっても、実践の場では思い込みをもて遊んでいるにすぎない。真に必要とされているのは、それとは真逆の、徹底的に現実に根差すという心構えだった。もちろん、姿勢や心構えだけでは仕事にならない。和田は、小さな事実を積み重ねて現実を浮かび上がらせるという技法を育て上げ、やがて私もその工程に加わることとなった。

私は、主にその体系化を引き受けたのであるが、作業を深めていくうちに、援助現場での現実の捉え方にとどまらず、格差を拡大させている現代世界の見方、捉え方についても大きな洞察を得ることとなった。その手法を駆使して物事を見ているうちに、まったく新たな視界が、思いがけない形で私たちの前に開けてきた。途上国の村を襲っているこの暴力的な力の正体が、かつてないほど明確な形で浮かび上がってきた。

その見方、考え方は、従来のものとは似ても似つかない、シンプルである意味過激なものだが、その見方を採ったところ、前述の「もやもや」をはじめとするさまざまな疑問が一気に氷解、いわば「スッキリ」という気分になった。明るい展望が開けるまではいかないにせよ、この不透明感、この展望のもちにくさがどこからくるのかを、明らかに示してくれた。少なくとも和田と私はそのように感じた。

まずは、そこへと至る私たちの思考のプロセスに沿いながら、その見方について紹介していく。そのうえで、ささやかな展望へと至る道を探っていくこととする。

手始めに、私は、展望が見えないという現象が引き起こされるのはどうしてなのだろうか、と自分に尋ねてみた。そのうえで、日々の生活を虚心に見回してみたところ、答えらしきものが案外簡単に見つかった。社会とライフスタイルの変化があまりにも早いからだ、というありきたりな結論にすぐに思い至った。日々入ってくる膨大な情報、刻々と変化する世界、次々と起こる事件、次から次へと売り出される新商品とサービス、世代間のギャップの加速度的な増大。ひとことで言えばこうした急激な変化に、私たち一人一人がまったくついていけていないという感覚。これが展望のなさ、不透明感、そして不安の根底にある。私はそう確信した。

すると、次の質問は、「では、この急激な変化をもたらす力はいったい何なのだろうか」となる。ところが、このような問いを、たとえばブログ上で発しようものなら、「そんなこともわからないのか」、という非難じみた書き込みで、私のブログは炎上すること必定だ。「今さら考えるまでもない。それは、グローバル経済の力であり、それとは不可分なスマホやインターネットに象徴されるテクノロジーの急激な発達に決まっているではないか」という書き込みで埋まるにちがいないのだ。

私たちは、今の時代のことを現代社会と呼んでいる。そして、この時代の雰囲気も、現代社会特有のものにちがいないと感じている。では、それ以前の社会になくて、近代化された社会にあるものは何か。決定的な違いを生み出すのは何なのか。そう尋ねたら、即座に返ってくるのが、この「グローバル経済に対応した社会経済システムと優れたテクノロジーである」という見解なのである。

科学技術＝テクノロジーの急速な発達。市場経済＝グローバル経済の際限ない拡大と浸透。それらはこれからも際限なく発達し、浸透していくにちがいない。それは自然な流れであって、誰も押しとどめることができない。市場経済と科学技術の二つがこの急激な社会と生活様式の変化、それを発展と呼ぶかどうかは、人により、あるいは同じ人でも時と場合によって違いはあるだろうが、これらが最大の牽引車であることは、誰も疑わない。つまり、私たちの社会に漂うこの不透明感や焦燥感を招いている根本的な要因もまたこの二つにあるというわけだ。

確かにそれはそうだ。私もそれを認めないわけではない。しかし、ではそれを引き起こしたのは何なのか、というようにさらに問い続けていったところ、話はどんどん複雑になってくる。人類社会と文明の歴史や経済システムの変遷を追っていくなどしても、結局のところ、社会はどんどん複雑になっていることがわかるだけだった。それを巡る分析もますます複雑になり、ますます何が何だかわからなくなった。

そこで私は、そのように遡ることを控えて、もっとシンプルに考えてみることにした。すなわち、誰か、あるいは何か追い立てているものがあるから、私たちはそれについていけない。だとしたら、それは当然、私よりずっとスピーディ、あるいは効率がいいものでなくてはならない。では、私よりはるかに効率よく手早く働くものはいったい何か、という問いから出発した。

そうしたところ、出てきた答えはこれまたあまりに単純だった。私たちの相手は、大量生産システムである。ある品物を手作業では一日一個作るのがやっとのところを、機械化された生産システムにおいては、数百でも数千でも作ることができる。桁違いのスピードである。では、そのスピードを作るものは何かとさらに尋ねる。すると、それは機械に決まっている。つまりテクノロジーの発達がこの状況を招いた。そう答えたいのが人情だろう。ところが、実はここに大きな分かれ目がある。あまりにも当たり前だが、どんなに素晴らしい機械があっても燃料、つまりエネルギーがなければシステムは動かない。そして、近代社会のエネルギーの大半は、石油や天然ガスや石炭などのいわゆる化石燃料によって作られている。機械の生産力ばかりではない、自動車のスピードも船舶や列車の高速輸送も、すべて化石燃料に頼っている。

つまり、私たちの競争相手は機械ではなく、ましてや他人などではない。まちがいなくそれは石油や天然ガスなのだ。それは、ほとんどすべての産業において共通していて、たとえば、農業であれば、化成肥料や耕運機や灌漑ポンプのもつ巨大な力が、人力・畜力と自然資源に頼る伝統的な農法を圧倒している。途上国援助の現場では、私たちは今もその光景を目の当たりにしている。その基となるのが石油であることは言うまでもない。途上国と先進国の違いは、石油をどれだけ使えるかによって生じていた。それ以外の差は、実は程度の問題とさえ言える。さらには、プラスチックに代表される化石燃料由来の材料からできたものをどれほど使えているかどうかでも。

そうなのだ！　今、われわれに巨大な利便性と物質的な豊かさをもたらしている力は、化石燃料のもつ圧倒的な物理的力なのだ。いくら科学技術が発達し、資本主義による生産システムが整ったとしても、石油や石炭や天然ガスを使うことができなければ、大量生産システムと高速大量輸送システムは機能しえない。この二つがなければ、科学技術の活用は、今もわれわれの身の丈に合った範囲を大きく超えることは金輪際不可能であり、私たちの生活と社会のあり方をこれほどのスピードと力で変えていくことなど絶対にありえなかった。

科学技術と市場経済ではない。それらは、本当の牽引車ではない。その二つがいくら発達しても、現在のこの経済的繁栄もライフスタイルもありえなかった。

化石燃料は地球のいたずら

しかも、この石油や石炭や天然ガスという無尽蔵とさえ思えるような巨大なエネルギー資源は、たまたま地中に埋蔵されていたものにすぎない。そう考えるなら、私たちの今のこの産業社会とそれに支えられる生活は、偶然の産物にすぎないことになる。数百年前、北ヨーロッパの人々が、石炭を使って機械を動かす仕組みを考え出し、そのエネルギーを使って船や機関車、あるいは紡績機や織機を動かし始めた。それまでの人力や畜力、薪、あるいは水車による水力など自然エネルギーを使ったものとはまったく比較にならないほどのスピードで同じものをどんどん生産できる仕組みを作った。言うまでもなく、これが産業革命である。逆に考えるなら、石油や石炭というエネルギー源がたまたま存在したからこそ、産業革命においてその利用が可能になったと言えるのである。

そもそも生身の人間と石油エネルギーとでは競争にならない。私たちは、そのエネルギーのもつ力を利用しているとうぬぼれているが、実は、私たちはその怪物のような力に使われているにすぎない。機械に人が使われるとはよく言われてきたことだが、そう考えると物事の本質は見えなくなる。そうではない。化石燃料と人力との競争に我知らず巻き込まれているために、私たちはこんなに気忙しい日々を送らざるをえないのだ。

その力がどれほど大きく、それに私たちがいかに翻弄されているかを知りたければ、大型の百円均一ショップを訪ねてみるといい。ほとんどの品物には石油由来資材およびに遠近にかかわらず、さまざまな国――ほとんどが途上国だが――から買い集めた材料が使われ、中国やベトナムなどの新興国か途上国で作られ、はるばる日本まで運ばれてくる。その豊富さ、安さ、機能性の高さは驚異的だ。しかも、何か欲しいものがひとつあって入った店で、その安さと機能に惹かれて結局あれこれと買ってしまう。さらには、それらが捨てられない、片づかないことが大きなストレスになり、整理術の指南が一大産業になる。化石燃料を使った大量生産と高速大量輸送のシステムの計り知れない力、そしてそれに我知らず翻弄されて生きている現代人の姿がここにはっきりと浮かび上がってくる。

私たちの今の状況は、自然のいたずらとも言える偶然の恵みの力によってもたらされた。人間の力で勝ち取った部分はわずかしかない。しかも、化石燃料は偶然の産物であるため、系統だった理解を拒む。つまり、偶然のできごとを分析したり解釈したりしても意味がない。私たちが、私たちの状況を理解するのが難しく、将来を展望するのがやっかいなのは、ひとえに化石燃料という不可解な怪物のせいなのだ。

化石燃料を利用した大量生産、高速大量輸送のシステムが日進月歩で進歩を遂げている一方で、私たち人間自身は古来より何も変わらない。生身の力で生きるしかない。そして、生身の体ができることはたかが知れている。私たちの手漕ぎの舟と川自体を流れさせている化石燃料の「物理的」な力の差が、私たちの徒労感と無力感の根底にはある。私たちは、消費の欲望に誘われながら自分の足で歩んでいると思っているが、実際に私たちを動かしているのは、舟底の下を流れる川を動かしている化石燃料の圧倒的な力なのだ。

化石燃料文明論という思考実験に挑む

私はとにかくこのように考えることに決めた。そして、このような考え方、ものの見方を「化石燃料文明論」と名付けることとした。

従来の見方とさほど違いはないかもしれないし、あまりに当たり前のことを言っているようにも思えたが、その一方で、この見方に立ってさまざまな現象を見てみたところ、世界の景色がずいぶん違って見えてきた。われながらそれに大いに驚かされた。見方を変えたところで、現実の生活や仕事のやり方が急に大きく変わるわけではない。実践的な指針がすぐに出てくるわけでもない。視界が明るくなって現実の厳しさがより明確に見えたことで無力感が増した部分もないわけではない。しかしながら、それと同時に、その無力感、徒労感の正体がわかれば、やがてその克服方法も見えてくるのではという希望もわずかながら湧いてきた。この見方は、それほど大きな転換を私に与えたのである。

歴史に「もし」はないと言われる。ここからは、あえてそのタブーを破って、「もし化石燃料が存在しなかったら」と考え、その結果見えてきたものを取り扱う。その意味で、これから行おうとしているのは、一種の思考実験とも言える。実験結果には、検証不能な仮説に留まる部分が多いかもしれないが、開発援助の現場での経験からも、論理的整合性という意味でも、私と和田はこの見方、考え方の正当性、妥当性に対して絶対的な自信を抱きつつある。

次章からそれをより詳しく紹介していく。

第3章

歴史的断絶が見える

中田豊一

化石燃料の物理的力が突然世界を変えた

化石燃料文明論を採ったとき、どんな景色が見えてくるのか。これまでと何が違って映るのか。まず驚かされるのは、現代文明の姿がこれまでにないほど明確に浮かび上がってくることである。

産業革命が近代を作った

映画やテレビドラマを通して江戸時代の人々の生活を垣間見たり、あるいは南米アマゾンの先住民族の暮らしぶりなどを生々しいドキュメンタリー映像で目にしたりすると、私たちは「ああ私たちの世界とはずいぶん違っているのだな」という感慨を抱く。現代日本人は、江戸時代、あるいはそれ以前の人々や、途上国に今も残っている昔ながらの生活をしている人々とは別世界に生きている。まったく違うライフスタイルで生きていれば、それに伴って価値観や考え方も大きく変わってくる。その程度のことは誰でも漠然と感じているはずだ。私は途上国援助、しかも農村開発を専門にしてきたので、アジアやアフリカの国々の中でもことさら辺鄙な地域の人々とやり取りすることが多い分だけ、その違いを人一倍痛感してきた。

通常、その違いを言い表すために、「近代化」という語が使われる。近代化が具体的に何を意味するかは別として、イメージで捉えることは難しくないはずだ。日本やアメリカ、ドイツやフランスなど西ヨーロッパの国々は、とても近代化されている。アフリカの多くの国々やネパールやミャンマーやラオスなどアジアの一部の国々は近代化が遅れている。そう一般的に捉えられている。

「近代化」という日本語は英語の modernization の翻訳だが、英語では、近代と現代の区別をしておらず、modern は、近代以降現代までの時代を指して使うのが一般のようだ。その意味では、modernization は、現代化と訳すこともできる。その「近代化」がいつどこで始まったかは、少しでも世界史を勉強した者にとっては常識以前の話だ。近代化は、数百年前の西ヨーロッパで、産業革命とともに起こった。産業革命は英語では Industrial Revolution と言い、これは工業革命とも訳せる。すなわち、「現代（近代化）」は、「工業革命（産業革命）」によってもたらされたわけだ。

産業革命、つまり生産工程の大規模な工業化は、一八世紀のイギリスから始まった。産業革命と聞けば、織機や紡績機などの発明や技術革新のことがすぐ思い浮かぶかもしれないが、実際には産業革命を決定的にしたのは蒸気機関の発明であった。それまで手作業かよくても水車による水力利用であった生産活動を、石炭を動力に使って自動化した。それは、機関車や蒸気船の動力機関としても導入され、飛躍的なスピードと運搬力を提供することとなった。

それに続く内燃機関（装置内部での燃焼によって得た熱エネルギーを機械的仕事に変換させる装置。エンジンがその代表）の開発により、工業生産は加速度を伴って発展した。これによって、製品や材料や人員の高速大量輸送が可能になり、生産力と輸送力が飛躍的に伸びた。それが人々の生活をより便利に豊かにすることに大きく貢献し、以来、その流れは今日まで脈々と続いている。

産業革命はエネルギー革命

全人類史を通して見ても、この産業革命に匹敵するほどの画期的なできごとは、ほかにない。どこがそれほど革命的なのかを巡っては、さまざまな角度から多様な要因を挙げながら膨大な研究と議論が重ねられてきたが、近年、あるひとつの見方で固まりつつあるという。

「産業革命とはつまるところエネルギー革命であった」、という捉え方である。

山川出版社の世界史リブレット『産業革命』（長谷川貴彦著）は、産業革命を歴史的観点からわかりやすくコンパクトに解説してあるばかりか、その本質についての洞察に満ちた好著である。同書の冒頭では、産業革命について以下のように概説している（傍線著者）。

…本書で提出される産業革命像は、おおまかに言えば、以下の三つの特徴をもっている。第一に、産業革命を人類史の大きな分水嶺として捉えていることである。ケネス・ポメランツは、産業革命とは「工業化以前の停滞した定常状態を、予期しないかたちで突然に脱したできごと」だと主張している。ポメランツによれば、世界経済が長いあいだ本質的に変わらず、急速な成長を遂げなかったのは、主に環境的な要因によるものだとされる。一八〇〇年以前の時代のあらゆる社会は、ほとんどの資源を土地に依拠しており、自然環境が人口成長と経済成長の制約条件となっていた。この「マルサスの罠」（次項【植物依存経済と鉱物依存経済】を参照のこと）からの解放によって、人口の増大と経済成長を調和的なかたちで進行させることが可能になった。このエネルギー革命こそが、産業革命のもたらした最大の変化であったとする（p2-3）。

これを見ても、私が展開している「化石燃料文明論」には、それほどの独自性も新鮮味もないことがわかる。正直、この記述を見つけたとき、あまりのあっけなさに自分でもがっかりした。その一方で、こんな当たり前のことが二一世紀の今日になって改めて取りざたされなくてはならないのはいったいなぜなのか、という疑問も改めて浮上した。「産業革命の中心にエネルギー革命を位置づける説は、近年、急速に支持を集めている（p54）」という記述が同書にはあるが、こんな単純なことが「近年」

になるまで議論に上らなかったのはどう考えてもおかしくないだろうかということだ。

実は、そこにはそれなりの背景があった。ここからは、それを解き明かすことによって、化石燃料文明の本当の姿をさらに明確に浮かび上がらせていく。

なお、ここで言うエネルギー革命が、化石燃料への劇的な移行を指しているのは言うまでもなく、同書ではそれを、「植物依存経済」から「鉱物依存経済」への転換と表現している。「生物エネルギー」から「無生物エネルギー」へという表現もあるが、前者のほうがわかりやすいと思われるので、本書でも折に触れてこの表現を使わせてもらう。

植物依存経済と鉱物依存経済

産業革命以前の世界では、食べ物だけではなく、燃料など身近な資源のほとんどすべてを植物に依存していた。煮炊き用の薪、衣料の材料、建材などの主要生活資源は、植物が光合成によって太陽エネルギーを取り込んで合成した有機物主体のものであった。ということは、樹木は切ってしまうとなくなり、次が育つには何十年も待たなくてはならない。食料としての植物も動物も、食べ切ってしまえばそれで終わりだ。

さらなる入手のためには、新たに育つのを待つか、新たな資源を求めて場所を移動するかしかない。使いすぎたり取りすぎたりするとすぐに枯渇する。場所を移したからといって、必ず入手できるとは限らない。農耕社会では、無定見に耕作地を広げたところで人手がなければ生産は増やせない。人口が急に増えると土地や資源が足りなくなり、結局、人口はまた減っていくしかない。このジレンマが上述の「マルサスの罠」と呼ばれるものである。

人々は、身近に入手可能な資源の範囲の中で、自然のサイクルに合わせて倹《つま》しく消費していくしかなかった。それ以外のあり方は想像さえできず、それを当然のことと受け止めて何十万年も生きてきた。これが植物依存経済である。

では鉱物依存経済は、どのようにして私たちの世界に導入されたのであろう。

産業革命のプロセスの研究が示すところによれば、その口火を切ったのは石炭を使った製鉄であったという。単純に考えれば、蒸気機関や織機などの機械の発明が革命の始まりのように思えるだろうが、よくよく考えてみればその材料である高品質な鉄が大量に生産できなければ何も始まらないことがわかる。

人類が鉄器を使うようになったのは相当古いことで、紀元前数千年に遡るという。紀元数世紀には世界各地で作られるようになったらしいが、大量生産できるためには、溶鉱炉を使った製鉄が始まる一五世紀を待たなければならなかった。しかし、当初は溶鉱炉の熱源には木炭を使っていたため、木を切りすぎて森林が衰退すれば、鉄の生産量も減らざるをえなかった。ジブリ映画「もののけ姫」

の舞台となるタタラ場は溶鉱炉で、そこでも製鉄と森をめぐる葛藤が物語の下敷きになっているのは実に興味深い。

一八世紀初頭にイギリスで、石炭を蒸し焼きにして作ったコークスを利用する画期的な鉄の精錬方法が開発された。それによって、高炉製鉄は植物資源の資源量の限界というくびきから解放され、良質の鉄が豊富に出回ることになった。これを資材に自動織機などの工業機械の生産が本格化したわけだ。

石炭の熱源としての利用と並行して、動力源としての利用方法も徐々に進歩し、やがて蒸気機関の実用化として実を結んだ。次には、蒸気機関を使って織機などの生産機器を動かすことで、大量生産への道が開かれた。併せて、機関車や蒸気船という高速大量輸送機関が整備された。大量生産することで、製品一つあたりの生産コストは格段に下がり、さらには輸送機関によって従来では考えられないような遠くの市場に生産物を素早く届けることができるようになった。こうしてイギリスは歴史上最初の「世界の工場」となった。

それまで農村で植物エネルギーに依存する産業に従事するしかなかった人々の多くが、都市で工場労働者となり、近代的な都市が生まれた。消費の側面に目を移せば、以前は手作業で作った生活物資、衣服などは修理修繕しながら擦り切れるまで使っていたのが、大量生産によって新品を買える機会が激増した。何ヶ月もかかっていた人や物の移動が数日でできるようになり、生活や生産は著しく便利になった。

大ざっぱに言って、これが産業革命と呼ばれるできごとである。

石炭なくして産業革命なし！

こうして見れば、産業革命の各段階における石炭の役割がいかに大きいかがわかる。産業革命の最大の牽引車となった蒸気機関にしても、石炭を掘るための炭鉱で排水用の動力としてまず発達したという。この時代の技術革新はすべて石炭とつながっていたのである。それどころか、もし石炭が存在しなかったら、産業革命は決して起こらなかったと言える。鉄の大量生産を石炭抜きに行おうとするなら、森林は完全に消失していたであろうが、そうなったら生命の存立そのものが脅かされることになるため、そもそも現実的でない。食糧生産や煮炊き用の薪のほうが、地域住民にとっての優先順位は高いからだ。

石炭がなければ蒸気機関はなく、蒸気機関がなければ工場も機関車も動かない。どれほど優れた技術があっても、他の資材がいくら整っていたとしてもその限界を破ることは不可能だ。それは、昨今のエネルギー事情が証明してあまりある。いわゆる再生可能エネルギーは、化石燃料の補完的な役割は果たせても、それに取って代われるという見通しは、あれから数世紀を経てこれほど科学技術が発達した現在においても、まったく立っていない。

すなわち、石炭が存在しなければ産業革命は起こりえず、産業革命がなければ、近代化はなく、近代化がなければ現代のこの世界もない。逆に言えば、現代世界を生み出し支えているのは、ひとえに化石燃料の存在なのである。

もしもあなたが、近代以前の生活からは想像もできないほど豊かで便利な私たちのこの生活をもたらしているものは科学技術の力だと考えているとしたら、それは完全に間違っている。石炭が先にあって近代機械技術が発達したのであって、その逆ではない。化石燃料がなければ電気の普及はなく、石油がなければ自動車の普及は金輪際ありえなかった。電力がなければ壮大な科学実験を繰り返すことはできないし、大量の情報を即座に伝え合うこともできない。自動車がなければ、人が頻繁に行き来して交流することもできない。もっと平たく言うなら、もし化石燃料が存在していなければ、私たちはどこに行くにもいまだに歩いて移動するしかなかった。あるいは馬車か牛車か船に乗るのが関の山だった。あまりに当たり前なこの説に、誰か反論できる人がいるだろうか。

ちなみに、『資源物理学入門』（槌田敦著、ＮＨＫブックス）という書が、私たちの学生時代、大きな話題を呼んだ。それまで情緒的に捉えられがちであった環境問題に、エントロピー増大の法則という物理学の概念を持ち込んで、汚染物質の拡散という現象を科学的な目で捉え直した名著であり、私も学ぶところが多かった。久々に同書を紐解いたところ、以下のような記述を見つけた。

…まず、科学技術というのは、石油を使う技術であることを認める必要があるだろう。つまり、科学技術は、石油の持つ能力の範囲では何でもできる。しかし、石油の能力を超えては何もできないのである。…（p92）

このように、現代科学技術文明が石油文明そのものであることは、三〇年以上前に明確に示されている。石油文明という語にしても、当時は比較的広く使われていて、いくつかの書籍の題名にもなっていた。こうして見ると現代文明を化石燃料文明として捉える考え方は、少しも目新しいものでないことはいよいよ明白だ。では、われらが化石燃料文明論は、それらとどこがどう違っているのか。話はいよいよ本筋に入っていく。

まず、再確認しておきたいのが、化石燃料の埋蔵は、歴史的必然でも進化の過程で起こった不可避のプロセスでも何でもなく、地球環境の変遷の過程でたまたま起こった偶然の産物にほかならないということだ。石炭は、三億年ほど前の地球に大繁殖していたシダ類の死骸が分解されないまま湿地に埋もれ、数千万年から数億年かけて固まったものと考えられている。石油の生成のメカニズムについてはまだわからないことが多いらしいが、何らかの微生物の死骸が、気の遠くなるような長い時間をかけて海中に大量に堆積し、これまた長い時間をかけて変性して出来上がったという説が最も有力とのことである。

このように、化石燃料の存在が偶然の産物にすぎないとすれば、産業革命も偶然の産物であり、歴史的必然でも何でもないという理屈になる。ここで言う偶然とは、たとえば、二億五千年前、地球規模の大噴火により当時生きていた生物種の九割以上が絶滅したり、六六〇〇万年前、小惑星の衝突によると考えられる気候の大変動が起こって恐竜が絶滅したりということに代表されるような、生命の歴史を突如として寸断する突発的なできごとのことを意味する。化石燃料の生成と利用もそれに近いという意味で、偶然と私は呼んでいる。たとえは悪いかもしれないが、祖先が埋めた埋蔵金を見つけたり、たまたま買った宝くじが大当たりしたりという感じだと思っていただければいいだろう。

その見方を進めていけば、必然的に一つの結論に辿り着く。つまり、現代世界は、化石燃料という偶然の存在によって成り立っているということだ。化石燃料なくして、産業革命以降の世界はまったく考えられず、私たちの現在の生活も、世界のあり方も、政治も経済もまったく別物になっていたであろうことは疑いを入れない。裏返せば、化石燃料の存在という偶然のおかげで、私たちの世界はそれ以前のものとはまったく別のものとなった。

化石燃料の大量の埋蔵が予期できるはずはなく、計画も見通しもなく、偶然に頼って、植物エネルギー依存の世界から鉱物エネルギー依存の世界にやみくもに移行した。それが近代なのである。そして、その鉱物資源エネルギー、つまり化石燃料は、パワーといい量といい従来の植物性資源とは比較にならない豊富かつ強力なエネルギー源であった。私たちのささやかな努力や試みをあざ笑うかのように流れる人間世界の変化という大河の動力源は、化石燃料という偶然の産物のもつ巨大な物理的力にほかならなかった。

　これこそが論理的にも現実的にも最も整合性が取れた近代化理論である。最初はあまりに極論のように思えたので、自分なりに反駁を試みたが、どうしてもできなかった。そこで、その見方を前面に出して、思考実験を開始したのであった。

化石燃料文明の発見につながった開発援助の方法

メタファシリテーション手法の対話術

「化石燃料文明論」と名付けたこの説がさらに説得力を増すことを期して、次は、この見方が浮上してきた経緯をお伝えすることとしよう。

繰り返し述べてきたように、私たちは、開発援助に携われば携わるほど、途上国の村で起こっていることと、つまり近代化というものをきちんと理解できてないと痛感させられた。和田も冒頭に強調しているように、従来の経済発展モデルに従って「遅れた村」を「進んだ村」に変えていくためのさまざまな援助を外からいくら投入しても、こちらが期待しているような変化は起こせなかった。逆に、いわゆるグローバル経済を悪者に仕立て上げて、それに反旗を翻してみたところで村人の共感を得られるはずもなく、かえって混乱と失望が深まるだけだった。

そこで私たちは考えた。近代化の過程をもう一度振り返りながら、これまでの捉え方のどこがどうおかしいのかを改めて考察してみようと。従来の近代化理論に拠るのではなく、自分たちが観察し、確認し、発見していった事実を虚心に見つめながら、根本から考え直してみることにした。

まず、私たちは、村の中に近代はどういう形で入ってくるのか、行政サービスなどではなく村人が自ら選び取るのはどういう場面においてか、というあたりから見ていった。そうしたところ、伝統的な村社会の中に今、あまりに多くのものが目まぐるしく入ってきているのが改めてわかった。さらには、学校教育や医療施設などの行政サービス。道路、水道、ガス、通信、電気などの生活インフラ。合成洗剤、化学調味料、ペットボトル飲料、インスタント食品などの消耗品などなど、数え上げればきりがなかった。

その中で、私に違和感を抱かせるもののひとつに、椅子があった。村に行くと必ずと言っていいほど、村人はプラスチック製の椅子を出してきて私たちをもてなそうとするが、そのほとんどは、あきれるほど安っぽい代物だった。座っているうちに壊れた経験も一度や二度ではないが、軽くて便利なことは確かだ。それに比べて木製の椅子は、重くて値段も高い。少し前までは木製や竹製の腰掛けを自分たちで作っていたはずだが、新しいものを見かけることは少なくなった。

そこで、私たちは、村の家でたまたま自作らしい椅子を目にしたら、それを質問のターゲットにする。軒下に備えつけた竹製のベンチを指して「これは何ですか」と聞き始める。

何度も述べてきたように、この質問方法が、メタファシリテーションと名付けた私たちの独自の手法の柱をなす「簡単な事実質問による対話術」である。

途上国援助のほとんどが、膨大な手間をかけて行う問題分析にもかかわらず、結局のところ場当たり的で効果が不透明に終わらざるをえないのは、援助を与える側の思い込みに基づいて中途半端な分析を行っているせいだということに気づいた私たちは、村人やスラム住民の生の現実から出発し、当事者たちが課題を再発見していくプロセスを支援する手法を築き上げて体系化した。それがメタファシリテーションであり、本書で展開する説のほぼすべては、国際協力の現場で、その手法を使いながら浮かび上がらせた途上国の人々の現実と近代化現象の本質を基に組み立てたものである。

メタファシリテーション手法は、事実質問に始まり、事実質問に終わると言えるほど、簡単な事実質問の技法を重視している。私たちの言う事実質問とは、端的に言えば、まず英語の5W1H（What, When, Where, Who, Why, How）のうち、Why と How を使わないで、事実を尋ねる疑問詞である残る四つを使った質問方法のことを指す。そこに「〜したことがありますか？」など Yes か No で答えられる事実質問を組み合わせて質問を進めていく。たったこれだけのことだが、実際にやってみるとそう簡単ではなく、また、奥が深いことに皆驚嘆する。

事実質問によって違った景色を見る

事実質問を重ねていくうちに、今までとはまったく違ったコミュニケーションのパターンに入り、見えなかった現実が目の前に浮かび上がってくる現象を、手法の創始者である和田は「違った景色が見えてくる」と形容している。そのような例を、私の実践の中からひとつ紹介してみる。

二〇〇九年の夏頃だったと思う。私はその日、バングラデシュの首都ダッカ市内最大のスラムにいた。用事をすませたあと、スラム内の商店街の薬屋の店先に並べてある椅子に腰をかけて一休みさせてもらいながら、店主と以下のように会話を交わした。

私　「（棚の薬品類を見回しながら）立派な店だ。失礼ですが、あなたのお店ですか」
薬屋「そうです」（中略）
私　「店は毎日開けるんですか？」
薬屋「ええ、基本的に休みなしです」
私　「今朝は何時に開けましたか？」
薬屋「9時半頃かな」
私　「今、11時過ぎだから、開店から1時間半ほどですね？」

薬屋、うなずく。
私「開店から今までに、お客さん何人来たかわかります？」
薬屋「もちろん。４人来ました」
私「誰がどの薬を買っていったか、覚えてます？」
薬屋「はい、覚えてますよ」
私「何と何の薬ですか？　よかったら教えてください」
薬屋「１人は胃薬を買っていきました。あとの３人は皆同じで、○○薬を買いました」
私「ほー、そうだったんですか。それは意外だ。で、昨日はどうでした」
薬屋「昨日も、○○薬が一番多かったですね」

さて、ここでクイズ。この○○に入るのは何だったろうか。四人中三人が買ったのはいったい何の薬だったのか。

正解は、「筋肉痛」の緩和薬である。正解を当てられた方はいないにちがいない。かくいう私も、下痢の薬か風邪薬だろうと考えていた。

ここに住む人々は、リキシャ漕ぎ、荷車引き、レンガ運びや道路掘りなどなど、肉体的に最も厳しい作業を日々担って働いている。体が痛みに耐え切れず、緩和薬を塗ったり飲んだりしながら、今日も仕事にでかけていく。そんな光景が、たったこれだけの会話から見えてくる。周りに座って私たちのやり取りを聞いていた住民とおぼしき男の一人が、「俺たちは、きつい仕事をしているからな」とつぶやく。他の数人も感慨深げにうなずいた。五分にも満たないやり取りだったが、スラムの人々の生活の現実を垣間見させてもらうことができた。人々の心の奥底も、少しだけのぞくことができた気がした。

ここでもう一度、私の質問に注意を払ってみてほしい。薬屋の店主にした質問のひとつひとつは、単純な事実を尋ねるだけのものだった。以前の私であれば、「ここで一番売れている薬は何ですか？」と尋ねていたにちがいない。その質問は、実は「あなたは何が一番売れていると思いますか？」という質問に等しい。仮にもし店主が少し考えてから「そうだな、胃薬かな」と言ったとしても、私には事実かどうか確かめようがなかった。

それに対して、朝からの客はたった四人であっても彼は確実に記憶しているはずであり、その情報はまさしく事実そのものだ。あやふやな全体像よりも、確実な部分を捉えるほうが、どれほど現実に近づけるかの典型的な例だ。何より重要なのは、聞かれる相手はそのような聞き手のほうをより信用するということだ。

事実質問を組み立てながら、的確なやり取りができるようになってみると、かつての自分がいかに現実から遠いところにいたかを痛感する。ものが明らかに見えるとはこういうことなのかと、われながら感慨に浸らざるをえない。これが、和田が常々言うところの「違った景色が見えてくる」ということだ。この景色が見えないで行われる対人支援は、どれほど良心的であってもひとりよがりを免れない。相手の気持ちに寄り添うためには、こうしたコミュニケーションの技能が不可欠である。一朝一夕に身につくはずはないが、その一方、基本を忠実に守りながら訓練すればこの景色は必ず誰でも見ることができる。そうして見えてきた「景色」が本書で展開される説の基となったわけである。

〈この手法に関心のある方には、その手法を詳しく紹介した前著〈和田・中田／二〇一〇年〉、あるいはその簡易版である『対話型ファシリテーションの手ほどき』を一読することをお薦めする〉

プラスチックの椅子は石油そのもの

たまたま訪ねたインドネシアの村で、農家の軒先に据えつけられた竹製のベンチを見つけた和田は、まさにそのように聞いていった。つまり「これは何ですか?」から始めてそのベンチにまつわる村の現実を浮かび上がらせていった。

そうしたところ、まず、そのベンチは自分たちで作って取りつけたことがわかった。ただ、材料の竹は、村の市場で買ったものだった。以前、竹は周辺の藪から調達していたが、近年では買わなくてはならず、しかもその竹材は遠くの村からトラックに積まれてやって来る。自分で竹を取りに行くとすると最近ではかなり山奥まで行かなくてはならないので、買うほうが安くて手軽なのだそうだ。中年以上の者は竹や木を使った椅子やベンチの作り方を知っているが、若い者はほとんど知らない。ベンチであれ椅子であれ、完成品をマーケットで買うのが手っ取り早い。しかも、木製や竹製よりプラスチック製のほうが値段も安い。

このように、その村でも、自分で、あるいは地元で作るよりも買ったほうが安いものが、地域にも家庭にもどんどん入ってきていた。鉈や包丁などの道具はまだしも、食べ物もどんどんそうなっているのもわかった。

私たちは最近、西アフリカのセネガルをたびたび訪ねているが、農民たちがヨーロッパから輸入した野菜を買って食べるのを頻繁に目にする。アイスクリームやポテトチップスならいざ知らず、普通のアフリカの農民がなけなしの現金を使ってスペインやフランスから来た人参やキャベツを買って食べている。落花生などの主要商品作物の価格も生産量も頭打ちの中、これで家計がよくなるはずがない。家族の誰かを出稼ぎに出す以外に手っ取り早い対応策がないのは、理の当然である。

近代化途上の社会にあっては、電化製品はさらに魅力的だ。かつてはラジカセ。次はテレビ。最近足しげく通ったベトナム中部高原の少数民族の村では、トイレがないのに、バイクと携帯電話がある家がいくらでもあった。バイクに乗って iPhone を持っている若者もいたが、その家には備えつけの台所もなく屋根付きのトイレもない。トイレは裏の林に穴を掘って用を足すようにしてあるだけだった。

途上国の村には、ありとあらゆる分野の工業製品、つまり工場で大量生産された便利で安い物品が洪水のように流れ込んでいる。それに対応できる収入を得るためには、商品作物としての高収量品種を化学肥料や農薬を使って作るしかないが、それらの資材もまた工場で大量生産されたものだ。つまり、近代化の度合いを理解するためには、使っているものが工場で大量生産されたものかどうかを見ていけばいいことになる。

当たり前のことだが、途上国の社会と先進国の社会の最大かつ決定的な違いは、大量生産システムの所有と活用の仕組みの有無や巧拙にある。ということは、途上国であっても、大量生産システムを導入できれば、同じように発展できることになる。それには欧米キリスト教社会である必要はまったくなく、かつては途上国であった日本や中国でも同じようにできた。話としては簡単だが、実際にはそれが一筋縄ではいかないから、これほどの格差が生じているわけだ。

途上国と先進工業国の違いを考える際、私たちは、このようにモノ、つまり大量生産された商品の向こうに社会経済システムやテクノロジーを見ようとする。しかし、その前に立ち止まって物自体をよく観察してみようではないか。事実を尋ねてみようではないか。この椅子は何でできているのか、いつ誰がどんな機会にどこで買ったのか、という具合に。

プラスチックつまり合成樹脂は石油を原料にできていることは私でも知っている。それがどこでどのようにして作られるのかなど詳しい仕組みは理解していないが、工場で機械を動かして作っているという程度のことはわかる。おそらく高熱が加えられるであろうことも想像がつく。では、それらを動かしているのは何か。これも石油、場合によっては石炭であろうし、それらを燃料にして作られる電力であったりもする。さらに、そうしてできた製品をここまで運んできたのはどのような力によるのか。これもまた単純だ。船や貨車やトラックなどの高速大量輸送機関であり、言うまでもなく、これらのほとんどは石油で動いている。

だとしたら、このプラスチックの椅子をこの村に存在させている最大の力は、石油の力ということになりはしないか。村の大工や陶工を駆逐しているのは、安価で手軽で便利なプラスチックの椅子やバケツという物理的な存在であり、それをここに存在させているのは何よりもまず石油の力である。大量生産の本質は石油の力にあり、マネーや技術は、それを稼働させるためのサブシステムとして発達したにすぎない。つまり、近代化の源は、石油や石炭などの化石燃料の力そのものにあり、途上国と先進国の決定的な差を生み出している力の源もまたこの化石燃料の力にある。システムではなく物質の有無にある、ということだ。

そう考えてみたところ、私の中でもやもやしていた多くのことが、思いがけないほど明らかに見えてきた。まず、伝統的な社会にいわゆる市場経済という名の生活の変化が流入していく際の、圧倒的な力とスピードに納得がいく。手作業で作れば何日もかかるような日用雑貨が、途上国の村人にとっても捻出が十分に可能な値段で村の市場で売られているのは、それらの製品が圧倒的な生産力をもった工場で、信じられないようなスピードで作られているからである。

化石燃料との競争に巻き込まれた私たち

そもそも、生身の人間と石油エネルギーとでは競争にならない。なのに、私たちは、化石燃料資源と植物性資源との競争に我知らず巻き込まれている。他者と競争しているのではなく、化石燃料と競争させられているのだ。そして、その資源は、長い時間をかけて進化する生命体とはかけはなれた存在である。植物や微生物の死骸が気の遠くなるような長い時間をかけて石化し、今度はそれがとんでもなく短い時間の間に、人間の手によって消費＝燃焼されているのである。

その競争にいつもさらされているからであろう、途上国の人々と比べれば、私たち先進国の人間には、効率という価値観とそれに基づく行動様式がずっと色濃く染みついている。ではこの効率というのはそもそも何なのだろうか。作業効率とは何を指すのか。改めて「効率」という語を辞書で引いてみたところ、その定義は、次のようになっていた。

1．機械などの、仕事量と消費されたエネルギーとの比率。「—のよい機械」「熱—」

2．使った労力に対する、得られた成果の割合。「—のよい投資」

これはインターネット上のデジタル大辞泉の定義だが、その他の主要な国語辞典の定義もほぼ同じであった。

このことからわかるように、効率という概念は、もともとは、機械の仕事量とそれに使うエネルギーの比率のことを指した。それが人間の仕事にも適用されるようになったことが、辞書の定義の順番からも推測できる。1．における「エネルギー」が化石燃料を指すのは文脈からも明らかだ。それに対し、2．にいう労力は、生身の人間による。つまり、人間の場合は食べ物、機械の場合は化石燃料をエネルギー源に仕事をする。にもかかわらず、それを同じ基準で論じようとしているのが現代社会における効率議論なのである。

生身の人間の働き、つまり質を伴う作業を無理やり数値化しようとすれば果てしのない泥沼に陥り、自己の効率についての不安ばかりが募るのは当然である。私たち先進国の人間が、常に何かの後追いをしている、あるいは時間に追われているという感覚から抜け出せないのも当たり前なのだった。

栃木県の西那須野にあるアジア・アフリカ農村指導者養成校アジア学院というところで農場ボランティアをしていた時のことだ。私は、ほんのわずかな広さの雑木林を畑にしようとしたことがあった。私は、体格的にも体力的にも標準以下の男だが、二〇代半ばということで体力に多少の自信はあった。道具の使い方にも慣れてきていたので、鍬や斧やスコップを使って人力でなんとかしようと試みた。しかし、一日かかっても畳半分の広さも開墾できず、そのあまりのはかどらなさに天を仰いだ。翌日は思い直して、農場担当の教員からチェーンソーや小型トラクターなどの動力付き機具を借りたところ、当たり前だが、信じられないようなスピードで開墾が進んだ。書物で読んだり、テレビで見たり、他人の話を聞いたりしてではなく、自ら体感した彼我の仕事量の違いは言語に絶した。それは、耕運、収穫、運搬など、ほかのほとんどの農作業においても同じではあったが、あの時の複雑な感情を今も忘れることができない。

日本の自宅でテレビを見ている私とインドネシアの漁村の浜辺で寝そべっている私は同じ人間なはずなのに、いったい何が違うのか。インドネシアの村ではあの気忙しさに襲われなくてもいいのは、どうしてなのか。こうした主観的で情緒的な問いには正解がなく、それに応えようとする行為自体に意味がある禅の公案のようなものだと長い間私は考えていた。語りえないものだと思っていた。ただ、私のこの時間意識は、化石燃料の力に依存した仕事をした際の仕事量の大きさを経験したことから生じているのではあるまいか。大量生産システムや高速輸送システムの一部として働いた経験が、この時間感覚の差を生み出したのではなかろうか。そう考えてみると、妙に納得がいくことも確かだ。

人一人が一日にできる仕事の量はたかがしれている。それは日本の私もバングラデシュの土地なし農民も同じはずだ。畑仕事をしたら彼らのほうがかなり上手なことは言うまでもないが、その差は、あくまで個人差の範囲に留まる。個々人の能力差は、所詮目くそ鼻くそ、五十歩百歩なのだ。

普段そこそこ体を動かしている健康な若い男なら、多少の訓練を積めば一〇〇メートルを一三秒前後で走れるようになる。世界記録保持者の超人ウサイン・ボルトでも九秒余り。速度にすれば、一・五倍もない。他の能力にしても、実はそんなものだ。人間の能力差などその程度の幅しかない。芸術や文学の能力は数字で計りようがないように、知的能力も数値化は無理だろうが、私の経験的な感覚からすれば、そんな範囲に収まる気がする。両極を取ればそれなりに開きはあっても、平均値からは二倍も開くはずがない。それなのに、途上国と先進国の間にしろ、それぞれの社会の中での個人差にしろ、私たちの間には、この巨大な経済力の差、生産力の差が横たわっている。そして、その原動力は化石燃料にあったのだ。

　大量生産システムは、ひとたびシステムを作り上げてしまえば、同じものを設備が老朽化して作れなくなるまで作り続け、運び続け、売り続けることができる。薄利であっても膨大な数をさばけるので、利益は天文学的なものになる。途上国と呼ばれる地域は、そのシステムを内部になかなか築けない。単純すぎてあっけないほどだが、これが個人の間でも国や地域の間でも等比級数的に格差が広がるメカニズムにほかならない。そして、産業革命以降の今日までの歴史を見れば、化石燃料が無尽蔵に使われ、材料も石油由来が大半であることが、このシステムの原動力となってきたことがわかる。

　個人の能力差が、化石燃料の力を梃《てこ》に等比級数的に広がるのが、大量生産システムであり、高速大量輸送システムだった。この見方に辿り着いたとき、途上国で今起こっている現象の正体が鮮明に見えてきた。途上国であろうとどこであろうと人間は少しも変わらない。それなのに、国と国、あるいは人と人の間には、巨大な格差と差別が横たわっている。ではそれはいったいどこから生じるのか、その正体は何なのか、という途上国援助の中で生じた重大な疑問に対する明確な答えを、私はここに見出した。この点だけに限れば、わが化石燃料文明論は、仮説でも思考実験でもなく確信そのものである。

一人でも生きていける世界の出現

有限な植物資源に依存する世界

ケネス・ポメランツも言うように、この格差の源である産業革命は「工業化以前の停滞した定常状態を、予期しないかたちで突然に脱したできごと」だった。つまり、植物資源依存から鉱物資源依存への転換に伴って、それは突然に起こった。では、そうした植物資源依存から鉱物資源依存への突然の転換は、私たちの生き方、社会のあり方にどんな恩恵をもたらしたのか、どのような影響を与えたかのか。これまでの見方に沿って考察してみよう。

前述のように植物エネルギー依存の社会においては、特定の地域と期間に入手できる資源量は環境の制約を強く受けていた。つまり、資源量が限られていた。誰かが使いすぎると他の者が使えなくなる。それは集団の成員の飢えや凍死につながりかねない。だから、それぞれの集団にとって、自分たちに入手可能な限られた資源をどう配分するか、どうやって管理するかがたいへんな関心事となる。そのような状況の中で、私たちのご先祖様はずっと暮らしてきたわけだ。

最新の学説では、私たち現生人類は約二〇万年前に誕生したとされる。農耕や牧畜が始まったのは一万年余り前で、それ以前の実に長い時代、人類は採集狩猟によって生活してきた。書かれた記録がないのはもちろんのこと、構造物や遺物もほとんど残っていないが、考古学や人類学の発達により、最近ではその時代の人々の生活様式もかなりわかるようになってきた。そこで描き出された初期の人間集団のあり方は、限られた資源を巡る葛藤とその克服のための知恵と工夫に満ちたもので、その形成過程で出来上がった行動や思考のパターンが、現生人類の基本となっている。そして、和田が言うように、その延長線上に出来上がった一つの完成形が「村」というシステムなのであった（第5、6、8章参照）。

種としての人間を研究する学問には、自然人類学、動物学、進化生物学をはじめとして、認知心理学、脳科学などなどの諸科学があるが、特に私が依拠したのは、「進化心理学」と呼ばれる、人類特有の進化の道筋を探る中で生まれてきた複合的な学問領域である。

などと、えらそうなこと書いてみたものの、しょせん読みかじった書籍から得た知識を適当に組み合わせただけである。専門家の目からは、中途半端な知識をひけらかしていると映るかもしれない。また、本書は学問的な著書でも論文でもなく単なる読み物としての性格が強い。したがって、語の定義や文献引用も学問的なルールに厳密に従っていない個所が少なくないことを、断っておきたい。

家族でのラオス生活を経た一〇年ほど前、子どもたちのラオスでの反応に触発されて、人間性の原点を探ってみたいという思いが頂点に達した。それを中心的なテーマに据えて、一冊の書物まで著した。それが『人間性未来論』（中田／二〇〇六年）であり、その過程で出会ったのがこの進化心理学という学問分野であった。進化心理学には、ややもすると一般受けを狙ったジャーナリスティックな主張を展開する傾向があるらしく、科学性に乏しいという批判も当時はあった。本書を書くにあたって、進化心理学の最先端の研究成果に改めて当ってみたところ、基本的な枠組みは変わらないものの、進化生物学、自然人類学、脳科学などの発達を背景に、その主張はますます科学性を強くしているとのことであった。つまり人文科学的な要素よりも自然科学的な要素が強まっているというので、安心して依拠することとした。

脳科学も支持する社会脳仮説

言うまでもないことだが、人類が他の哺乳類に比べて圧倒的に優れているのは、高い知能をもつことによる。現生人類の脳は、それ以前の人類に比べても著しく発達していると考えられる。そして、私たちの脳は、現生人類の誕生期から種としての安定の時期にかけて、つまり採集狩猟をしている石器時代に現在の形を取った。

では、私たちの脳は、どのような背景の基に、具体的にどのように発達し現在の形になったのか。

進化心理学によれば、現生人類の集団では、それ以前の人類の集団に比べて構成するメンバーの数が多くなり、それが私たちの社会性に決定的に影響したという。どこまでいっても推測の域を出ないのは仕方がないが、他の大型哺乳類に比べて身体能力に劣る人類は、集団を大きくしてチームワークを高めることで、自然の脅威から身を守るとともに、狩りや自然資源の確保において優位を保つという生存戦略を採ったと考えられる。その際の、集団の人数は、進化心理学の代表的な研究者として広く知られるロビン・ダンバーに拠れば、一五〇人ほどであったとされる。この数はダンバー数と呼ばれ、専門家からも人類学愛好家からも大きな支持を得ている人類集団の基礎数として最も説得力をもつ仮説なので、興味のある方はぜひとも彼自身の著書に当たってほしい。

他方、脳科学に拠れば、人間の脳は、他の動物に比べて、他者の心を読みながら自分との関係を操作するために働く分野が飛びぬけて発達していることに大きな特徴があるという。進化心理学や進化生物学からすれば、そうなったのは「他者とうまくやっていかなければ生きていけない」という生存環境があったからということになる。つまり、人間の脳は、大きくなった集団と構成員である個々人との関係を調整することを最大の機能として発達した。集団の存続と個々人の生存・繁殖がウインウインの関係になるようにうまく調整できるよう機能する方向に進化して出来上がったのが私たちの脳なのである。

人間の脳は、大きくなった集団において、社会生活を円滑に営むために、つまり他者とうまくやっていくために発達した。それはとりもなおさず、「他者とうまくやっていかなければ生きていけない」という生存環境がもたらした。そうして発達した脳の高い機能が、自然の仕組みの理解やさまざまな創造活動のために応用されることによって、人類は驚異的な繁栄を迎えることになった。とはいえ、進化のプロセスからすれば、それらの機能はあくまでも副産物にすぎないと進化心理学は捉える。

霊長類から現生人類へと連なる知能、すなわち脳の著しい発達は、食糧確保などの実利的な目的のためよりもむしろ集団内の駆け引きを有利に運ぼうとする過程で起こった。この考え方を生物学では「社会脳仮説」と呼び、近年では人類学の定説になりつつある。

進化心理学関係のわが愛読書のひとつである『スーパーセンス――ヒトは生まれつき超科学的な心を持っている』（ブルース・M・フード著）の表現を借りれば、進化のプロセスの中で、種としての人類は、「他人の心を読み、他人を操って、それぞれ自分の目標を達成しようとするが、その一方で、他人との情動的（Emotional）なつながりをも追い求める（p370）」ように出来上がった。私たちの心は、こうした人間関係をめぐるやり取りと集団内における居場所の確保に膨大な精神的、知的エネルギーを割くように向けられているわけである。

資源が有限だからこそ皆で管理

採集狩猟時代、人類は、植物資源という限られた資源に依存して生きていた。私たちの脳の機能、つまり心もその時代の環境と生活様式に合うように設計された。その結果、私たちは、「人からどう見られているか」が気になって仕方がなくなった。そのことで一喜一憂し、さらには、よく見られようと有形無形の気配りと働きかけをする。自己主張を強くしすぎて嫌われては困る。お人よしとみなされたら、いいように利用されるかもしれない。目立ちすぎると「出る杭は打たれる」し、あまりに存在感がないと大事なところで損をする。明確に意識しようとすまいと、そのことをめぐって物心両面で膨大なエネルギーを費やしながら日々を生きているのが、私たち現生人類なのである。

言い方を変えれば、集団性を高めるという生存戦略を採った人類が、必然的に発達させざるをえなかったのが、この「社会脳」の機能であった。この理論を形成する要素の中には推測の域を出ないものもあり、完全に立証されたものではないとはいえ、その説得力の前には私自身ひれ伏すしかない。ご自身を省みたうえでこの説に反論できる方がいれば、ぜひお目にかかりたいものだ。

化石燃料にも感謝

前述のように、私たちを現代の世界へと導いた産業革命とは、植物依存経済から鉱物依存経済への突然の移行であった。使用可能な植物性資源のエネルギー量と比較するなら、化石燃料のエネルギー量は無尽蔵とも言える。シェールガスの発掘技術が確立した現在においては、化石燃料の枯渇はやがて来るにしても相当先のことであって心配には及ばないという声がますます高まっている。実用化の可否をさておけば、海中に沈んでいるメタンハイドレートという一種の天然ガスの埋蔵量は莫大なものであることもわかってきた。その意味では、それまで有限、つまり資源量の限界が誰の目にもはっきりしていた世界から、産業革命を経て、化石燃料という計り知れない資源量をもつエネルギーを活用できる世界に急激に突入したことになる。

とはいえ、これらの化石燃料も、元をたどれば何らかの生命体が光合成によって作り出した有機物が信じられないほど長い年月をかけて堆積し、それが鉱物化したものにすぎない。本書を書き進めるうちに、葉緑体を持つ生物が太陽光線のエネルギーを有機物の中に閉じ込めるという仕組みに強い関心をもったが、それを理解するためには化学についての深い知識が必要だった。高校の化学の復習から始めて、何冊もの解説書を読んでみたが、結局、細部までは理解できなかった。ただし、そのメカニズムは生命の神秘としか言いようのないほどの精妙なものであることだけはわかった。ご飯をいただく前に手を合わせるのと同じような、あるいはそれ以上の感謝の念をもって化石燃料を使わせていただくべきではないかと思ったほどだ。

一人でも生きていける時代が来た

資源が限られていたから、他者とうまくやっていかなくては生きていけない、という仕組みが出来上がった。だが、恐ろしいことに、それらは、近代産業化社会においては無用の長物となりつつある。有限な資源を巡って、分かち合ったり、与え合ったり、あるいは、だまし合ったり、奪い合ったりというやり取りを重ねながら出来上がったのが、種としての私たち人類の基本的なあり方だった。ということはつまり、資源が有限であったから管理と分配の仕組みが必要であり、その仕組みと私たちの心身の仕組み、特に脳と心の構造と機能は不可分なものとなっている。その仕組みは資源量の制約を伴った植物依存の生態系の中で形成されたわけだ。

ところが、化石燃料という無尽蔵な資源が、量的増加の加速度を増しながら間断なく投入され続けられれば、進化の過程で確立した資源管理の仕組みが、どんどん通用しなくなってくる。

資源の管理状況が変われば、「他者とうまくやっていかなくても、必ずしも生きていけないわけではない」社会になるのは当然である。その傾向がどんどん強まれば、「他者とうまくやっていかなくても生きていける」「自分さえそう望めば、一人でも生きていける」社会が到来するはずだ。いや、すでにそうなりつつあると感じている方も多いにちがいない。生活や仕事のほとんどの場面でビジネスライクなやり取りさえ適当にできれば、私たちは十分に暮らしていける。タッチパネルにさえ触れれば、他人と煩瑣《はんさ》な心理戦などしなくても生活上のほとんどのことはなんとかなるようになってきているのである。

近代化とは、物理的には一人でも生きていける社会の進行にほかならない。にもかかわらず、私たち種としての人類の脳は、採集狩猟時代に形成されたまま大きく変わっていない。生活様式や環境が当時のものから著しくずれていけば、心の機能に何らかの不適応、あるいは不具合が生じてくるのは避けられない。

私たちの脳は、「人は一人では生きていけない」「最も大切なものは人と人の絆である」と私たちに語りかける。折に触れては、他人の温かみや思いやりより大切なものはこの世にないと痛感する。その一方で私たちは日々、個人主義に向かってまっしぐらに進んでいる。職業選択の自由、居住の自由、消費の自由などなど、どこで何をしながら生きるかはますます個人の自由に委ねられるようになっている。「つながり」や「絆」を大切にしたいと語りながら、生活はそれとは逆の方向へ進めている。「人間は本来こういうものなのだから、こうあるべきだ」という声に私たちの心は共感する一方で、そうした伝統的な人間観に対してどこかうさんくさいものを感じるのも当然である。

社会課題は孤立した個人の課題へと移行した

本書の至る所で私は「社会課題」という言葉を使ってきた。どうやらここにきて、それは定義矛盾を起こしているようだ。一人でも生きていける社会が進めば、個々人の孤立が深まるのは避けられない。すると社会集団は実体をもたなくなり、すべての課題もまた個人化を免れなくなる。となると、社会課題と言ってはみたものの、現代世界に本当に社会などあるのだろうか、という疑問が湧いてくる。社会と呼ぶからには枠組みが存在しなければならないのだが、それはどんどん壊れていっている。今や、明確な枠組みをもつ集合体としては、国民国家と核家族しか存在しない。それらも今や確実に衰退し弱体化しているのが現実だ。

だとすると、私たちが社会と呼んでいるものは、実際にはメディアを通して感知する世論や、自分の身近な生活環境、あるいはそれらが組み合わさったものにすぎないのではなかろうか。枠組みもなく、実体も捉えられず、帰属感もないが、自分を取り巻く何かがあるような気がするので社会と呼んでいるだけではなかろうか。

社会学の教科書を見ても、「社会」という語に明確な定義を与えてはいない。人間関係の場のことを広く社会と呼んできたにすぎないという。孤立もひとつの人間関係とするなら、確かにそのような社会になってきているという言い方もできないわけではない。それに代わる適切な言葉がない中、あいまいとは知りながら、社会という語を使い続けるしかなさそうだ。

また、ここまで私は課題と言ったり問題と言ったりしてきたが、両者を明確に区別して使っているわけではない。「課題」という場合、多少は整理されていて前向きに取り組む用意があるものを指して使い、「問題」はより一般的に困ったことやたいへんなことを指して使う場合が多いという具合に、文脈に合わせて使い分けている程度である。

さて、採集狩猟時代まで遡るなら、国家も政府も市場もなく、核家族と親族集団とコミュニティとの境界も明確でなく、確固として存在するのは最小単位のコミュニティだけだった。前述の進化心理学者ロビン・ダンバーいうところの一五〇人ほどで構成される原初的な共同体だけが実体をもつ社会であり、人間は物理的にも精神的にもそこで生きるように出来上がった。その形態は、農耕定住社会になっても基本的には引き継がれてきた。つまり、国家らしきものが形成されても、人々は等身大の小さな共同体を舞台に人生を送っていた。そのような「原型共同体」が衰退すれば、社会課題は捉えどころのないものとなり、常に個人の問題しか見えなくなる。言い方を変えれば、個人の問題を社会課題として捉えようにも、その個人が他者とのつながりを失ってしまったなら、その人にとっての社会を特定できなくなる。社会課題や社会問題などは言葉としてしか存在せず、あるのは個人の問題だけになる。

日本の現状に即して、もう少し具体的に説明しよう。

私は一五年ほど前から、海外からの研修生を連れて釜ヶ崎という名で知られる大阪西成の日雇い労働者の町を毎年数回訪ねている。通い始めた頃、ホームレスの問題はそこに寝起きする日雇い労働者の問題で、外から訪れる普通の市民には無縁の境遇と思われていた。ところが、ここ数年、誰でもホームレスになりうるという声がどこからか聞こえてくるようになった。

職場でリストラに遭う。それが契機で離婚したり、家族離れ離れになったりする。さらに、その状態で事故に遭ったり病気になったりすれば、住居も行き場も失うまではあと一歩だ。頼るべき人を持たなかったり、蓄えがなかったりすれば、気がついたら釜ヶ崎の三角公園で援助団体による炊き出しのお世話になっていたということになる。そこまでいかなくても、安アパートで孤独なその日暮らしをするしかなくなる。女性であれば、たとえば夫が浮気して離婚、母子家庭となったときに、自分や子どもの病気など大きな物入りでもあれば、たちまち最貧層の仲間入りとなる。どちらも、今や誰にでも起こりうるストーリーだ。

ところが、奇妙なことに、そんな話がテレビや新聞では毎日のように報道されているにもかかわらず、私の周りにはそんな人がほとんど見当たらない。友人知人に聞いても、間接的に聞いたことはある、周りに予備軍はいそうに思える、だが直接は知らない、というばかりだ。統計的には貧困層は増えているはずなのに、どうしてそのような人々の姿は目に見えにくいのか。仕組みは単純だ。個人の孤立化と貧困の連鎖がそれを見えなくしているからだ。孤立が貧困へとつながるとすれば、貧困が顕在化した時点で、その人はすでに他者とのつながりが希薄になっている。見えにくいのは当然である。マスメディアにはそうした情報があふれているが、言うまでもなく間接情報には大きな限界がある。

つまり具体的な対処策などは、そこからは決して出てこない。

格差や貧困の問題は、本来は社会課題であるはずなのに、個人の問題として立ち現れる性質を強くもつ。ひとたびそれが顕在化したときには、孤立した個人の苦しみや困難になってしまう。周りの者にとっては、自分とは無関係な赤の他人の不幸にしか見えない。自分も何かの拍子にそうならないとは限らないのに。

たとえば、次のようなニュースである。

２０１５年10月27日午前5時40分ごろ、茨城県那珂市のＡ（報道では実名）さん（82）方から火が出ているのを、通行人の男性から１１０番があった。木造平屋建て住宅約１４２平方メートルと東隣の木造2階建て物置延べ約91平方メートルを全焼し、住宅の焼け跡から３人の遺体が見つかった。県警那珂署は、連絡の取れないＡさんの妻（80）、孫の少女（15）とみて身元確認を急いでいる。同署によると、Ａさんは妻と長女（48）、孫娘2人の計5人暮らし。出火当時、もう１人の孫（18）は外出しており、在宅していた長女は逃げてけがはなかった。県警によると、長女は「電気を止められ、ロウソク暮らしだった」と話しており、出火原因を調べている。

【毎日新聞デジタル版から】

こうなる前に誰かなんとかできなかったのか、と思わない者はいない。ところが、では実際に何をしてやれたのか、そしてそれは誰がやればよかったのか、などなどと考えだすと、現実的な答えはなかなか見つからない。孤立しつつある個人に組織的体系的にアプローチするのは容易でないからだ。自分の問題として捉えて日常的な行動に移そうにも、どこにとっかかりを求めればいいのかわからず、途方に暮れるだけだ。

現代社会に生きる私たちは、孤立化の道を誰もがひたすら歩んでいるにもかかわらず、抜き差しならない状態になるまでは、孤立化は障壁として立ち現れてこない。元気なときには健康保険の必要をあまり感じないからといって、病気になってから加入したのでは間に合わない。他者とのつながりもそれと同じだ。健康保険は入りたいという意志さえ示せば拒まれることはまずないが、他者とのつながりは気がつかないうちにどんどん劣化する。衰退のスピードを抑えることさえ難しいのに、新たに築いたり強めたりが本当に可能なのだろうか。

ところで、「孤立化」というのは文法的にはいわゆる「重ねことば」の一種で、正しい日本語ではないらしい。つまり「孤立」だけで十分なのだが、ここでは進行していくさまを強調するためにわざわざこの語を使っている。ご理解願いたい。

安物買いの銭失いが貧困の象徴

私は、長い間、内外の多くのＮＰＯやボランティア団体に係わってきたこともあり、一般の会社員などに比べれば社会課題に関連する情報は多い。そういう情報を共有してくれる仲間の一人に、シングルマザーを支援する大阪の団体で活動しているＷさんがいる。Ｗさんが言うには、自分は朝出かける前にお茶を沸かして水筒に入れてくるのだが、シングルマザーたちは、喉が渇くと近くのコンビニに行ってペットボトル入りの飲み物を買う。ついでにちょっとしたお菓子を買って子どもに与えたり、愚にも着かない小物を買って喜んだりしている。これじゃ、貯金ができるわけがない、とＷさんは嘆く。子どものために学費を貯めることなどできず、結局、低学歴と貧困と孤立が再生産されるのではないかと傍から案じている。その一方で、こういうプチ消費が彼女らの厳しい生活の中でのささやかな楽しみなのだろうと考えると、複雑な心境にならざるをえないと言う。

確かに、安物買いの銭失いもたまにはいい。私にしても、プチ贅沢を楽しむことはある。そもそも、他人の行為の是非を云々する趣味は私にはないし、その資格もない。要するに、私たちは、いやおうなく「安物買いの銭失い」をしてしまう世界に生きているということだ。そして、悲しいことには、低所得者や社会の底辺に近いところにいる人たちほど、この罠から抜け出すことが難しい。買い物は、多少の日銭かクレジットカードさえあれば、あるいはサラ金に頼ってひとりでもできる。つまり、孤立しているからこそ自由にできるのがこの娯楽である。同時に、孤独と退屈を紛らわす道をほかに見出せないから、このプチ贅沢に頼るしかないのだろう。

こうした、私たちの愚かしくも愛すべき安物買いの銭失いという実に現代的な生き方を根本で動かしているのは、言うまでもなく化石燃料の桁外れな力である。その力がどれほど強いかもまた、現在途上国で進んでいる「近代化」という現象をつぶさに観察すればよくわかる。

化石燃料の無尽蔵の物理的力を背景とした大量生産と高速輸送が薄利多売、つまり「安物買いの銭失い」を可能にする。製造する側ではやがて作りすぎに陥り、それを解消するために、常に市場の拡大と新たな商品の開発に迫られる。作る側も買う側でも、気忙しさと慌ただしさがますます加速する。他方、途上国では、化石燃料の力を背景にした大量生産と高速輸送の地球規模の展開により、安物買いの銭失いを続けるために、自然資源と労働力を安売りし続け、自然も個人も疲弊していっている。極論すれば、この「安物買いの銭失い」現象こそが、現在、開発途上国で起こっている貧困の正体なのである。

無尽蔵に供給される化石燃料の力に支えられて、現代世界には、物資とサービスが無限に供給される。他方、等身大の身である私たちの需要は常に限られている。だから、産業界は常に新しい需要を開拓する必要に迫られる。こう書けば聞こえはいいが、要するに、企業は要らないものを買わせるために必死に努力しなくてはならず、消費者はそれを買い続けることを喜びとするような生き方を迫られる。漕ぎ続けなければ倒れるという強迫観念が私たちの日常を貫く通奏低音となり、売る側も買う側も、本当に必要ではないことを内心ではわかりながら、市場経済というゲームに興じるしかない。

孤立化を嘆くのはいいが

数億年かかって生成した化石燃料という資源を、私たちは数百年で使い果たそうとしている。その圧倒的な力とスピードのせいで、数十万年をかけて作り上げた社会システムと行動様式が、ここ数百年のうちに急激に変質しつつあり、私たちは全然それに適応できないでいる。一人でも生きていけるようになるにつれて次々と起こってくる社会課題に、私たちはまったく対応できていない。そもそも、その状況自体を的確に把握できていない。

化石燃料が尽きるまで、個人主義の進行は続く。それにつれて問題が個人化し、集団の枠組みも曖昧化するため、孤立した個人へ助力を与えるのがますます難しくなっていく。「子どもの貧困」「○○の貧困」という具合に、個人の問題を言葉として社会課題化することはできても、現実的で効果的な対処方法は見つからない。

そうした中、「人間は本来こうあるべき、こうありたい」という働きかけは、個人に対しても社会に対しても、残念ながら現実的な力をもちえない。

最近の新聞で、社会的課題と孤立との関係を語る記事を見つけた。絵本の読み聞かせを広めるNPOの代表による新聞への寄稿文である。私より少し年配、つまり全共闘世代の最後に引っかかるかどうかの瀬戸際のその方は、川崎市での中学生殺害事件など、少年による重大事件の頻発に触れたあと、次のように述べている。

「…現在の社会は、子どもたちが健康でたくましく生きる環境を激しく奪っている。それは、大人たちがつくりだした、自己本位のゆがんだ社会・経済の有り様に問題があるからではないだろうか。人と人との関係が今ほど希薄になった時代が私たちの過去にあっただろうか」

（二〇一五年五月二四日付神戸新聞「見る、思う」より）

確かにそのとおりだと私も思う。とはいえ、彼らが実際にやっているのは、絵本の読み聞かせをお母さんたちの間で広げるという活動である。大仰なお題目がなくても十分に意味のある活動のはずなのだが、私も含むこの世代の者はどうしてもこういう捉え方をしないと気がすまない。つまり、社会課題の原因を社会構造のあり方に求めてしまうのである。

人間関係の希薄化を嘆いたり指弾したりするのは本人の自由だ。しかし、そこからは何も生まれてこない。一度壊れたつながりは再生できない。以前のような強靭さを取り戻すことは決してない。残念かもしれないが、これが理論的にも実践的にも私が辿り着いた結論だ。そして、私たちの展望のなさの感覚、無力感、徒労感はこのような現実から生まれている。社会課題に対処して活動している者こそ、そのことをしっかり肝に銘じるべきではなかろうか。

　私はイスラム社会で仕事をすることが多く、その社会がもつ安心感、開放感、居心地の良さには格別のものがあると常々感じてきた。イスラム世界の若者たちが、人と人のつながりの心地よさを破壊する力への反発から過激な行動に出る心情もわからないではない。しかし、わが化石燃料文明論からすれば、彼らが方向性を見誤っていることは明らかだ。残念ながらそこに未来はない。皮肉なことに、イスラム世界こそが化石燃料のいびつな力に最も頼らざるをえない運命を負わされてしまったからだ。「世界は経済という麻薬に溺れて神を忘れた」。現代世界をそのように指弾しながら、自分たちは化石燃料という麻薬を売った金で神の国を作ろうとしている。この矛盾を正面から見据えない限り、展望など開けるはずがない。

　その意味では、キリスト教や仏教などの伝統宗教も基本的には同じ運命を辿っていると思われる。当然ながら、コーランにも聖書にも仏典にも、化石燃料の怪物的な力とどう付き合うかについては言及がない。この歴史の断絶の前に私たちはどうすればいいのかの指針は明確に示されておらず、行間から読み取るしかないが、読み取りようによっては破壊的なものになりかねないということだ。

分裂した私たち

産業革命以降の私たちの状態は完全に分裂している。近代化の進行に伴ってその分裂はますます激しくなり、行き着く先はまったく見えない。言い換えれば、産業革命を境に人類の歴史は断絶した。その断絶の原動力は化石燃料の圧倒的な力、物理的な力であった。そして、その存在は地球の歴史における偶然の現象の結果であり、その意味では私たちの理解を拒む。ポメランツによる「工業化以前の停滞した定常状態を、予期しないかたちで『突然に』脱したできごと」という産業革命についての記述は、まさにそのことを指している。

近代化に伴って生じる社会課題もまた、私たちの等身大の現象にはならない。化石燃料の巨大な物理的エネルギーが社会のあり方を暴力的に変えてゆき、それに伴って不可避的に生じる。地震や火山の噴火、あるいは大嵐のように、私たちの日常的な理解の範疇を越えたものなのだ。

近代化以降の私たちの社会は、化石燃料の力に頼って、私たちの種としての本能（近年では生物学者はこの言葉を使いたがらないが、ほかにいい言葉がない…）のうちのたった一つで最も重要なもの、つまり物質的な欲望の充足と、その結果としての、種としての物理的な繁栄を実現するためだけにまい進している。しかも、そのスピードは、等比級数的に加速されていて、私たちの分析や理解は変化に追いつかない。あれよあれよという間に状況は変化し、社会関係も課題の性質も変質していく。対応は常に後手後手になる。不透明感と徒労感が募るのは当然であった。

私の話は、ここでひとまず行き止まる。理解不能な現象に対しては、これ以上の分析も理解もできない。わからないことはわからないとするしかない。わかったふりをしてはいけない。孔子さまも言うように、「之《これ》を知るは之《これ》を知ると為《な》し、知らざるは知らずと為《な》す。是《これ》知るなり」である。真の知はここから始まるということだ。

近代の知のあり方を見るなら、知っていることと知らないことをない交ぜにしながら、わかっていないことをわかったふりをしたり、ごまかしたりしているように見える。それが知的にも社会的にも混乱を引き起こし、不透明感や徒労感、無力感につながっている。

次章では、真の知の構築の一助とすべく、化石燃料文明論に基づく思考実験を通して、現代世界の思想的な混迷の源を探ることとする。

第4章

近代西洋思想の罠

中田豊一

経済学幻想の誕生

未来を展望するためには、過去、現在、未来という時間の流れの先に何かを見ようとする必要がある。ところが、現在と過去の間に埋めようのない断絶があるとすれば、未来を展望することなどできるはずがない。冒頭での私の嘆き、「展望のなさ」は、化石燃料文明がもたらす必然的な帰結だったのである。

極端で乱暴すぎるものの見方というそしりは免れないかもしれない。自分でもそう思う一方で、私は自分のこの説に反駁することができないでいる。しかも、これまでにこういうものの見方をする人に出会ったことがないし、そのような記述を目にしたこともない。だからこそ、思考実験として価値をもつわけだ。

とすると、さらに問わざるをえない。これだけ多くの者が近代を語りながら、どうしてこんな単純な見方がどこからも出てこなかったのか。最近になるまで、誰も思いつかなかったのか。あるいは思いついた者はいても、真面目に取り上げられなかったのか。この疑問に答えていくことが、近代化という現象を見るための視点をさらに洗練したものにするのではないか。そのような想定に立って、思考実験の次の段階に入ることにする。

アダム・スミスが見た「見えざる手」

近代化という現象を人間はどう捉えてきたのかについても、まずは産業革命の時代から見ていく。

産業革命の歴史を述べたほとんどの書物では、その大部分が技術革新と生産システムの発展についての記述に当てられている。たとえば、高校世界史の教科書の定番として知られる山川出版社の『詳説世界史（二〇一二年版）』では、一七三三年のジョン・ケイによる飛び杼《ひ》の発明を皮切りに、アークライトの水力紡績機（一七六九年）、カートライトの力織機（一七八五年）、あるいはワットによる蒸気機関の改良（一七六九年）などなど、一八世紀イギリスでなされた錚々たる発明や技術革新が列挙されている。化石燃料の存在とは別の意味で、これらの発明や技術革新なしに産業革命は起こりえなかったこともまた確かだからだ。

その技術革新についての考察は後に譲るとして、ここではまず、それらを導入することで始まった産業化や工業化による生産性の急激な向上という現象を当時の人はどう捉えていたのかを見ていく。

高校の世界史レベルでは思想史に割けるスペースが限られているため、山川出版社の世界史ではそれについては詳細に触れられていない。ただ、「いちはやく産業革命の始まったイギリスでは、アダム＝スミスが『諸国民の富（国富論）』で国民の生産活動を富の源泉とみなし、分業と市場経済の基礎理論を展開して、自由主義的な古典派経済学を確立した」と述べられているだけだ。

この記述に拠るまでもなく、アダム・スミスは、産業革命の勃興期のイギリス社会で起こっている現象を理解し説明することで、後には経済学の父とまであがめられることになった大思想家である。一七二三年にイギリスのスコットランドで生まれ、一七九〇年に亡くなった彼の生涯は、産業革命の勃興期と重なっていた。道徳哲学者として出発したアダム・スミスであったが、その関心は、急激に社会現象の解明に傾斜していった。その時代に急激に進行していた現象を理解し説明したいという強い欲求に駆られたにちがいない。

当時のイギリスの社会で進行していたのは、産業革命に伴う製造業や商業などの急速な発展であった。地主層を中心とする富裕層の中から新しい商売を始める実業家が育ち始め、新たに開発された生産設備を導入するなどして大きな利益を上げ、事業を拡大していった。当時、その姿は、他者の利害や社会全体の利益、つまり公益を省みず自己の利益の追求にまい進する利己的な振る舞いに見えたという。古典的な道徳観からすれば、公益に反する利己的な行いと捉えられたのである。

それに対してスミスが提起したのが、かの有名な「見えざる手」という考え方だった。経済学の、そしていわゆる「資本主義思想」の祖としてあまりにも高名なアダム・スミスであるが、とりわけ名高いのは、主著『諸国民の富』に出てくるこの「見えざる手」という言葉であろう。

スミスは、個人が利益を追求することは、その行為だけを見ると広く社会に対しては何の利益ももたらさないように見えるが、各個人が利益を追求することによって、社会全体の利益となる望ましい状況が「見えざる手」の働きで達成される、と主張した。つまり、市場メカニズムという「見えざる手」の働きにより、需要と供給が自然に調節され、売りたい者と買いたい者の双方が適切な価格で取り引きすることができる。その結果、社会全体としてみれば皆が得をする、全体の利益が計られることになる、という説を展開した。これが、現在に至るまで信奉され続けている自由主義思想と資本主義経済思想の原型となった考え方である。

スミスは、目に見えるものである市場《いちば》で、個々人が行う経済行為の背後に目に見えない市場《しじょう》メカニズムが存在すると主張したことにより、経済学という学問への道を開いた。

個々人は人間共通の行動原理――経済行動の場合は損得勘定――に従って、それぞれ勝手に振る舞う。しかし、市場メカニズムがもつ目に見えない法則性に従ってそれらは相互作用を起こし、ある特定の社会現象が引き起こされる。つまり需要と供給のバランスが取れることで、売る方と買う方の利益の総和が常に最大化される方向に市場が機能する。そのメカニズムを解明する道具として始まった経済学は、資本主義の進展に伴って、その後、大発展することになったわけだ。

はたまた私は、ここで問わざるをえない。そのメカニズムは本当に存在するのだろうか。もしもその時代に起こっていたことが、人間の本性とはかけ離れた力によって動かされていたものだとしたら、本当に「人間の本性＝行動原理」と「起こっていること＝社会現象」との連関、つまり有効なメカニズムを見つけることができるのだろうか、と。

それに対して「いや、できない」とするのが本書の立場であることは言うまでもない。化石燃料文明論に立脚すれば、彼が確立した経済学なるものの基盤は完全に揺らいでくる。ところが、後世の人々は、スミスの勘違いを踏襲してしまい、それによってその後の世界は知的に大きな混乱に陥った。それがこの社会課題への展望のなさの一因を形成しているというのが、私の説の骨組みである。

産業革命は歴史的必然か

その説を展開すべく、山川の世界史の産業革命の記述についての考察を続けよう。

そこでは「世界最初の産業」という見出しのもと、「イギリスでは近代初期から商工業が発達し、豊かな国内市場と有利な投資先を求める資本が用意されていた」という具合に記述が始まり、「広大な海外市場を確保し」、「市場向け生産をめざす農業が発達し、産業革命期に急増する都市人口をささえ」、「石炭・鉄などの資源にめぐまれ」、「17世紀以来、自然科学と技術の進歩もめざましかった」と産業革命を可能にした諸条件を列挙し、それに続ける形で「このような条件がととのっていたイギリスでは、新しい生産技術が発明されれば、これを応用して工業生産の拡大に役立てることができ、世界最初の産業革命を経験することになった」とその項を締めくくっている。

ところで、本書の「化石燃料文明論」を持ち出さなくても、石炭の存在がなければ、他のどんな条件が整ったとしても産業革命自体がありえなかったことは容易に想像できるはずだ。石炭の存在は他の諸条件とは本質的な性質が異なるのだから、同列に並べることはできないのだ。しかしながら、何度も指摘してきたように、ここでもそういう視点はまったく見られない。当然のことながら、教科書はすでに定説になっている最も一般的な学説に従うことになっている。その意味では山川の教科書には何の落ち度もないのは言うまでもない。そして、私が標的としているのは、その定説なのである。

では、もしあの時点で、アダム・スミスが、当時イギリスで起こっていた現象の最大の要因を偶然と幸運に見出し、人間の本性との関連を追及しなかったとしたらどうなっていたか。経済学は起こらず、経済学を模範とした近代的な社会科学のほとんどは起こっていなかったであろう。つまり、産業革命というできごとをそれ以前の人間世界との連続性の上に据えて分析するという基本的な態度がなければ、近代社会科学のほとんどは成立もせず、あるいは成立したとしてもまったく別の道を歩んでいたと考えられないだろうか。

とはいえ、当時の状況と歴史的な経緯を見れば、偶然の埋蔵物である化石燃料の力が圧倒的な要因であるという発想が生まれなかったのはうなずける。石炭の存在は有史以前から知られており、燃料としてのささやかな利用はずっと続けられていた。それが製鉄用の燃料として使われ始めたことによって、ヨーロッパの鉄の質と生産量が飛躍的に向上した。粉ひき水車の延長線上に発達した紡績機の動力が、徐々に蒸気機関に取って代わられるのを見て、当時の人々がそれなりの連続性を見て取ったにしてもまったく不思議ではない。特に、産業革命発祥の地であるイギリスで歴史的な連続性をそこに見出そうとしたのは自然なことであり、その是非を云々するつもりはない。スミスが、当時イギリスで起こっていた現象の最大の要因を偶然と幸運に求めなかったのは当然であった。

「見えざる手」を動かすのは化石燃料なのに

最大の問題は、その見方が無批判に引き継がれてきたことだ

その最たるものが、その後の経済学の生成と壮大な発展であった。化石燃料文明論からすれば、「見えざる手」を動かしていたのは、アダム・スミスの言うような社会の仕組みではなく、化石燃料、つまり石炭の力だった。その圧倒的な力が社会に富をもたらしていたのだ。なのに、彼の社会と人間に関する洞察に満ちた考察は、社会を動かす何らかのメカニズムがあたかも実際に存在し、しかもそのメカニズムを科学的に記述することが可能かのような錯覚を後世の人々に与えてしまった。つまり、彼が経済学の祖とみなされたこと自体に誤りの出発点があった。社会学、社会心理学、文化人類学などの怪しげな知的遊び（私自身、長きにわたりその愛好家なのだが…）が科学の衣をまとっての学問の世界に仲間入りすることができたのも、経済学というものがいかにも科学的であるかのような錯覚を人々に与えることに成功したことによる。

道徳哲学者として出発したスミスが最大の関心を示したのは、利己心あるいは自己愛という感情で

あった。これをスミスはすべての人間に共通の根源的な情動のひとつとして捉えた。では、どうして彼はこの性質をことさらに取り上げなくてはならなかったのか。まちがいなくそれは、当時勃興したいわゆる新興実業家たちの振る舞いが、伝統的な道徳観からすれば、利己的、つまり個人主義的と映ったことによる。個人主義的な振る舞いが目に余るほど横行するようになったということはつまり、それを可能にする状況が生まれたからである。

では、それを可能にしたのは何だったのか。わが化石燃料文明論では、産業革命によって個人主義的な振る舞いが可能になったのは、化石燃料という無尽蔵のエネルギー資源の投入により、共有資源の有限性というくびきから人々が解放されたからと考える。森の木を切らなくても蒸気機関を動かすことができるようなったので、コミュニティの合意を得る必要がなくなり、他人の顔色をうかがう必要もなくなった。

相互依存という閉鎖系から解放された資本家たちの生き生きとした振る舞い、自信に満ちた言動に強く共感したスミスは、彼らの生き方を道徳的にも正当化したいという欲求に駆られたにちがいない。つまり、彼がしようとしたのは「理解し、説明する」ことだけではなく、むしろ、その現象を「正当化」することだった。

スミスは、典型的な中産階級である税関吏を父として、スコットランドの海沿いの町カコーディーに生まれた。ご存知のように、イギリスにおける中産階級は貴族階級の下ということで、実質的には資本家をも含む富裕な市民階層のことを指す。彼が言う社会とは中産階級の社会であって、工場労働者がそれに含まれていたかどうか疑問である。「見えざる手が最大幸福に導く」としているが、実際に、当時の工場労働者の生活までそれが裨益《ひえき》したかどうかも極めて疑わしい。うがった見方をすれば、中産階級の立場からそういう産業革命の影の部分に対して、擁護し正当化したいという意図が無意識にあったとしても少しも不思議ではない。人間だれしも、自分の都合のいいように物事を解釈したい。そういうものだからだ。

その結果、彼が編み出したのが「市場」という魔法の空間だったのである。

本当にあるのは供給だけ

よく考えてほしい。需要と供給のバランスが取れるためには、やり取りされる商品の量に限界があることが条件となる。供給に限りがあるから需要とのバランスが取れなくてはならない。あるいはその逆でなければならない。ところが、供給の最大の原動力である化石燃料は、生態系に依存しないという意味で無尽蔵である。とすると、理論的には市場は原則として加速度的に膨張していることになり、決して閉鎖系とはならない。思考実験として想定した閉鎖系の中で仮説を形成し、それを現物実験によって検証できる自然科学とは扱う現象が本質的に異なっている。つまり市場システムという閉鎖系の想定は現実にはまったく意味をなさない。

膨張する供給が常に先にあり、それに従って需要が形成される。つまり、需要が供給のあとからついていくというイタチゴッコが始まったのが産業革命なのだ。私たちは需要に前から引っ張られているように思い込まされているが、実は、供給によって背中を押されて前に進んでいるだけだ。石油や天然ガスの野放図な利用によって供給がますます加速する世界に生きる私たちの生活実感からすれば、需要と供給のバランスなど戯言にすぎない。そう感じているのは、私たちだけではないはずだ。

私たち援助屋同士がプロジェクトの話をすると、必ず出てくる言葉に「ニーズ」というのがある。「相手のニーズをよく知ったうえで、本当に必要なものを援助しなくてはならない」などと使われる。ところが実際に援助の現場に臨んでみると、一番曖昧で扱いにくいのがこのニーズという代物であった。人は誰しも、「これが欲しいかい？　欲しければあげるよ」と言われると、それほど欲しくなくても「はい、欲しいです」と答えてしまう。それを聞いて、相手は欲しがっていると思い込み、援助したところで、使われる保証はまったくない。

数えきれないほどのこの手の苦い経験を通して、私たちは、「ニーズ」はなんとなく欲しがっている状態にすぎず、「提供」という具体的な行動がそれを顕在化するだけだという確信に至った。その混沌を克服して外部者と内部者が対等な立場で課題の克服にあたるための手法として編み出したのが、前述の簡単な事実質問を柱とするメタファシリテーション手法であった。

そもそも、人はどんなに窮乏していても、知らないものを欲しがることはできない。存在するのは生身の欲求であり、それを肉付けするのは言葉であり、顕在化させるのは現物である。かつて「ベーシックヒューマンニーズ＝人間の基本的な必要（BHN）」などという言葉が援助屋の世界で流行したことがあったが、あまりに実体をもちえないため、やがて誰も使わなくなった。

ニーズと需要は学問的な定義ではまったく同じものではないが、突き詰めれば、需要もまたニーズと同様に、現物が供給されるまでは目に見えない、つまり顕在化しないものである。まず供給があって、それを前にして欲望が喚起され、需要となる。つまり、供給は物理的な現象だが、需要は購買行動が発生したとき、初めて顕在化する後追いの概念である。

市場メカニズムという巨大な虚構

では、経済学の専門家が書いた一般向けの入門書では、この需要と供給はどのように扱われているだろうか。大学生の息子の本棚を覗いたところ、うまい具合に一般教養課程の学生相手に書かれた入門レベルの経済学の教科書が見つかった。そこでは、経済学の入門書の例にもれず、「経済学は、需要と供給に始まり、需要と供給に終わると言っても過言ではない」という文句から本文が始まっていた。アダム・スミスが経済学の父と称される所以がここからも見て取れる。

需要と供給を考えるためのわかりやすい事例として、その本文では「クレープ」、「レタスや白菜」、「土地」が取り上げられ、コラムでは特に石油と白菜の価格が扱われている。しかし、そこには、本格的な工業製品はひとつもない。わずかにクレープが、場合によっては工場で作られる製品だが、これも本格的な工業製品とは考えにくい。

経済学は産業革命に始まり、そこでの最大の特徴は大量生産された工業製品の商品としての登場なのだから、まずは、Tシャツでも洗剤でも自動車でもいい、典型的な工業製品のことから入ってもらいたいと願うのは私だけだろうか。

しかし、よくよく考えてみれば、どうしてそうなったか想像はつく。野菜も土地も大量生産が難しく供給が限定的である。特定の場所に限れば、ある日急に増えたり減ったりしにくい商品である。特に、野菜はわかりやすい。悪天候によって不作になれば値段が上がるし、生産過剰になれば価格が暴落する。その手の話がしょっちゅうニュースになっているので、わかりやすいといえば、これほどわかりやすい例はほかにない。

とはいうものの、たいへん失礼ながら、野菜の値段の上がり下がりの仕組みなど、わざわざ大先生に解説してもらわなくても、少し考えれば小学生でもわかる。それより、まずは、身近な工業製品を例に、需要と供給の関係についてわかりやすく説明してほしいものだ。実際には、身近な工業製品を事例に挙げたなら、複雑すぎて入門書の導入にはふさわしくないと考えたのかもしれない。私からすればそれも一種のごまかしのように思えるが、もちろんそれは著者のせいではない。経済学という学問のもつ根本的な虚構性の一端がここにも顔を覗かせているにすぎない。そう私は捉えているわけだ。

さらに興味深いのは、コラムで取り上げている石油の価格についての記述である。そこでは石油の価格の動向把握の困難さと、その乱高下が与える世界経済への影響の大きさが強調されている。これほど大きな影響力をもちながら、あるいはそうであるからこそ価格決定のメカニズムが複雑怪奇にならざるをえない。その現実にこそ、現代文明をめぐる本質的な問題があるのだが、経済学にその解明を求めるのはお門違いというものであろう。その意味でも、上述の経済学の教科書を批判したり中傷したりする意図は、私にはまったくない。先述の山川出版の世界史教科書と同様に、一般向けの入門書としての出来は素晴らしいのである。

繰り返すが、産業革命以降の世界においては、供給が需要を作り出すのであり、供給の源泉は化石燃料の力にある。富が市場メカニズムによって調整されるから社会が豊かになるのではない。化石燃料の圧倒的な力によって延々ともたらされる無尽蔵な供給が、国全体を潤し続けているだけだ。そこには解明可能なメカニズムなどなく、需要と供給のいたちごっこによる際限のない生産と消費の膨張があるだけだ。そしてその先に私たちを待っているものが何なのか、私たちはいまだにまったくわかっていない。

とはいうものの、アダム・スミスが生きた一八世紀に目を移して冷静に考えるなら、当時は産業革命が始まったばかりで、市場には近代化以前の牧歌的な性格が残っていたにちがいない。供給の膨張は目を見張るほどではなく、野菜の価格変動に代表されるような素朴な需給バランスのメカニズムが自然に働いていた。つまり、スミスが見出したのは化石燃料の力により連続性を絶たれる前、つまり近代化以前の経済のメカニズムであった。とすると、本当の誤りは、スミスではなく、それを産業革命以降の状態にまで敷衍《ふえん》しようとした後世の経済学者の不明にある。もちろん、スミス以降の経済学者が彼の説を後生大事に守るばかりではなく、批判的に発展させてきたことは確かだが、その根本まで立ち返って批判的に検証することなく今日まで来たこともまた明らかだ。

このように考えるなら、アダム・スミスの思想の根幹中の根幹であり、その後の経済学、ひいては他の多くの社会科学の科学性の基礎をなした「市場メカニズム」という考え方そのものが時代の幻想であり、壮大なフィクションであったと言える。経済という現象は影絵にすぎない。実体は化石燃料を中心とする鉱物資源という物体の跳梁にある。本体を見ずして影だけを見ていても何もわからない。

もしもこれを読んでいる若い君がこの見方に共感し納得したなら、この説に立って改めて過去の経済理論を批判的に検証してみたいという欲求にかられるかもしれない。あるいは、現在の経済現象を分析してみようなどと思い立つかもしれない。しかし、私としてはお薦めできない。これに共感した君には、もっとほかにやることがあるはずだ。ぜひそれを探してほしい。

逆に、この見方はおかしい、どこかが根本的に間違っている、あるいは説得力に欠けると感じた方にはぜひ反証を試みてほしい。あくまでもこれは思考実験であるから、間違いがわかれば、残念な反面、それはそれで私にとっては新たな学びとなる。

化石燃料がなければ西洋近代もなかった

近代社会思想の根底にあるもの

　では、フィクションにすぎない市場メカニズム理論が、疑問もなく受け入れられ今日に至っているのはどうしてだろうか。それは、経済システムと科学技術の力が相まってこの近代の発展を作り上げたというシナリオの力、つまり人間の力に対する過信と傲慢による。現代世界を覆うこの展望のなさも、突き詰めればそこに起因する。そう私は考えている。

　ルネサンスに始まる、宗教への盲従を脱して人間の理性や感性の素晴らしさを前面に出そうとする動きが、産業革命を支える技術革新につながったことはよく知られている。一七世紀のイギリスが生んだ世紀の大科学者、アイザック・ニュートンは、日常感覚からすれば目に見えない存在である「力」というものを数式に表すことで、実体的な把握が可能なものとして白日の下に晒すことに成功した。さらには、彼に続く西欧の科学者たちが次々に自然のメカニズムを解き明かし法則化していった。それを応用して、新たな技術革新が次々と生まれ、産業化社会を強力に推進するとともに、人類は自然への知識を格段に深めていった。

そうした中、人間の力への確信と普遍的な理論への希求が生まれ、時代を支配していった。経済学をはじめとする新しく生まれた社会科学系の学問もまたそれを目指そうと考えたのも無理はない。しかし、その出発点にそもそもの錯誤があったとしたらどこにも行きつくことはできない。私はそう主張しているわけだ。

ところで、私は、ここまで「人間の力に対する過信」と書いてきた。実は、それは適切な表現ではない。ここが最も肝心なのだが、それは、「西洋文明に対する盲信と過信」であったと言い換えるべきなのである。

言うまでもなく、近代化の主人公は西洋世界の住人たちだった。そして、現在の発展は人類の英知と努力と理性の賜物とされる。したがって、彼らにとってここで言う人類とは、西欧人のことでなくてはならない。多少の副作用はあったとしても、近代化は人類の輝かしい成果であり、それを実現したのは西欧キリスト教社会の住民であるという自負を彼らが抱くのは当然と言わねばならない。近年では声高に語られることは少なくなったとはいえ、その地域の人々と末裔たちは、輝かしき近代世界の成功物語の主人公を自らに任じてきたわけだ。

上述のように、ルネサンス期の西ヨーロッパで産業革命につながる科学技術の顕著な発展があったことは誰も否定しない。しかしながら、「もしも」それが産業革命で応用されて西欧世界の世界制覇につながることがなかったとしたらと仮定してみる。すると、それもまた古代ギリシャの数学・天文学や、古代から中世にかけての中国の卓越した科学技術、あるいは中世のイスラム科学と同様に、ある地域のある文明のある時期の輝かしい歴史の一幕として語られるに留まったのではなかろうか。

もし化石燃料が存在しなかったとしたら

近代化の最大の要因に経済の仕組みと科学技術を置く考えでは、近代化のプロセスに歴史的な連続性を見る。逆に、化石燃料を柱に据えたなら連続性はほとんどなく、西洋文明の優位もまた非常に相対的なものであることが、以下のような思考実験をしてみれば明白となる。

もしも化石燃料の埋蔵がなかったらと仮定して、ルネサンス期以降の世界がどうなっていたかを考えてみる。科学技術、社会システム、国際関係などなど、あらゆる視点でシミュレーションしてみる。すると、今の世界は絶対に存在しなかったことがわかる。

ここまで急速な人口増加もなかったし、これほどの科学技術の進歩も絶対になかった。石油がなければ科学実験に投入できるエネルギーも物資も比較にならないほど少なかったはずだ。フォードもエジソンも生まれず、自動車も電灯も飛行機もなかった。さらにはコンピューターもなかった。今、私たちが使っている日常生活物資のほとんどは、プラスチックなしでは大量生産が不可能なものであり、その意味では私のような庶民がこの豊富さと便利さを享受することもありえなかった。

世界史に目を移せば、ここまでの国力と生産力、さらには軍事力の格差は生まれようがなかった。とすると、イギリスの世界制覇もなく、ロシア革命もなく、世界大戦もなく、とりわけアメリカ合衆国は今の形では絶対に存在しなかった。化石燃料による高速大量輸送機関がなければ、欧米列強の世界展開は著しく限られた。大航海時代にスペインやポルトガルは、インカ帝国は征服できた。しかし、蒸気機関をもたなければ、イギリスでさえも清朝やムガール帝国の敵ではなかったはずだ。遠からずして、体勢を立て直した中国やインドに世界の覇権を奪い返されていた可能性は十分にある。近年の中国とインドの台頭は、化石燃料による大量生産を手に入れた両国の巻き返しの始まりであることは、もはや疑いようがない。

もし石炭がなかったとしたら、英語が世界言語になることもなく、私たちがこの不規則で合理性に乏しい慣用句だらけの北欧の田舎言語の習得に悩まされることもなかった。英語が世界言語になったのは、それが優れていたからではないのと同様に、欧米文化が世界を席巻したのは、他より大きく優れていたからではない。その文化を持った国の国力が強かったからにすぎない。

産業革命は、たまたま技術的社会的な発展段階にあったイギリスが、その時代にたまたま大量に見つかった石炭を利用できる状態になっていたからイギリスで起こったにすぎない。これが歴史の偶然というものである。西洋文明の絶対的な優越など、片腹痛い。それに続く、石油とアメリカの関係もまったく同じだ。極論でもなければ、誇張でもない。大英帝国は石炭であり、アメリカ合衆国は石油そのものなのだ。

この際なのでもう少し「もしも」の話を続けよう。

鉄砲や大砲用の鉄が石炭なしにどれほどの規模で生産できたかは議論の分かれる所であろうが、当時の技術力、特に製鉄技術の発展段階からして、蒸気機関の発明は時間の問題だったかもしれない。ただしそうなっていたら、西欧諸国の振る舞いは自然環境や植民地に対してより破壊的、搾取的になっていて、アジアやアフリカやラテンアメリカの森はすべて切り払われていたかもしれない。システムを動かすために、植民地の住民は牛馬以上に酷使されるなどした結果、世界は今頃、より深刻な状態になり、さらには破滅の淵にあったことも考えられなくはない。

あるいは、幸いなことに水力や風力などの自然エネルギーの開発に弾みがつき、化石燃料なしでも、現在のような産業化社会を築き上げていたことも考えられなくはない。しかしながら、現在のレベルと規模に達するためには、どう贔屓目に見てもさらに数百年はかかっていたにちがいない。石炭なしに大量の鉄を作ることはできなかったことは確実だし、仮に石炭はあったとしても石油なしには現在のような自動車も飛行機もありえなかった。やがては蒸気機関車の改良により同じような機能をもつ装置が作り出されていただろうが、実用化されるまでには数倍から数十倍の時間がかかったであろう。さらに、石油資源なしには、電力の豊富な供給はありえず、だとしたら科学研究の歩みも想像できないほど遅く、宇宙開発も原子力もありえなかったはずだ。

だとしたら、地球外知的生命、つまり宇宙人が地球にやって来られないのは知能の問題ではなく、化石燃料に相当する資源がその惑星にはないため、科学技術の発展に弾みがつかないだけかもしれない。その点では人類が一番恵まれていて、他の知的生命の皆さんは、科学技術の発展に想像以上の時間がかかっているのかもしれない。

このように考えれば、化石燃料の存在が生産システムと科学技術の発展をどれほど加速させているかがわかろうというものだ。そして、何よりも重要なのは、この変化のスピードなのだ。生活様式の変化のスピードがあまりに早すぎることが、石器時代の心しかもたない私たちの順応と対応を妨げていて、そこから来る不具合が常に最大の問題となっている。それが現代社会なのである。

「もしも」の話はこのへんでおくとして、とにかく、今私たちが目にしている私たちが生きている近代産業化社会は偶然の産物であり、人類の知的な進歩の成果ではなく、ましてや歴史的な必然性などない。イギリス人という名の商売人が、どこかのご先祖が埋めた金銀財宝をうまく掘り当て、それを使って業界を支配するまでに業績を伸ばしたにすぎない。散財して資金が足りなくなったので、また掘り返してみたら、その下にはいくらでも財宝が埋まっていた。そのことを知った他の人々と財宝の奪い合いが続いている。それが産業革命以降の私たちの世界の真の姿であることは、二〇世紀に入ってから中東で延々と続いていることを見れば、誰の目にも明らかである

マルクスも同じ穴のムジナ

資本主義批判の高まりとマルクス主義の誕生

アダム・スミスの市場システム理論をわかりやすく言い直せば、「皆が商売に精を出せば、市場システムが働くことで全体の利益が最大化され、より豊かな社会が実現されていく」ということになるであろう。あまりに楽観的すぎるように感じるが、その背景には、スミスがそれを打ち出した当時、巨大な独占資本化も大企業も育っていなかったため著しい搾取は目立っておらず、むしろ個人事業主中心に勤勉や倹約をモットーに地道に事業に精をだしていた企業家が多かったことがあった。

ところが、産業化＝工業化が進むにつれて、貧富の差が広がり工場労働者の状況は劣悪を極めるようになった。一九世紀のロンドンの工場労働者の生活環境の劣悪さは後世の語り草になるほどだった。一〇年ほど前、ジョニー・デップ主演の映画「チャーリーとチョコレート工場」が話題を呼んだ。そこに出てくるチャーリー一家は、粗末なベッドに七人がひしめき合って眠り、毎日毎日キャベツのスープだけを食べているが、そのスープさえも日に日に薄くなっていくような、一九世紀のロンドンの典型的な労働者として描かれていた。映画では、コミカルに演出されていたので悲壮感はあまりなかったが、そのような人々の生活が相当厳しいものだったことが十分に窺える。

この惨状を目の当たりにして、義憤に駆られたり、産業化のあり方に疑問を呈したりする正義感にあふれた若者が当時のヨーロッパに次々と現れた。一九世紀半ばにロンドンを訪れて労働者の現実を目の当たりにしたドイツの青年、エンゲルスもそのひとりだった。エンゲルスはその後に知り合った青年学者マルクスと共に、壮大な共産主義思想を打ち立てたことで歴史に大きく名を残した。

特にマルクスは、古典主義的な経済思想に対して、つまりブルジョワジーが支配する工業化社会のあり方を正当化する立場に対して真っ向から批判の矢を浴びせた。マルクスが打ち立てた科学的社会主義の思想は、世界を変えるほどの影響を与えることになった。ブッダやイエスなどの、生涯の大半が伝説に包まれていて言行録の真偽が定かでない古代の人物を除けば、一人の人物の思想が世界にこれほどの影響を与えたことは歴史上後にも先にもないと言われるほどの大思想家であった。いや、現在の世界情勢に鑑みれば、もう一人、イスラム教の教祖、ムハンマドをそこに加えたほうが公平であろう。

マルクスの共産主義思想は、近代化・産業化社会の仕組みを解き明かし、その弊害の克服の道を示すことで、現代世界に空前の影響力を及ぼした。政治と経済のシステムのあり方の根本的な変革を唱える共産主義思想は、一九世紀から二〇世紀にかけての世界を席巻し、膨大な数の人々が共産主義社会の実現に希望を託した。ソビエト連邦と中華人民共和国をはじめとする社会主義陣営とアメリカや西欧主要国に代表される資本主義陣営とに世界は二分され、いわゆる冷戦を繰り広げることになった。

私たちより上の世代の方々にとっては、何を今更であろうが、それも今は昔、マルクスの名前を知っている大学生がどれほどいるか、はなはだ心もとないのが昨今の現実だ。まさに諸行は無常である。そしてこの変化の速さもまた化石燃料の力による。

マルクス主義の根本的な過ち

マルクスを知らない現代の若者たちのために、その思想を少し紹介しておいたほうがよいだろう。

マルクスに拠れば、資本主義システムは資本家が労働者から搾取することで成り立っているため、その間の貧富の差は拡大するだけで、労働者の生活は常に困窮と悲惨を極める運命にある。その解消のためには、労働者が団結して政治行動を行い、つまり革命を起こして生産手段を共有するシステム=共産主義社会に移行するよりほかに手立てはない。しかも、人類の歴史の発展段階を見れば、共産主義社会の実現は遅かれ早かれ必然的で不可避なプロセスであることという。

マルクスは、歴史学、経済学、人類学、哲学などあらゆる学問の膨大な研究に基づいてこのような理論を打ち立てたのである。

政治経済学者であると同時に哲学者でもあったマルクスは、人間性の喪失という問題を社会構造の変化の中で捉えて提起したという意味でも画期的であった。社会が近代化していく中で捉えどころのない孤立感や虚無感に襲われた若者たちの心に、そのメッセージは強く響いた。私より少し前の世代、全共闘世代と呼ばれる若者たちもまさにそうだった。共産主義思想に惹かれたのは本来の担い手たるべき底辺の労働者だけではなかった。教育の高い比較的豊かな階層の若者たちからも、圧倒的な支持を得た。それはもちろん日本だけのことではなく、世界的な現象であった。

そんな時代の末尾の空気の中、四国の片田舎から大東京に出てきたばかりの私も、自分の感覚を表現してくれるキーワードをその思想のうちに見出した。それが「人間疎外」という言葉だった。未だに『近代人の疎外』というタイトルの日焼けした岩波新書の一冊が私の貧弱な書棚で存在を主張し続けているところからすれば、さぞかし画期的な出会いだったにちがいない。

現代社会では、人は他者との絆を失い、孤立と孤独の中に生きざるをえない。仕事がただ金銭を得るためだけの活動になり、人生の素朴な喜びとは無縁になる。自分が自分でないような感覚に陥り、人間的な喜怒哀楽を失う。「人間疎外」とは、現代人の陥ったこうした現象、あるいは状態を一括りにして呼んだもので、時代のムードを見事に反映した言葉として第二次世界大戦後、若者の世界で流行語とさえなった。私が出会った頃には流行おくれになりつつあったのだが、その語が当時の私の感覚にフィットしていたことはまちがいない。

改めて岩波新書『近代人の疎外』を開いてみる。至る所に傍線が引いてあり、その中には著しく太い線が引かれた以下のような文章が見出された。

「今日の人間が経験する疎外は、近代における経済的および社会的な傾向の結果だと考える」(p133)

すなわち、人間疎外の元凶は資本主義にあり、その修正なくして人間疎外の根本的な克服はないというのが同書で繰り広げられる主張の中核をなしている。この本が書かれた一九五〇年代後半には、人類の理想社会たる共産主義の実現を目指して生まれたソビエト連邦や中華人民共和国がどんどん理想から遠ざかっていくのを目の当たりにして、共産主義幻想は徐々に力を失いつつあったものの、マルクス主義的な世界観や人間観は、まだ世界の若者たちの心を強く捉えていた。

今の私からすれば、人と人の絆をこれほどまでに衰退させてきたのは、化石燃料のもつ圧倒的な力だ。だが、当時は、それを経済システムと政治体制の問題として捉え、根本的な変革によって克服することができるとした共産主義思想が、近代化の進展による「人間疎外」に悩む先進国の若者たちの心を鷲掴みにしていた。私も、遅れて来たマルクスファンだが、そのような若者の一人だった。政治思想としての共産主義の現実性や妥当性をどう評価するかは別として、資本主義という語に象徴される経済優先主義のシステムの欠陥が現代社会の問題の本質にあるという根本的な考え方に、当時の私が疑いを挟むことはなかった。

他方、すでに散々批判されたことではあるが、マルクスは、資本主義から共産主義への移行は歴史的必然であるという理論を打ち立てて、人々を革命行動へと追い立てた。「科学」を標榜しながら、歴史に筋書きが存在するという「思い込み」を政治的アジテーションの論拠として使った。今から思えば、マルクスもまた「見えざる手」や「神様の計画」などと同じような、非科学的な世界観に立っていたわけだ。

こうした神話を歴史認識に持ち込むことは少なくなったとはいえ、世界の変化のダイナミズムの源を経済と社会の仕組みに求めるという近代西洋思想の通弊は、その後も、リベラルで良心的な社会思想家に連綿と引き継がれてきた。人権や環境に配慮した社会や生き方の実現を目指して、献身的に活動したり発言したりする良心的な市民や学者であれ、少々過激ないわゆるアクティビスト（活動家）であれ、そうした経済優先の社会に対するアンチテーゼを掲げる人々のメッセージのどこかに、つまり彼らの主張の背後に、左翼的な性質、いわばマルクス主義思想の影をどうしても見てしまうのは私だけだろうか。

そのたびに私は自問せざるをえなかった。あの魅力的で壮大で論理的なマルクスの思想のどこがどうおかしくて、これほど非現実的で無力なのか。無力であるということは、どこかが間違っているはずなのだが、それはいったいどこなのだろうか、と。折に触れては書物に当たったり、考えてみたりはしたが、納得のいく答えに出会うことはなかった。

ところが、化石燃料文明論に行き着いた途端、その答えは自ずと浮かび上がってきた。資本主義という用語の使用自体が、近代西洋思想の枠組みを強化していて、それが本質を見誤らせることにつながっていることに気がついたのである。

アダム・スミスの市場システム論を皮切りに、需要が供給を上回れば値段が上がるなどという子どもでもわかる理屈をこねくり回し始めたことで、社会科学と称する壮大な空中戦の幕が切って落とされた。産業革命を境に突然発生した現象を捉えて資本主義と呼び、連続性、普遍性をもたせたいばかりに古代からの歴史を、経済を軸にして捉え直した。単なる変化にすぎないものを、歴史の発展あるいは社会の進歩という尺度で捉えることで、西洋優位の社会を正当化した。貨幣というバーチャルなものにあたかも普遍的な性質があるかのようなへ理屈をねつ造し、それをいじくり回すことを科学的と称した。

すなわち、市場経済システムなるものは、突き詰めれば、化石燃料のもつ圧倒的な物質的力を貨幣に置き換えただけのものなのに、そのシステムの中に何らかの根本的な原理や法則性があるのではないかという勘違いから近代社会科学が始まったわけだ。

たとえば、経済学者としてのマルクスの最大の功績は「剰余価値」理論を打ち立てたこととされる。簡単に言えば、労働者は自分の労働を資本家に売って生活するしかないが、その売値は資本家がその労働を使って得られる利益より低く抑えられているため、その差の蓄積により必然的に貧富の差は開いていく。これが少数の資本家による大多数の労働者からの搾取のメカニズムであるとし、マルクスは、さまざまな理論と数式を駆使してそれを証明しようとした。ここから資本主義経済学と対峙するマルクス経済学が生まれ、世界中の学者たちがその研究に夢中になった。その名残は、いくつかの大学では今も残っているようだ。

しかしながら、この「剰余価値」理論こそ、わが化石燃料文明論の格好の餌食となる。資本家と労働者の間には、化石燃料という圧倒的な物理的力が介在しており、その力を梃《てこ》として格差が拡大するのであれば、剰余価値の働きなど何ほどのものでもない。つまり、資本がいくらあっても化石燃料が存在しなければ、資本はあれだけの富を生み出すことはできず、貧富の差が「急激に」拡大することもない。つまり、格差の拡大があまりに急であったために、社会政治システムの修正が間に合わず、異様に不平等な社会が出現した。そして、人間が本来もっているはずの環境への適応能力が変化のスピードに追いつかないことにより、いわゆる人間疎外が出現した。

このような視点に立てば、マルクス主義が実効性をもたなかったのは、産業革命の本質を見誤った人間中心主義＝西洋文明優位思想の枠組みをそのまま踏襲したからにほかならない。近代社会思想家の普遍性への希求は、西洋至上主義への希求と同根であった。それに対して、産業革命を境に、つまり、近代化の進展に伴って人類の文明の歴史はすべての地域で一度分断される運命にあり、文明の優劣など、その嵐の前には意味をなさないと考えるのが化石燃料文明論である。

この考え方に行き着いたとき、私の視界から四〇年来の霧が消え、目の前は見事に晴れ渡った。この視界をできるだけ多くの仲間と共有できたらとも感じた。これが、和田と共に本書を世に出そうとした動機のひとつにもなった。

相手にすべきは経済システムではない

社会構造に原因を求める愚

前述のように、マルクスによって大きく開花した、さまざまな問題の根を社会構造のあり方、つまり資本主義システムに求める考え方は、その後も長く保持され、支持されてきた。私をバングラデシュへ送った国際協力NGOにしても、全共闘世代に属する若者たちによって設立されたこともあって、左翼的な思考パターンが随所に窺われた。しかし、その一方では、そのような画一的な見方では現実に立ち向かえないという認識も創設者たちには強くあった。だからこそ彼らはNGOを立ち上げたのだ。

そもそも、バングラデシュの土地なし農民たちの問題を、その根本原因が経済の仕組みや社会の構造にあると喝破したところで、具体的な方策が見えてくるはずがなかった。マルクスの思想に忠実に従うのであれば、共産主義革命の旗を掲げて政治闘争に身を投じ、農民たちにもそれへの参加を促すよりほかに理論的に整合性の取れる道はなかった。しかし、それがいかに非現実的で虚しい道であるかは、現場に立ったことのある者なら、いやというほどわかった。

とりわけ左翼的な考え方からすれば、途上国の人々を搾取する側にいるはずの私たち先進国の援助屋がひとたびこの立場に立ったなら、自己矛盾に陥るしかなかった。対症療法としての援助、つまり結局のところは何かを与えることしかできない援助という方法は、依存と社会的無関心を助長するという意味では、人々が本当の問題に気づき、社会を変革していく道を歩むためには有害とも考えられた。

他方、左翼的な旗を掲げて、人々の社会的な意識に働きかけようとしている団体にしても、現場での実際の活動を見れば、アジテーションもどきの旧態依然とした民衆教化的な働きかけと、チャリティ丸出しの援助団体でもやっているようなバラマキ援助とを組み合わせているだけだった。結局、どちらも中途半端に終わっているという印象は免れなかった。

こう言っては身もふたもないが、私の見た援助の現場は、社会構造がどうのこうのという以前の体たらくだった。効果が見えないままにカネとモノがなし崩し的にばら撒かれていた。私たちの援助は本当に必要とされているのだろうか、本当に役に立っているのだろうかといくら真摯に問いかけたところで、当時の私の経験と能力では、答えが見えてきはしなかった。現在の視界に辿り着くまでには、それからさらに二〇年近くを待たなければならなかった。

そうしているうちに、時代は劇的に変わった。

ベルリンの壁が崩れ、ソ連は崩壊して、かつての敵であった資本主義国の仲間入りをした。中国も市場経済政策を全面的に採用し、今や資本主義の最先端をいくような経済優先社会を作り上げ、利益の追求に国を挙げてまい進している。マルクスが掲げた理想は挫折し、二一世紀になって社会の表舞台に登場した若者たちにとって、その壮大な試み自体が歴史の教科書の末尾に出てくるエピソード以上の意味をもたなくなっている。

それに呼応するように、先進国では、左翼と右翼、あるいは保守政党と革新政党の境界がどんどん不明確になり、政策を見ても似たり寄ったりになった。アダム・スミスとマルクスの両方が依拠している前提が、そもそもからして誤っていたとすれば、これもまた当然の帰結と言えよう。

現代の社会課題の原因を、資本主義や経済のグローバル化に求めても無駄である。繰り返し述べてきたように、それらは、そもそも出発点から間違っているとともに、西洋文明至上主義の手あかにまみれているからだ。

脳科学によれば、私たちの脳は、因果関係がわからないことから来る不安を避けるべく働くようにできているという。つまり、どんなことにもできる限り辻褄を合わせようとする機能を強くもつ。アダム・スミスもマルクスもウエーバーもケインズも、人間である限りそうした辻褄合わせの深層心理の指令から逃れることはできなかった。

たとえば、科学者からすれば、進化論こそは生命体の生成のメカニズムを論理的に説明できる唯一無二の最も真実らしい仮説とされる。偶然の積み重ねが、個体の寿命からすれば気の遠くなるような長い時間の経過の中で、大きくダイナミックな変化を種にもたらしていく。ところが、生命体に刻まれたその精妙で見事な変化のプロセスを知れば知るほど、何らかの意図や目的をもって設計されたもののように思えてくる。偶然の積み重ねと考えるより、創造主の意図を仮定したほうがはるかに腑に落ちる。私たちが進化論を直感的に理解することが非常に難しいのはそのためであり、前述の『スーパーセンス――ヒトは生まれつき超科学的な心を持っている』によれば、これが未だに多くの自然科学者を含むアメリカ人の大半が旧約聖書で示された天地創造説を捨てきれない心理的な背景であるという。

同様に、近代以降に起こった社会の変化は、「見えざる手」に象徴されるような何からの統一的なメカニズムが裏で働いたように映る。そのメカニズムを解明するために、あるいは何らかの法則を見つけるために社会学や経済学などが血道を上げているが、それは天地創造説を立証しようとすることと大差ない。

近代化を人類史の発展の流れの中に位置づけようとするのは、人間の歴史を神の計画としてみる見方と五十歩百歩、いや同根である。神の計画なるものがもし存在するとしたら、皮肉なことに、それは化石燃料の存在なのではなかろうか。なぜならそれは、われわれの理解をはるかに超えたものだからだ。

とはいえ、人間は、そもそも思い込みをもてあそび、楽しむようにできている。知的探究心に駆られて始めた社会科学的研究が、いつの間にか時代の枠組みに絡み取られてしまったからといって、誰が責めることができよう。この拙文にしても、そのような運命から逃れられないことは自覚しているつもりだ。

近代の思い込み

近代は科学の時代であると同時に、西洋人主導の「進歩思想」という思い込みの時代でもある。化石燃料文明論が私に示してくれたのは、そのことに尽きる。社会科学にわずかでも科学性があるとすれば、いくばくかの再現性があってしかるべきなのだが、悲しいかな、過去に起こったできごとを分析して法則性のようなものをでっち上げることはできても、未来の事象を予測するに際しては絶望的である。仮に「将来○○が起こりそうだ」とは言えても、それが「いつ」「どこで」「どの程度に」起こるかは決して予言できない。言い換えれば、社会科学や人文科学の理論が扱っている現象は、再現性をもたない。

あまりに当たり前のことで恐縮だが、特定の集団にしろ個人にしろ、それぞれの当事者にとってすべてのできごとは一回性のものである。一般的な法則が簡単に当てはまるはずがない。とりわけ、社会環境と生活様式の変化が急激な現代にあっては、法則を適用するための条件そのものが刻一刻と変わってしまうため、社会法則の適用は格段に難しくなっている。

にもかかわらず、市場メカニズムの存在という近代社会思想の大元となる共同幻想が、それが可能であるかのような錯覚をもたらしてきた。西欧近代において急激に発展を始めた自然科学を模範に、社会や人間を巡る事象にも何らかの再現性を見出したいという知的欲求が「市場」という架空の場を引き起こし、市場メカニズムというフィクションを作り上げた。

しかしながら、個々人の人生は一回性そのものであり、その場、その時の無数の偶然の積み重ねによって引き起こされる。すべては一期一会だ。あとから振り返れば、確かに「歴史は繰り返される」が、当事者にとっては固有の人生の一場面としてしか顕現しない。確率が大きな意味をもつ自然科学における現象の記述とは根本的に違うのだ。

個人だけではなく、組織についてもそれは同じだ。

二〇一四年の秋頃だったと思う。福島のボランティアグループやNPOのネットワークを促進して活躍しているCさんと福島駅で立ち話をした。彼女は、東京で会社員をしていたが、福島原発事故の後、故郷福島に帰り、地域のために汗を流している。まだ二〇代だが、深い洞察と落ち着いた度胸満点のやり取りができる稀有な人材で、地域の希望の星である。

その日、彼女はNPOのマネジメント研修を受けて戻ってきたところだったのだが、開口一番、「あちらでもこちらでも、寄ると触ると組織マネジメントの研修ばかりだけど、もううんざりです。個々のグループや組織には、それぞれ特有の条件があり、マネジメントに関係する問題や課題も、それらの特有の条件を踏まえなければ、先には進まないのだけれど、どの研修に出ても一般論ばかり。その固有の状況の中でどうすればいいのかという、本当に実践的な手法を示してくれる研修に出会ったことがないんです」と嘆いた。

そういえば、私が援助の現場で直面した困難についても同じことだった。強く彼女に共感するとともに、その洞察力に感嘆せざるをえなかった。

結局、そういう場合、私たちが頼るのは先人や先輩から受け継いだ教訓、その集大成としての諺、さらには占いのような超自然的な力であって、社会科学の理論などではない。

長年にわたりこの仕事をしていると、自然、この業界を目指す若者たちとの出会いが多くなる。たとえば、アジアやアフリカの農村で出会ったNGOや青年海外協力隊で活動する若者たちが、次は欧米の大学院で開発学を学ぶことにしましたと目を輝かせて報告に来る。私は、「それはいいね。がんばって勉強して英語力を高め、この業界でやっていけるようになってください」と一応のエールは送るものの、内心は複雑だ。他の業界でも事情は同じだろうが、特にこの業界では、大学院で学んだ開発人類学や開発経済学など開発学系の学問が、現場で何らかの役に立ったという話を聞いたことがない。

よくよく考えてみれば、その基礎にある経済学自体が、購買行動が起こったときに初めて実体化するという性質をもつ「需要」という概念を基礎にしている限り、将来予測はおろか、今現在起こっていることの分析にさえ後手後手に回るしかないのである。原油の価格が下がったら景気が悪くなるという奇妙な現象を、起こったあとで解説してもらったところで何の役にも立たないということだ。

私は、自然科学は門外漢だし、社会科学系にしてもいくつかを自己流でかじっただけだが、国際開発学の現場での無用の長物ぶりに鑑みれば、その基礎となっている他の社会科学系の学問も大同小異と推測するしかない。現実があまりに複雑だから仕方がないということはもちろんある。だからこそ、自らの思い込みとそれを支える枠組みの存在に気づいて、学問体系、いや、知のあり方自体を再構築しない限り、知的遊戯の域を出ることはできない。複雑なものをより複雑化せず、いかに単純化できるかを真剣に考えてみるべき時代に来ているのではなかろうか。化石燃料文明論は、その際の手掛かりのひとつを提供していると思っていただきたい。極端な思考実験を試みたのもそのためである。

社会科学の虚構性が教育をダメにした

従来の枠組みから出られないままに続けられている公教育もまた、その意義と価値を急速に失っている。途上国の村が疲弊するのは、学校教育が村の資源を使わせながら、つまり親たちに労力と自然資源を切り売りさせながら、村にいては使えない知識を子どもたちに買わせていることによるところが大きい。村の資源の搾取に教育もまた一役買っているにもかかわらず、教育学者がこんな単純な図式をわからないままに教育の必要性をひたすら力説しているところに、援助の悲喜劇がある。

それればかりか、まったく同じことが日本の高等教育でも起こっていることを、私自身、私立大学の文科系学部に二人の子どもを行かせた親として痛感した。法律や会計などいくつかの実学を除いた社会科学系の学問のほとんどが、実践的な課題に対して無力であるばかりか、学歴社会の推進の共犯者となって若者とその親たちを経済的に苦しめる。それは結局のところ、知のあり方そのものが行き詰まっているからだ。

人類の歴史は、化石燃料の圧倒的な力により産業革命を境に分断されていて、連続性に乏しい。そのことを意識しないままに作られた近代社会思想は普遍化を無理に追い求め、結果として近代化を主導した勢力、つまり欧米のエリートたちに都合のいい思い込みの枠組みから人々を出られなくしている。経済学や政治学は言うに及ばず、社会学や文化人類学、そしておそらく歴史学や地理学、言語学などの本来事実を重視するはずの諸学問にしても大同小異である。これまでの人生で、そして本書を書くためにもその手の文献にどれほど依拠してきたかを思えば、恩知らずの誹りを受けることになるであろうが、これが現在の私の本心なのだから偽るわけにはいかない。

大学の文科系学部で学ぶ学生たちは、彼らが学んでいることの意味や利用価値への関心さえ失っているという声が、学生からも教員からも頻繁に聞こえてくる。最近、文部科学省が国立大学の文化系学部の廃止を検討しているというニュースが流れ、賛否両論の議論が沸き起こっているようだが、私からすればそうした議論自体が遅きに失したものと言わざるをえない。良心的な若き研究者から、こんな知的遊びを学問と称して教えることで糊口を凌がざるをえない自分が情けない、という嘆きの声が聞こえてくるのも当然である。

私が最も危惧するのは、真面目でエネルギッシュな若者が社会課題を語るに際して、これまで指摘してきた近代社会思想の落とし穴にはまってしまい、問題の根源を経済システムに求めてしまうことだ。その結果、自分でも意識しないままにかつての左翼的な物言いに傾斜した、現実からかい離したメッセージを発信し続け、社会課題への実質的な対処が進まなくなる。逆に、そのシステムを甘受することで、我知らずそれを擁護する側にまわってしまい、批判精神や知的な活力を失ってしまう。あるいは、たびたび指摘したように、人間性の本質論に終始することで、結果としては過去回帰や自然回帰を訴えるだけになる。残念ながら、これらがＮＰＯに限らず社会課題を扱う人々にみられる代表的なパターンである。

私からすれば、マルクスの亡霊は、良心的な社会派の人々の魂の奥に今も眠っていて、時折その姿を現すことで、私たちを混乱に陥れている。近年ではその代表が、フランスの経済学者トマ・ピケティの近著『21世紀の資本』の社会現象化である。断っておくが私はピケティの本を読んでいないし、その中身について語るための基礎知識もない。私がここで取り上げるのは、それが「社会現象化」していることの奇妙さである。

その奇妙さについては、多くの専門家がさまざまな機会で言及しているようだ。そのひとつに二〇一五年三月一六日の神戸新聞の月曜オピニオンに掲載された、経済学者の佐伯啓思による「ピケティの主張」と題した文章がある。佐伯は、ピケティの『21世紀の資本』のような高価な専門書がベストセラーになる世界世論のアメリカ後追い精神への揶揄から始めて、ピケティの主張に対する彼なりの論評をわかりやすく説得力のある文章で展開している。私のようなマルクスやアダム・スミスの原書にさえまともに当たったことのない者がさらに論評するのは意味がないので、内容には立ち入らない。ただ、締めくくりの以下の文章には共感と違和感の両方を覚えたので、その部分を紹介しておきたい。

「…先進国はもはや成長を求め、物的富を追求し、さらにはカネをばらまくことで無理に富を生み出そうというような社会ではなくなっている。経済成長の追及を中軸においたわれわれの価値観を転換しなくてはならない。ピケティが述べているわけではないが、この本が暗示することは経済観の転換なのである」

（二〇一五年三月一六日付神戸新聞「月曜オピニオン」）

勘のいい読者はすでにお気づきのことと思うが、「価値観の転換」に必要なのは「経済観の転換」ではなく、近代思想そのものの見直しである。そうかまえない限り、本当の転換など訪れようがない。それが私の本書での主張である。

「化石燃料文明論」などとたいそうな呼び方をしたが、よくよく考えてみれば、それほど突飛なことも難しいことも言っていないはずだ。だとしたら、こんな単純なことをこれまで誰も言いだささなかったのはなぜか。やはり、西洋文明の支配を正当化したいという無意識の意図があらゆるところで働いてきたことによるとしか思えない。欧米のみならず、他地域の社会科学者たちもそれによって生活している限り、自分が乗った木の枝を切り落とすような真似をするはずがないのだ。

不条理に理屈をつける

そもそもわからないものはわからない。そこから出発するのが一番誠実で現実的な道だ。社会構造や経済システムが云々というのは簡単だが、だからどうなのと問い返されたら具体的な答えに窮する。世の中には、原因と結果が誰が見ても明らかなことなど、めったにないのだ。

東アフリカのタンザニアで活動している知人たちから聞かされた話だ。何人かから聞いた同種の話を私なりに作り直したものなので、話半分に読んでいただければと思う。

少し前まで世界中でそうであったように、ケニアやタンザニアなどには、呪いの力を信じている人が今でもたくさんいるという。そこで、ある外国人が、何を根拠にそんなものを信じるのかと、タンザニア人の友人に聞いてみた。すると、その友人は次のように答えた。

「ある人の息子が道を歩いていて交通事故に遭いました。高校の帰りに、友人たちと一塊になって一緒に歩道を歩いているところ、暴走した車が突っ込んできて、何人かがはねられたのです。数人は軽い怪我ですみましたが、彼の息子は打ち所が悪くて死んでしまいました。そこで彼は考えました。『息子は、真面目で信仰心厚い青年だった。何も悪いこともしていない。どうしてうちの息子だけが死んだのか。どうして隣の○○君ではなくうちの息子だったのか。どう考えても答えはひとつしかない。誰かが彼に呪いをかけたからだ。私に恨みをもつ誰かが、私の家族に不幸が訪れるよう呪いをかけたにちがいない。そうに決まっている。いやそれ以外に考えらない』と。あなたはこの人の考え方が間違っていると言えますか？」

彼は、その話に妙に説得力を感じ、返す言葉を見つけられなかったという。

私たちは、そういうできごとを、「運が悪かった」などと言って片づけようとするが、それでは納得できない当事者の気持ちもわかる気がする。よく考えてみれば、私たちの社会でも、「水子の祟り」や「前世の悪行」、あるいは「お墓の向きが悪い」ことが不幸や不運の原因にあるからお祓いが必要だなどとうそぶいた末に、多額の金銭を巻き上げる詐欺があとを絶たない。聞くところでは、欧米でも事情はそれほど変わらないという。

私たちは、日常に潜むさまざまな不条理に理屈をつけて、辻褄を合わせながら日々を乗りきっている。一回限りの人生の背後に何らかの普遍的な法則や力をさぐることで意味を見出したいという欲求を、心の深いところにもっている。それに導かれて、無理にでも因果関係を求めるように私たちの心はできているのである。

それとは逆に、化石燃料文明論は、私たちの歴史に突然割って入り飽食と孤立をもたらした化石燃料との出会いを、上記の交通事故と同列のできごとと捉える。自然とのかい離も人間関係の劣化も、そして村の消滅も、化石燃料との遭遇がもたらした理解不能なできごと、つまり不条理以外の何ものでもない。不条理を不条理として受け止めたうえで対処策を練ることから始めるべきなのだ。

では、この思考実験の延長線上にはどんな結論が姿を現すのだろうか。たいした結論は導けず、結局は大山鳴動ネズミ一匹に終わるのだろうか。正直、そうなりそうな気がしないでもないが、その前に、ここはひとまず和田にバトンを渡そう。

和田には、村というものの成立基盤と本質的な機能、そして近代化の渦中における変遷のドラマを、その豊かな経験と彼一流の洞察に基づいて、詳細かつ具体的に記述してもらう。それを通して、空疎になりがちな思考実験に実体が与えられることを期待している。

和田たちがインドの少数民族の村で行ってきたことは、村人の営みの中に前近代と近代とをつなぐ具体的な何かを見出すことによって、断絶の時代への軟着陸の可能性を拓こうとする実践的な試みだった。そして、和田は水と土の変遷の中にそれを見出した。私の知る限りでは、外から来た援助屋がこのような可能性を垣間見させることができた、唯一無二の事例である。

第5章

村と水と土

和田信明

化石燃料文明とそれ以前の世界、あるいは、まだかろうじて化石燃料文明に完全に取り込まれていない世界との決定的な違いは、生活のリズムだ。中田が感じている落差、途上国での「ゆったり感」と自分が暮らす都会での「忙しなさ」は、中田が指摘するとおり、そもそも人間の肉体では、化石燃料をエネルギーとする圧倒的な生産量、スピード、そしてそれを「効率」として肯定的に捉える世界には適応できないということだ。

中田と私は、数年前にセネガルのルガという町の近くで定期的に立つ家畜の市場を訪れたことがある。そこでは、広大なスペースで羊、牛、馬が取り引きされており、この市に参加するために、セネガル国内はもとより、モーリタニア、マリなどからも家畜商人たちが集まってきていた。彼らはここで売るための家畜の群れを連れて、何日も歩いてくるのだ。私たちは、膨大な数の牛や馬、羊の群れと、それを率いる遊牧民たちのカラフルな民族衣装に見とれ、そしてその揺るぎない存在感に圧倒された。ところで、何日も家畜の群れを率いて旅をしてくるのである。彼らの頭の中には、水場と草地がどこにあるか、しっかりと記された地図が入っているはずだ。この辺りは、サヘルと呼ばれる乾燥地帯だ。年間の雨量は、いわゆる乾燥地農業にも足りないくらいだ。彼らは、水に関してはひときわ敏感だろう。

本書の冒頭で、私が、「喉に刺さった小骨」のような感覚を覚えていたと書いたが、このような感覚をもったのは、急速な生活の変化だけではない。私が不思議に思っていたのは、どこに行っても、「水不足」を訴える村人がいたことだ。最初に活動を始めた南インドのある地方は、年間降雨量が八〇〇ミリ前後なので、当時日本の降雨量しか知らなかった私は、日本に比べれば確かに雨量が少ない、だから水が不足しがちなのかと単純に考えた。ましてや、サヘル地帯で生活する遊牧民たちはそうだろう。しかし、その後、雨量が比較にならないほど多いインドネシアのロンボク島やスラウェシ島のような熱帯も、そしてイランやセネガルのような乾燥地帯まで、等し並みに水不足を訴えられると、これはどういうことだと思わざるをえない。それも、灌漑施設のあるなしにかかわらずだ。

結論から言えば、なぜこのような事態が世界各地で起こったか理由は簡単だ。水が溜まる量よりも、使用する量が多いからだ[6]。そして、今日のような事態を迎えるまで、水を溜める、確保するという努力を怠ってきたからだ。別の言い方をすれば、無尽蔵にある石油と同じように水を使ってきたからだ。水などの自然資源は、使ったら再生するまで待たなくてはならない資源なのだ（第7章を参照）。この章では、この再生を必要とする資源がどう村の存在と係わっているのか、水と土を中心に考えてみたい。

村の「物理的」成り立ち

定住生活において決定的である水

話は遡る。今から約二万年前、最終氷期[7]が終わったあと、地球上の気温は数千年のときをかけて上昇し、豊かな照葉樹林を至るところで生み出した。その恩恵を最も被った地域の一つが、後に「肥沃な三日月地帯」と呼ばれる現在のレヴァント地方、小アジアから中東にかけての一帯だ。ここで人類が定住を始めたのが、今から一万二千年ほど以前だと考えられている。

豊富な食物を提供する豊かな森が傍にあることが、人類の定住を促したのはまちがいない。しかし、このような豊かな環境を可能ならしめているのは、明らかに豊富な水だ。しかも、常に移動し続ける生活だと、生活圏で、どこで水が手に入るかを知っているだけですむかもしれないが、定住となると、身近なところに、しかも必要に応じた水量を提供できるだけの水源がなければならない。ドングリを粉に挽いて水にさらす、あるいは、土器で煮るなどの行為は、それ以前とは比較にならない量の水を要求しただろう。また、定住となると、同じ場所に実る食料となる植物の毎年のでき具合も、人々の最大の関心事となるだろう。あるいは、川をせき止めて淡水魚を捕るなども行っていただろうから、年ごとの水の流量も気になっただろう。定住に伴い、水に対する意識もさらに高まったのではないだろうか。もちろん、土器や石器を除いて、木や草を用いて作った道具、設備は、よほどの幸運が重ならない限り、今日までその痕跡をとどめることはない。したがって、このような推測は、状況証拠からのまさに推測だ。だが、ほぼそんなものだったろう。

現生人類が定住生活を始め、村が成立してから、おそらく無数の村が興亡を繰り返してきた。一つの村が起こり、そして地上からその姿を消す理由はさまざま考えられるが、最終的には水の枯渇がそれを決定づけるのではないだろうか。あるいは、村だけではなく、過去のいくつかの文明の消滅もそれが直接、間接の引き金になっている[8]。

村人は水のことを意外と知らない

私が村と水との係わりに大きな関心をもつようになったのは、いつ頃だっただろうか。思い起こせば、私が現在のような仕事を始めた頃、ということは、ただ村人の要望を聞くということしかできなかった頃、その要求の大半が、灌漑池を作ってくれ、井戸を掘ってくれ、というものであった。特に、雨水に頼って農業をやっているような村は、ほとんどそれ以外の要求はなかった。生活用の水、飲料用の水もさることながら、これだけの広さの田んぼを灌漑するために、この大きさの灌漑用ため池が欲しい、あるいは、日照りの時も渇水しない深掘り井戸が欲しいなど、少々の雨量の多少には影響されずに安定した作付けと収穫がしたいという要望が、当然のことながら多かった。「少なくとも年に一度の収穫は確保したい」というのが、村人たちの願いだった。その話だけ聞いていれば、なるほどとしか思えない話だった。

当時の私は、なんとか彼らの要望を叶えることはできないかと思っても、芥子粒のようなＮＧＯの予算の乏しさを嘆くことしかできなかった。有り体に言えば、私は、そのような村人たちの要望の背後に何があるのかを知らなかった。なぜ、どの村も、判で押したように同じ要望をするのか。当時の私には、水が農業にとっては決定的である、不可欠である、程度の感想しか抱くことはできなかった。この陳腐な感想が、水と村の係わりのより深い理解へとつながることは、当然なかった。そして同時に、この章の冒頭で書いたように、どうして、雨量の多寡にかかわらず、どこでも判で押したように「水が足りない」と言うのか、何か引っかかりを覚えながらも、何をどう考えていいかもわからなかった。

この、何も理解していなかった、ということの中には、村人は水のことをよく知っているという思い込みもあった。もちろん、村人は水、自分たちが日常使う水についてよく知っている。どこに渓流があり、雨季になるとどこから水が流れ、どのように土壌が流出し、などはよく知っている。しかし、私が後に気づいたのは、彼らは水をどのように利用するかは知っているが、どのように水を「生み出すか」については知らないということだった。

単純なことだが、水の利用の仕方を知っているだけでは、水の供給が水の需要を上回れば、水は足りなくなる。村人の要求をよく考えてみれば、農産物を増産するために、現在供給できる水だけでは需要に追いつかないという、それだけのことだ。農作物の水を雨に頼るだけなら、年による雨量のばらつきは当然のことで、雨季の到来とともに、雨量に一喜一憂するのは昔からの農民のならいである。問題は、私が接していた山岳少数民族の村人が、いつ頃から「水不足」を感じるようになり、それに対して私たちの支援が入るまで何をしていたか、何らかの対応策をとっていたのかということだ。

まだ農耕が始まる前、人類が定住を始める頃から、定住を可能にする水を確保する、そのような水利を得て居住地を定めるということを、われわれの祖先はしてきたはずだ。そのごく初期から、年ごとの天候の順、不順に対する対応策というのも蓄積されてきたにちがいない。農耕が成立してからは、雨水を貯めて使う、すなわちため池を作る、地下の水脈を利用して、すでに地下に貯められていた水を利用して使う、井戸を掘る、などの知識と技術を蓄積してきた。さらに大規模になると、川から水を引いて灌漑をするなどの技術が生まれてくるが、これほどになると小さな村の手には負えなくなり、いくつかの村にまたがった水の管理、河川の管理が必要となってくる。あるいは、もっと広域の管理が必要となってくる。大家族、部族より大きな政治的単位ができてくるのも、このあたりからだろう。

気象条件が変わって、たとえば、気候が乾燥して森が減少し、草原になっていく。さらにこれが進めば、草原が砂漠になるということも過去の地球の歴史を見ていると珍しいことではない。このようなとき、森が豊かなときに成立していた人間の居住地は、明らかに縮小していき、やがては、住民はその場所を放棄する。あるいは、住民が、利用できる水が養える限界を超えて水を使う、消費するということのために、水源が枯渇してやがては村が消えていくということもある。私がこれまで開発途上国の農村で経験してきたのは、後者であるのは言うまでもない。

マイクロ・ウォーターシェッドを知る

ところで、私が、村と水との有機的な結びつきに気がつくきっかけとなったのは、マイクロ・ウォーターシェッド（Micro Watershed）という概念である。マイクロと形容詞が付いているからには、大規模ではなく小規模、あるいは極小規模のウォーターシェッドというくらいの考え方で、特に厳密な定義があるわけではない。ただ、その基礎にある考え方とは、小さな村が管理、維持できる程度の規模ということだ。

この概念を私が知ったのは、いつだったか定かではない。おそらく一九九〇年代の半ば以降だろう。

しかし、この概念を具体的に理解したのは、さらに時が下った二〇〇三年のことであった。私はこの年、約半年間、当時の国際協力銀行（JBIC）の委託を受けて、インドのタミールナドゥ州政府の森林局が行っていた、地域住民参加型森林プロジェクトの効果を検証する調査を行った。このプロジェクトは、国際協力銀行が円借款で資金協力していたもので、政府の保護林に隣接する村を選び、森林を保護する代わりに一定の利用権を与えるというものだった。また、住民による保護を促進するために、村には収入向上プログラムのほかに、ため池、堰堤《えんてい》など構造物の建設などもパッケージにしていた。住民は、村ごとに森林保護組合を結成し、そこがプロジェクト期間中、そしてその後も自主的にさまざまな活動に取り組むという建前になっていた。だが、このような住民参加型プロジェクトほど難しいものはなく、実施する側に住民参加を実現するための十分な技術が必要なことは、すでに前著（和田・中田／二〇一〇年）に詳述している。

それはさておき、このプロジェクトに参加する村が、自分たちの地理的な活動範囲とする基準が、各村のマイクロ・ウォーターシェッドであった。このマイクロ・ウォーターシェッドが何を意味するかは、地形図を見てみればよくわかる。ウォーターシェッドを英和辞書で引いてみると「分水嶺」とある。要は山の稜線のことだ。降ってくる雨は稜線で分けられた傾斜に沿って流れる、つまり、稜線を境にして流れる方向が違ってくる。あるいは、稜線を境にして、どちらかには雨が降らないということもある。日本語では、ウォーターシェッドに「流域」という訳語を当てている。私は、このとき改めて地形図を眺めてみて、初めて村を「物理的」に理解するきっかけを得た。水と森、田畑の有機的な結びつきを理解するきっかけを得たと言っていい。そして、土壌の生成、成分などにも興味をもつようになった。本書では、「流域」ではなく、ウォーターシェッドという用語を使い続ける。

マイクロ・ウォーターシェッドという考え方

私は、一九九三年から、アーンドラプラデシュ州のスリカクラムという地方で働いていた。スリカクラムは、日本の行政単位で言うと県に当たるところで、オディシャ州との州境にある。オディシャ州と接する辺りは、東ガーツ山脈につらなる山岳地帯だ。

この地域の山間地の村は、山岳少数民族の村であり、カーストに分かれたインド社会の中では、一つの村が、いわばカーストとか貧富とかによって分かれていない、同質の人々が暮らしているというある種のわかりやすさがあり、また、一つの村が小さく、こぢんまりと、周囲の山に囲まれている。マイクロ・ウォーターシェッドとはどういうものかが、極めて理解しやすい地形だ。

ウォーターシェッドとは、簡単に言えば、地球上の全生物の命の綱である雨を生物が利用できるようにする自然の配慮だと言って良い。単純に考えてみれば、凹凸のない平面に雨が降れば、それこそあっという間に水は蒸発してしまうだろう。凹凸があればこそ、くぼみに溜まった水は蒸発が遅れ、その水を生物が摂取する機会が増える。尾根から斜面を伝って流れた水が集まり、渓流を作る。いくつかの渓流が集まり、川を作る。その川がいくつか集まり、より大きな川となる。そして、それが沼や湖、海へと流れ込む。それが一〇〇ヘクタール足らずの場所で起ころうと、何百平方キロメートルの平野で起ころうと、理屈は同じだ。水が集まり流れになれば、蒸発するまでの時間は長くなる。あらゆる生物が、水を利用するチャンスも増えようというものである。特に、地中にしみこみ、地下水として蓄えられるチャンスも増える。ある程度の高度までの山、丘陵なら、山頂から斜面にかけて木が生えている。そうすると、雨が一気に斜面を流れ落ちることなく、土が水を吸収する可能性は高くなる。このように降雨が山や丘陵の斜面を流れ、次第に集まってくる場所を集水地域（catchment area）と呼ぶ。集水地域も、そこに生えている木、草も、すべては、水が一気に蒸発することを防ぎ、人間を含む動植物が、水を利用できる機会を与える。

そもそも、私たち地上に住む諸々の生物がどのくらいの水を得ることができるのか。地球は、よく「水の惑星」と呼ばれるが、地表、地下も含めて、人類を含む地上の生き物が飲み水など利用できる淡水は、一説では地球上の水のわずか〇・二三パーセントにしかすぎない。海を含む地球全体の水を、一リットルの水にたとえるなら、それは二・三cc、まさに一滴の水である。これを利用できるようにするのが、ウォーターシェッドというわけだ。

小さな山村で起こったこと——農業「近代化」のつけ

私が長年係わってきた村は、大がかりな灌漑施設がなく、主に雨水に頼る農業を行う。このような村は、山間地、または山の麓にある村が多く、そんな村が自分たちで管理、維持できるウォーターシェッドは、せいぜい一〇〇ヘクタールから五〇〇ヘクタール程度の範囲のことだ。この程度のウォーターシェッドを、便宜的に「マイクロ・ウォーターシェッド」と呼ぶ。このような村は、三方を山に囲まれ、一方が開けているというところが多い。山際に集落を営み、開けたところに水田を営み、山際や斜面に畑を拓く。このような村は、開けている方は、他の村と田圃の境を接していて、人口が増えて新たに畑地を確保しなければならないようなときは、斜面を切り拓き、次第に山頂へと迫っていくことが多い。

前述のスリカクラム県にあるローコンダ村は、三方を山で囲まれた小さな村である。一九七〇年代の初めに建設されたゴッタ貯水ダムの近くにあるが、主要な村を結ぶ道路からは外れている。村へと続く道が未舗装なのは言うまでもない。雨季になれば、自動車もオートバイもオート三輪車も牛車も、車輪の着いたものはすべて泥濘《ぬかるみ》に阻まれて通ることができない。雨季にローコンダに行こうと思えば、泥濘の中を、歩くしかない。一九九〇年代の初め頃、私は、村々を訪れるときは、ゴム草履を主な履物としていたが、泥濘の中を歩くときは泥に取られてすぐに草履は脱げてしまう。仕方がないので、草履をぶら下げ、裸足で歩く羽目になる。田植えの時、田圃の中を裸足で歩くことを想像してもらえば、ほぼそんなものだ。

足繁く南インドの村に通うようになった当時、私はこの村のある青年に少なくとも毎年一回、三年間ほどインタビューをしていた。最初のインタビューのときだったろうか、妻が第一子を出産したばかりだということで、それも男子だということで、ことのほかうれしそうだったのを覚えている。この青年は、人が良くて面倒見が良いということで、ことあるごとに、村人に担がれるらしく、私が彼に話を聞くようになった頃には、郡議会の議員に立候補して選挙戦を戦ったらしい。むろん、金がかかる。トラクターを借りて選挙カー代わりにして遊説する、運動をしてくれる村人たちに食事を振舞うなど、えらい出費で大分借金をしたと語ってくれた。残念ながら結果は落選だった。話を詳細に聞いていくと、そのほかにも彼には少なからず借金があって、しかも、それを自覚していないというか、全体でいくら借金があるのかという認識に欠けていた。私とのやりとりで、一つ一つの借金が確認できていくごとに、素直に驚いているのがなにやらおかしかった。

その借金の大きな原因と思えるのが、稲の多収穫品種の導入だ。彼の村には、灌漑施設と呼べるほどのものはない。田圃はすべて雨水に頼っている。この多収穫品種の導入は、それまでの稲作のやり方を根本的に変えた。それまでは、在来種を植えていた。在来種は、牛糞や藁を使った堆肥を使い、収穫後は種籾を次の年のために取っておくというものだ。また、品種も、一種類だけ植えるというものではなく、同時に数品種を植えていた。基本的には、その土地の気候条件に合ったものであり、数品種を植えていれば、どれかは必ず収穫できる。たくさん穫れなくとも、全滅するリスクは回避できる。そもそも、山岳民族の主食は米ではなかった。もともとは焼き畑を回しながら、数年ごとに住居を移していくというのが彼らの生活スタイルであり、主食も、ソルガム（モロコシ）、稗、トーキビ、イモ類であり、米を食べるようになったのは、一九七〇年代に政府による定住政策で稲作を始めるようになってからである。

米の増収を望む理由は、人口の急激な増加である。ローコンダ村の人口も、立村以来推定で一〇倍にはなっていた。もっとも、当時世帯数が三五世帯程度の小さな村であるので、一〇倍といってもたかがしれている。それでも、一〇倍に膨らんだ人口を食べさせるのは、ネコの額ほどの耕作地しかない小さな山の村では大問題である。いや、インド全体の大問題でもあった。

インドの人口は、二〇世紀の初めは約四億である。約半世紀後の独立時（一九四七年八月）には、六億程度。それが、一九九〇年代には一〇億に届こうとしていた。つまり、二〇世紀の前半では、人口の増加は二億人。しかし、後半の四〇年で人口の増加は四億人以上。独立後の四〇年強で、人口の面ではインドが二つできたようなものだ。

このような背景の中で、青年は多収穫品種を導入し、在来種を栽培することはなくなった。前述したように、多収穫品種の導入とともに、化学肥料、農薬の使用が始まった。そして、在来種に比べて、多収穫品種は大量の水を要求する。この青年が暮らす地方は、年間の降水量は八〇〇ミリあるかないかだ。モンスーンの雨の降り方で、収穫は大きく左右される。ただ、収穫の多寡はどんな年にもあることだ。この化学肥料、農薬の使用で懸念されるのは、土壌が痩せていくことだ。

　元来、私たちが「土」と呼んでいる表土、農耕に適する土の厚みは、せいぜい三〇センチ程度だ。この層に作物が育つための豊かな有機物などが含まれている。元来、この層の土とは、約五億年前に陸地に海から植物が上陸してから、気の遠くなるような年月をかけて、植物が、自分が生活できるように作った環境であり、植物の個体が死んでからその個体が分解され、有機物として土に還元され、それがまた植物に吸収されるという仕組みを作ってきた。

　それに対して、農耕は、作物が育って人間が食べられる状態になると収穫してしまうため、そのままでは、植物と土が循環していた輪を断ち切ることになる。だから、あらかじめ堆肥などを作っておき、足りなくなる栄養分を補うことが必要になるわけだ。それを、化学肥料で代替するということは、たとえば人間が食物から栄養を摂るのではなくビタミン剤などの錠剤だけで栄養補給するようなもので、やがては土そのものが痩せ細っていく。いずれにせよ、雨というものは、大地に潤いをもたらすだけではなく、確実に土壌を流出させるので、土を作るという努力をしない限り、農耕の前提となる土そのものがなくなるのだ。

土

ポガダヴァリ村の木の根

同じスリカクラム県に属するポガダヴァリ村を、私が初めて訪れたのは二〇〇〇年だったろうか。私は、それ以来、この稿を書いている二〇一五年まで、折に触れてポガダヴァリを訪れ、その変化をつぶさに観察してきた。

ポガダヴァリは、約三〇世帯ほどの、なだらかな丘陵に囲まれた谷間の村である。ちょうど、村を囲む丘陵は村に対して馬蹄形となっていて、南西側が開放され、馬蹄に囲まれた場所にこぢんまりとある家屋の南側に田圃が広がっている。南側で居住区が切れる辺りに灌漑池があり、北側、丘の裾野には、小さな堰堤（チェック・ダムと呼ぶ）がある。この堰堤は、二〇〇二年に、私たちが地元のNGOと協力して、日本の外務省の「草の根・人間の安全保障無償資金協力」という制度を使って作ったものだ。ささやかな額だが、日本国民の税金を使って作った旨が堰堤の壁に書いてある。私は、この堰堤を作ったことをすっかり忘れていた。二〇〇六年に、ある調査のためにこの村を訪れたとき、改めて堰堤を見て往事を思い出した。そのことを思い出す前、私が軽い驚きを覚えたのは、この堰堤がよく手入れされていたことだ。村人たちにそのことを尋ねると、「何を言っているんだ。あんたが、こうしろと言って、そのやり方を教えてくれたんじゃないか」という答えが返ってきた。つまり、メンテの金を定期的に貯金し、毎年手入れをするときはその貯金を取り崩して遣えと教えてくれた。さらに、その貯金を、村のマイクロ・クレジット・グループに運営させ、貸し出しをして利子を稼げ、と。そんなことを言ったことも忘れていたが、しかし、たとえ私が覚えていたとしても、その間、四年の月日が経っていたのであり、それが忠実に実行されていたことが私を驚かせた。

さて、この堰堤の役割は、雨季に雨水が一気に流れてしまわないように、その流速を減じるのが目的だ。流速をチェック（抑える）するダムというわけだ。このようなダムがない、あるいは、ほかに雨水が急流となって流れていってしまわないような条件、豊かな森、灌木、草がないと、水と一緒に表土が流れてしまう。また、表土が流れてしまえば、水が地下に浸透するチャンスも格段に下がる。

ただ、難しいのは、このような堰堤さえ作れば、表土が流れないかというと、そういうものではない。やはり、本来ならば、丘陵に森など豊かな植生があり、雨水が何の障害もなく急流となって流れてしまわないような環境があってこそ、水が地面へ浸透していくチャンスが増える。堰堤などは、本来ならばそのような環境の効果を高めるための補助だ。

表土が流れてしまえば、それを回復していくのは、並大抵のことではない。現に、ポガダヴァリの傾斜地の表土はほとんど流されていて、居住区より上のほうは、痩せた赤土しかない状態だった。そのことを象徴的に示している光景があった。それは、居住区の外れにある一本の木で、その根の半分は露出していた。言うまでもなく、土壌が流出したため、根が露出していたのだ。

土は生物が作った環境

土は、地球上にもともと在ったものではない。土の成分は有機物と無機物からなっている。無機物は、もともと地球の表面を覆っていた岩が風化したものだ。しかし、有機物は生命体が分解して土の成分となったものだ。地球という太陽系の惑星が誕生してから四〇億年と言われているが、海から地上に生物が上がってきたのが約五億年ほど前。その陸上に上がった最初の生物は、コケだったと考えられている。つまり、植物だ。昆虫も同じ頃、陸上に出現したと考えられている。陸上に進出した植物は、数千万年の時を経てシダ類、そして種子植物を生み出し、また両生類が出現するようになる。これが古生代のデボン紀のことだと考えられている。およそ四億二千万年ほど前だ。そして、シダ類が全盛を迎える石炭紀が訪れる。この頃、昆虫も繁栄し、爬虫類が現れる。爬虫類は両生類と違い、殻を持った卵を発明したおかげで、水辺から離れても生活できる。

この間、営々と作られてきたのが土だ。地上に現れた生物の死骸を微生物が分解し、土中に栄養分として蓄えられる。その栄養分を水分とともに植物が吸収し、その植物が一生を終えるとまた分解されて土中の栄養分となる。そもそも、土とは植物が生活できるよう自ら作り出した環境そのものだ。

では、土が地球のどの部分で作られているかというと、それは地表近くのほんのわずかな部分、地表から一メートルほどの部分でしかない。そして、栄養分の豊富な土は地表から三〇センチほどのところまでしかないと言っても過言ではない。なぜなら、土中の有機物のほとんどは、地表から深さ三〇センチまでの間にあるからだ。

よく、これは自然のものだ、これは人工的だという言い方を私たちはする。では、自然そのものではなく、人工的という表現が最初に当てはまるのはいつかと言えば、人類が石器を作り始めたときだろう。次に考えられる「人工的」は、火の使用ではないか。火を使用して食物を焼く。特に、この技術を獲得したことで、肉を食べることが容易になった。というより、肉の消化が飛躍的によくなった。火の使用が、偶然ではなく恒常的に行われるようになったとされるのが、約四〇万年前である。

さらに、木や草の繊維、動物の毛皮を加工して衣服を作るということをしていただろうが、これは証拠として残らないため、いつ頃からそのようなことをし出したのか、残念ながらよくわからない。

ただ、このような「人工的」なものを作り出す技術をゆっくりと身につけながら、人類の歴史は基本的には数百万年の間、さして大きな変化がなかった。生活の基盤が採集、狩猟であったからだ。つまり、生き延びるための食料は自然から得ていた。このような生活スタイルに別れを告げ、より安定的に食料を得られるようになったのが、人類が農耕を始めたときだ。人類が日々の食物を得るという観点で自然から決定的に離れたのが、この農耕の始まりだった。

田や畑で穫れるものを、私たちは「自然の恵み」ということがある。しかし、実は農作物と自然とはかなりの距離がある。まず、第一に農作物は人間が栽培植物化したものだ。だから、今私たちの口に入る農作物は、その野生種とはかなり違っている。簡単に言えば、人類に都合のよい突然変異を作り出す作業を重ねて作り出したのが、栽培植物だ。

誤解してもらっては困るのは、現在の遺伝子組み換えとは違い、私たちの遠いご先祖がしてきたのは、一つの作物で二〇〇〇年、三〇〇〇年をかけての栽培植物化だった。当然ながら、野生種を栽培作物にする長い過程で、人間の身体もゆっくりとそれに適応するように変わってきたにちがいない。

こうして人類は、野生種を何百年とかけて少しずつ栽培作物に変えてきたが、一方では、この農耕はそれまで植物が何億年とかけて作り上げてきた循環を断ち切る行為でもあった。なぜなら、できた作物を収穫するということは、土に還るべき栄養分をほとんど取り去ってしまうことであったからだ。

本来土に還るべきものを、人が収穫してしまうのだから、その作物が育つのに使った土は痩せる、つまり減ってしまうことになる。だから、わざわざ施肥をして栄養分を補給しなければいけないことになる。でなければ、数年を経ずして作物は育たなくなる。また、畑の場合、雨が降れば必ず土は流出する。土とは、それが常に生み出され補充される環境になければなくなってしまうものなのだ。

環境はいつの間にか変わっていくが、人間はなかなかそれに気づかない

ポガダヴァリ村は、少数民族の村だ。元々は山の民だった。生活の基盤は、半農・半採集狩猟だったと言える。今でも、四月になると、イノシシなどを男たちが狩る。ただ、狩猟はたまに授かる恵みで、普段は、採集、そして焼き畑が主な生業だった。

焼き畑は、文字どおり山の斜面の木、灌木、草を焼くことから始まる。焼かれた植物は無機物の灰となって、土の栄養分となる。そこに種を蒔く。生育の速度も収穫の時期も違う幾種類かの作物を同時に育てることで、限られた面積で必要な食料を得る。二、三年経つと土の栄養分が減り、収穫も減る。そうすると、また別の場所に移って焼き畑を繰り返す。一旦焼き畑に使った場所が回復するのは、八年から一〇年はかかる。したがって、焼き畑をするためには、こうして場所を数年おきに移動していくため、かなりの面積が必要だ。

この焼き畑は、インドでは森林の荒廃の原因として一九七〇年代に禁止された。また、焼き畑をしながら移動していた山岳少数民族は定住を余儀なくされ、焼き畑や採集の生活から、平地の農民のような農業、この南インドの山の村では、水田での稲作を中心とした農業に変えざるをえなかった。

しかし、山間のわずかな土地を耕す稲作では、年々増え続ける人口を養うに十分な収穫を上げることはできない。この稲作と同時に行われているのが、焼き畑で利用していた斜面の耕作である。その

方法は、焼き畑の時と同じやり方、ただし、斜面を焼かず、そして同じ場所を使い続けざるをえないというやり方をしていて、人口が増えるごとに森を切り払って耕地に変えていくということをしていた。

結果は明らかである。斜面の土壌が流出し、山の保水力は大幅に低下した。そして、雨季に濁流となって流れる雨は、麓の土も容赦なく流していくのである。その結果が、上述した根の露出した木であった。

ただし、このようなことは一日二日で起こることではない。毎日、毎月、毎年徐々に起こることである。村人は、その現象に少しずつ馴らされていく。いわゆる、Creeping Normalcy（這い進む常態）[9]が起こる。おもしろいことに、私たちがポガダヴァリの村人たちと一緒に活動するようになり、何が起こっているのか彼らの気づきを促していったとき、彼らが、「肥沃な土」とは、白茶けて乾燥すればすぐに亀裂が入るような土のことだと思っていたことを発見した。このような状態で、ある程度の食料の生産を確保するには、化学肥料や農薬の助けを借りざるをえず、また、外来の多収穫品種を政府の勧奨に従って導入し、土地が荒れるとともに借金まで抱えることになっていた。このような状態をどのようにして彼らが脱することができたのか。そのことについては、次章で詳述する。

（この章の土に関する記述は、粕渕辰昭先生の御著書『土と地球—土は地球の生命維持装置』の、有り体に言えば受け売りである。記述内容に誤りがあれば、それはすべて私の責任だ。特に記して感謝したい。）

6　たとえば、二〇一五年四月五日に、ニューヨークタイムズがカリフォルニア州の渇水の問題を扱った記事を掲載した。カリフォルニア州は、この三年、渇水に見舞われている。ご承知のように、カリフォルニアは、オレンジ、トマト、アーモンドなどの世界的な産地である。しかし、渇水のため、地表の水が極端に少なくなり、それに対して、農民は地下水を汲み上げるための井戸を次々に掘っている。もともと、地表の水が例年の水位を保っていた年も、農業生産のために常に地下水を使い続けていたという背景がある。そのため、年々、地下水が減り続け、それに従って、地下水の水位も下がり続けてきた。それが、ここ何年かの日照りで、危機的な状態になっている。そしてそれに対する有効な手段がない。いや、ないことはないが、農家の協力を得るのはたいへんだという記事だ。

7　われわれは普通「氷河期」と呼んでいるが、「氷期」（英語では glacial epoch あるいは glacial period）が正しい。氷期は数万年に一度の割合で地球を覆い、その一番最近のものが、約二万年前に終わっている。それを「最終氷期」と呼ぶ。

8　J. Diamond "Collapse: How Societies Choose to Fail or Succeed" Penguin 2005

9　J. Diamond "Collapse: How Societies Choose to Fail or Succeed" Penguin 2005（p425）

第6章

これからの村

和田信明

近代化の象徴としてのゴミ

あふれかえるモノと消えゆくモノ

私が南インドの村を初めて訪れたのは一九八六年、今から三〇年ほど前のことだ。そのときは、ただの旅行者として友人を村に訪ねた。まさに片田舎という表現がピッタリの、私が知る唯一の世界であった先進国の都市からは、あらゆる意味で遠い世界だった。門付けの芸人が、枡一杯の穀物で楽器をかき鳴らし、歌を歌った。夜になると、市から市へと渡り歩く隊商の牛車の列が続いた。牛車のカンテラの淡い光が、帯となって闇の中に消えていった。三月に近くなると、暑い夜を過ごすために、羊飼いたちが足首に鈴をくくりつけて夜通し踊った。満天の星が、大木に群がる蛍の光と混じり合った。目の前のできごとでありながら遠い世界の光景であり、目の前の現実の光景でありながら夢の中のできごとだった。列車で旅をすると、駅のホームに大きな水瓶が置いてあり、頼めば、柄杓で汲んで飲み水をふるまってくれた。

私はこの南インドに、一九九〇年代から頻繁に通うようになった。新米の役に立たない援助ワーカーとして。あとになって振り返ってみれば、この一九九〇年代は、インドの経済開放政策にしたがって、この南インドの片田舎にも怒濤のように市場経済が入ってきた時期だった。

この市場経済の本質は、中田が喝破したように、石油などの化石燃料による大量生産、大量消費である。現に、この南インドの村々にも、石油を原料としたプラスチック製品が大量に流れ込んできた。あるいは、プラスチックで包装された製品だ。たとえば水瓶、たとえば椅子、たとえばカップ、皿、スナック菓子、シャンプー、ミネラル・ウォーターなどなど、数え上げればきりがない。それと同時に、あっという間に消えていったものが、素焼きの水瓶、カップ、葉っぱの皿、などの昔ながらの日常の品とともに、それらを作る陶工だ。このことは、すでに述べた。

ところで、プラスチックはその製品としての役目を終えたあとも、ゴミとして強烈にその存在を主張し続ける。プラスチック製品は、安価で大量に流通している。どんな貧乏人といえども、稼ぐわずかな日銭で買えないものなどないと言ってよい。激しい労働の合間のささやかな楽しみのお茶。茶屋で呑むミルクティーは、今はプラスチックのカップに注がれている。そして、呑んだあとは、カップはその辺りに捨てられる。子どもたちでさえ、ジャンクフードを小遣いで買い、その材料のほとんどが添加物で固められたスナックを食べたあと、プラスチックの包装はその辺りに捨てる。

かくして、私が南インドと係わり始めて数年で、田舎も都市も、プラスチックのゴミだらけになった。

その数年で、いわゆる貧困層の生活レベルが上がったかと聞かれれば、答えは否だ。それなのに、ゴミだけは先進国並みに増えた。それは、すでに述べたように、大量に生産され、いかな「貧乏人」といえども手が出る値段で売られているからにすぎない。

しかし、いかに安価とはいえ、それは、ほとんど金を出してゴミを購うようなものである。日本は第二次大戦後高度経済成長を遂げ、有り余る金でゴミを処理するようになった。大量消費社会とは、多額の金をゴミの処理にかける社会だ。しかし、ゴミ処理に金をつぎ込むことができない途上国では、ゴミは処理されないまま、ゴミとして存在し続ける。

このことは、途上国と呼ばれるどの国に行っても同じだ。人間の行動は状況の変化に応じてすぐ変わるなどということはない。その典型的な例が、ゴミの対処の仕方だ。たとえ、それがプラスチックゴミであろうが、乾電池であろうが、ペットボトルであろうが、生ゴミ、紙など、土に還元するゴミと同じように捨てる。ゴミ箱に捨てるのではない。ゴミ箱がないのだ。

以前は、捨てられたゴミはある程度の時間が経てば自然が処理してくれた。しかも、ゴミの量そのものが現在とは比較にならない。私の知る限り、途上国の村はどこでも、村はずれに大量のゴミが放棄してあり、そのほとんどがプラスチックゴミだ。繰り返しになるが、先進国ではゴミ処理に多額の金を遣い、処理している。だが、開発途上国ではその金がない。だから消費に関しては先進国並みになった（その質は別として）が、ゴミだけは処理できないという、ある意味では、近代化の本質をあからさまに見せてくれる状態になっている。

これを、消費に関しては途上国の村も都市型になったなどと早とちりしてはいけない。確かに現在の都市は消費後のあらゆるものをゴミとしてしか扱わないが、たとえばすでに百万都市であった江戸は、あらゆるものを再利用していた。つまり、ただ捨てられるだけのゴミはほとんどなかった。一九七〇年代から一九八〇年代にかけては、途上国では森林破壊の元凶として、焼き畑と燃料用の薪のための木の伐採が挙げられていたが、江戸では、薪のための木を生産していた。それが、武蔵野の雑木林だった。今は見る影もないが、私が子どもの頃、まだ武蔵野台地の雑木林は、わずかばかりだが残っていた。この雑木林は、江戸時代の中頃、荒れ地だった場所に植林したものだ。別の言い方をすれば、江戸時代の人は、エネルギーとは再生産しなければならないということを自覚していたと言うべきだ。

ゴミと脂肪でふくれあがると土は痩せる

この世界中にあふれるという表現が決して大げさではない大量のゴミは、今のところ無尽蔵にあるエネルギー、化石燃料を使っているからだ。そのことが作り出す現実は、あたかもこの数十年、人類に肥満が増えたことと相似形のようだ。

肥満とは、基礎代謝に必要とする以上のカロリーを摂取することで起きる現象だ。人類は、その数百万年の歴史のうち、毎日基礎代謝に必要とする食物を得ることができるという状態がほとんどなかった。いや、必要なカロリーを得るためにカロリーを消費するという、なんだかいたちごっこのような食生活を気の遠くなるような年月続けていたと言うべきか。したがって、運良く大量の食物を得たときは、その栄養分をため込むように身体の仕組みを作ってきた。簡単な言い方をすれば、なかなか満腹中枢が、もうお腹いっぱいですと信号を送らない仕組みである。

しかし、近年、その質はおくとして、基礎代謝に必要とする以上の食物を摂取できるような状態になった。要するに、毎日お腹いっぱい食べられるようになったのだ。ところが、身体そのものは、そのような状況に簡単には適応できない。なにせ、気の遠くなるような年月をかけて作り出してきた身体の仕組みである。これが適量ですよと、食事ごとに信号を送るような身体の仕組みになるには、やはり気の遠くなるような年月がかかると思ったほうがいい[10]。

要するに、毎日飽食するということは、消費されないカロリーを脂肪としてため込むことであり、肥満とは、いわばゴミでふくれあがっていく私たちの日常そのものだ。ダイエットなどは、ゴミの処理で必死になっている私たちの社会そのものだ。

ゴミで埋もれようが、肥満でダイエットに金を遣おうが、それで私たちが満足しているならいいかもしれないが、そうはいかないものもある。現在、あたかも農村も都市も飽食して脂肪とゴミでふくれあがっているように見える。しかし、実は痩せ細っている部分もあるのだ。農村では痩せ細るように使い果たし、都会では、無駄なものとして利用されていない、遮断されている水と土がそれだ。あたかも無尽蔵にあるように消費している水と土のことだ。

土と水は再生できるか

土の劣化はどう始まるか――近代農法と伝統農法の狭間

ブータラグダ村は、私たちがフィールドで仕事をしているときの拠点にしている研修センターから、車で一時間半ほどかかる。これは乾季の話。雨季には、車を使うのは無理なので、ある地点から歩く。この小さな村がキリスト教に改宗したのは、二〇〇五年のことだ。ルター派の牧師が、週に一度、日曜日の礼拝のため、山を越えてやって来る。村の入り口近くに、ささやかな、つまり掘っ立て小屋の教会がある。中には机が一つ置いてあって、その上には聖書が一冊ある。その聖書は、アルファベット表示のサワラ語の聖書だ。私は、聖書があらゆる言語に翻訳されているということを聞いて知っていたが、このサワラ語訳の聖書を見たとき、それが本当だということを実感した。

さて、この村の入り口辺りで周囲の山を見てみると、確かにかなりの面積が畑となっている。畑と言っても、棚田のように、石垣を組んで耕作面を水平にしてあるのではなく、斜面の樹木を伐採、草を刈り取り、種を蒔けるようにしてあるだけだ。焼き畑のときと、見かけは変わらない。ただ、焼かない、そして一旦切り拓いたら移動せずに使い続けるという違いがある。言ってみれば、焼かない「焼き畑」、移動しない「焼き畑」だ。

　このやり方は、畑の作り方としては比較的楽なやり方、さして造成するまでに手のかからないやり方だとは言えるが、土にとっては致命的だ。考えてみれば簡単にわかることだが、雨が降れば土壌が流出する。したがって、すぐにごつごつの岩肌が露出するようになる。そのようなところで雑穀や豆類、箒草などを栽培するが、当然実りは悪い。

　そもそも、熱帯、亜熱帯の表土は薄い。植物の生育は早いが、その分、植物が栄養分を吸い取ってしまい、土には栄養分がほとんど蓄えられない。別の言い方をすれば、温帯で表土が蓄える栄養分は、熱帯では樹木に蓄えられている。だから、樹木を切ってしまうと、土はあっという間に消耗してしまう。

　表土が流れてしまうということは、何度も繰り返すが、水も流れてしまうということだ。地中に浸透し、蓄えられるという保水性がほとんどなくなる。結果として、耕作するために斜面を切り拓くと、拓いただけ荒れ地が広がるということになる。

　だが、田圃だけでは、今のところせいぜい三、四ヶ月、収穫が多くて半年足らずの米が収穫できるだけだ。ブータラグダ村のある地域は狭い渓谷で、耕地を増やすには、山の斜面を切り拓くしかない。また、斜面を切り拓かない限り、米を補完するような作物、主食になるような雑穀など作ることができない。しかし、上述したような方法で斜面に畑を作る限り、土地は荒れるだけだ。これは、まさに悪循環と言える。この悪循環を、断ち切ることができるのか。

近代化、というより化石燃料文明化の本質は村でも同じ

ブータラグダ村であろうとポガダヴァリ村であろうと、問題の基本的構造、課題は同じである。したがって、解決のために取り組まなければならないことは、たいした違いはない。求められるのは、地道でたゆまぬ努力だけだ。

私たちが、ブータラグダ村、ポガダヴァリ村など五つの村と活動を始めたとき、まず、村人たちが何をどう理解しているのか、認識しているのか、そのことを知ることから始めた。これは、私たち外部者の学びの機会でもある。そして、このようなことをするのに、村人と一緒に彼らの生活圏を歩くほどいいことはない。私たちが、どのようなプロセスで村人たちと活動を進めたかについては、前著（和田・中田／二〇一〇年）で詳しく述べたので、ここでは繰り返さない。

自然が生み出すもので唯一つの目的で利用されているものはない

五カ村の村人と共に山、畑、田圃を歩き、彼らが知っている草木を調べ、整理して、結果を「植物図鑑」にまとめ上げた。そこには、全部で一〇〇の草木が掲載されている。その内訳は、樹木は六五種類、草一三種類、灌木一四種類、ツル植物八種類だ。ここで確認されている木のうち、マンゴー、カシュー、チーク、ジャックフルーツなど、植樹されたものもあるが、ほとんどは野生種だ[11]。薬用に利用されているものも、たくさんある。あるいは、「利用されていた」と表現するほうが、今では適当か。なぜなら、現在は、薬は医者が処方したものを薬局で、そして肥料は化学肥料を使うというほうが一般的だからだ。こう書くと、慧眼な読者はお気づきのことと思うが、このような調査をするということは、それぞれの草木を確認するだけではなく、過去、それらの植物が村人によってどのような使われ方をしていたのかを確認する作業でもある。また、このような調査をしない限り、過去の利用例はあと一世代も経ないうちに失われてしまうだろう。なぜなら、植物の知識に関して、村人の間に大きな世代間のギャップがあることも、私たちは確認したからだ。現在、十代の子どもたちは、中等教育になると政府の寄宿学校に行く場合が多い。村に帰るのは、学校の休暇中のみだ。そのような機会に恵まれなかった三〇代、四〇代以上の村人は、簡単に一〇〇以上の草木を認めるが、やっと成人したかしないかくらいの世代から下になると、その半分もわからない。日本や他の先進国の子どものことを思えば、半分でも知っていればたいしたものだと思わないでもないが、しかし、この急激な知識の低下はいかんともしがたい。村人たちと作った「植物図鑑」そのものが、彼らが何世代にもわたって蓄積した知識そのものだということがわかるが、これを失って代わりに何を学校で得るのだろうか。

村の作物は、もともと多様だ

草木のほかに、同じ五カ村で栽培している、あるいは栽培していた作物も調べた。結果は、予想以上の豊かさ、いわゆる生物多様性上の豊かさであった[12]。思いのほか、野菜も種類を多く作っているが、全種類を毎年必ず作っているのではなく、灌漑施設がない山の村ではすべては雨次第だ。雨の降り方と土地の空きをにらみながら、何を作るか、あるいは作れるか決める。

作付けのパターンとしては、モンスーンが来ると米を作付けし、米を収穫した後雨が降れば、裏作としてケツルアズキ（黒緑豆：英語では black gram）、緑豆（英語では green gram）などを作付けする。日本ではあまり馴染みがないが、ケツルアズキも緑豆も、南インドでは、日常欠くことのできない食材で、各家庭には常備されている。したがって、これが収穫できれば売れる。

ナス、トマト、ニンジンなどの野菜は、少量作るだけだ。しかも、彼らは、あまり野菜は食べない。もともとは、森で穫れる少量の葉類を食べるだけで、キビ、稗、キャッサバなどを唐辛子と塩で食べるという、ごく簡素で慎ましい食事が一般的だった。ターメリックなどの香辛料を使いだしたのは、平地のヒンドゥーの村の影響で、早くてもせいぜい一九七〇年代以降のことで、ブータラグダのような村だと、おそらく一九九〇年代に入ってからだろう。

森の恵みはあったが、村人はその理屈はよく知らなかった

ここまで見てくると、おおよその察しはつくが、彼らが享受してきた豊かさとは、森の恵みであり、その恵みの源である森がなくなれば、生産性の低い食料生産に頼らざるをえなくなる。現にそうなっている。

私たちが、彼らと活動をともにし始めて気づいたのは、彼らが森の恵みをいかに享受するかについてはよく知っているが、その恵みそのものを生み出すメカニズムについては、ほとんど何も知らないということだった。

たとえば、森に自生する木についてはよく知っているが、一旦それがなくなってしまうと、どうやっ

て植林すればいいかを知らない、森を復元すればいいのか知らない、そういうことだ。そして、土に対する誤解も。

村人たちに、何に関心があるか、何を常に心配しているかと問えば、水と答える。水がなければ、それもある一定以上の水が確保できなければ農作物はできない。だが、村人たちの水に対する関心は、どれだけ水が供給できるか、使えるかという方に傾く。だから、降雨量が少ないとなると、井戸を掘る。灌漑池を掘る。

だが、それがいったい何を目的にしているのか、はっきりしているものが少ない、というより、私はそのような例を見たことがない。目的とは、いったいどの程度の土地を灌漑するのか、それはどの程度の水量を要求するものなのか、それでどの程度収量を上げるのか、などをいう。だが、私が知る限りでは、その根拠が明らかなのは一つもなかった。

しかし、それも仕方のない面がある。というのは、私がこれまで具体例として挙げてきた村、南インドの山の小さな村々は、山岳少数民族の村で、しばしば述べてきたように、もともとは斜面での焼き畑が主な生業だった。だから、米を主食として生産する、ほとんど米だけを主食として生産するなどという生活からはほど遠かった。それは、上述したように、雑穀類で何を今でも生産しているかということをみれば察しがつく。焼き畑を回しながら、自然の恵む資源が許す範囲で生産し、多種類を作ってリスクヘッジをしてきた、それが彼らのやり方だった。おそらく、私たちのように、金さえあれば飽食できるという状態ではなかったろう。

それは、たかだか数十年前の日本の農村でも同じだ。だから、そもそも、生産に必要な水量を知る必要などなかった。また、どれだけの生産量が必要なのか計算する必要もなかった。斜面耕作から水田耕作に移り、米がほとんど唯一の主食という位置づけ（つまり、他の穀物が補助的な作物という位置づけになる）になって、初めて固定され、限られた面積での収量が問題になってくる。しかも、その米が現金収入をも担わなければならなくなると、その収量は死活問題となってくる。

これだけ作らなければならないという、いわば目標値のようなものができるということは、それに従ってその生産に最低必要な資源の量も決まってくる。それが、その時点でそれまで自然環境が許していた量とは限らない。むしろ、それを超えることが多い。ましてや、人口増などで生産増を図らなければならないときは、今ある耕地の生産性を上げるか（たとえば、灌漑施設を充実して二期作ができるようにするとか、単位面積あたりの収量を増やすなど）、あるいは新たに耕地を拓くしかない。すると、当然ながら今まで以上の土と水を消費することになる。

水も土も作らなければいけない

水も土も消耗するものである以上、それは新たに作られなければならない。農耕を始めて、人類は耕作地に足りなくなった栄養分を補ってやるという知恵は身につけてきた。肥料がそれだ。しかし、それも限度を超えて土を使うようになると、施肥をするだけでは土の消耗は止められなくなる。そもそも、化学肥料や農薬を使うというのは、たかだかこの数十年の経験にすぎず、それが自然や人体にどれだけの影響を及ぼすのかわからない。というより、今、私たちは自分たちの生身を使って壮大な実験をしているようなものだ。しかも、すでにプラスの面よりマイナスの面のほうが大きそうだというこ とがわかっている実験をしているとしか思えない。化学肥料から食品添加物まで、化石燃料が可能にする大量生産が、人類を知らず知らずのうちにモルモットにしているようなものか。

さて、私たちにとっての課題は、以上述べたようなことをいかに村人たちに理解してもらい、水と土を「生産」する必要性に気づいてもらうかだった。そのために何をしたかは、前著（和田・中田／二〇一〇年）に詳述しているので参考にしていただきたいが、改めて簡単に述べると、まずは現状認識を共有するところから始めた。と言うと難しそうだが、要は一緒に村を歩いたのである。

家から仕事場に通う、あるいは何か用事があってどこかに出かけるという行為は、意外とその道筋に何があり、どのように日々変容していっているかということに気づかないものだ。それは、都会に暮らしていても田舎に暮らしていてもさほど変わらない。ましてや、都会では用事があって移動するときのほとんどを、電車に乗ったりバスに乗ったり、あるいは自動車に乗ったりしている。だから、道端の微妙な変化に気づきようがない。せいぜい、わざわざ散歩するという行為をするときに、そのようなチャンスがあるくらいだ。しかも、最近は散歩でどれだけの距離を歩いたか、歩数を稼いだか、ということを気にするような器具を身につけるようなご時世だ。われわれ人類の認識する範囲は、果たして科学の進歩とやらで広がっているのか狭まっているのか、よくわからない。

村人も、私たち都会人と違って、それほど世知辛くなっていなくても、ただぶらぶらと村の中を歩くということは、まずしたことがない。だから、彼らにとっても、このようなことをするということは、それなりの発見に満ちている。その発見の最大のものは、時間による変化だ。理屈っぽいことを言うと、村を見て歩くという行為は、共時的（つまり今このとき）と通時的（過去から現在まで）な観察を同時に行うことを促す。変化の認識が過去の記憶を呼び起こす。そしてそれが変容を追体験させる。たとえば、昔あった木がない。その代わりに別の草が生えている。そのことが、その場の変化だけではなく、その間の生活の変容も連想させる[13]。

村人はマイクロ・ウォーターシェッドとどう向き合えば良いのか

すべての出発点は、みんなが心の底から納得すること

私たちは、第5章で水も土も、植物が自分たちの生きる場を、環境を営々と、何億年もかけて作ってきた結果だ、私たちは、その恩恵でこの世に生存しているということを見てきた。村とは、そのような恩恵の上に成り立つものであることを見てきた。だから、本来は土と水とは切り離せない、切り離して語っても仕方のないものだ。が、村人たちのとりあえずの関心は水をどうするか、というより農業生産に必要な水をどのように確保するかにしかない。だから、私たちも、まず水の話から入る。最初に語るのは、地上の地形がもたらす妙である。それが、ウォーターシェッドだ。

村人たちと水のことを話すとき、まず村人たちに尋ねなければいけないのは、水がどこから来るか、ということだ。先にも述べたとおり、村人の関心は、水を使うことなので、まず出てくる答えは、川、井戸、池などで、さらには雨という答えもある。では、川、井戸、池の水はどこから来るか、と問うと、地下にあるという答えが返ってくる。では、地下にある水はどこから来るか、と問う。こうして、川、井戸、池などすべての水について、その源を確かめていく。水源、たとえば泉なども、その水がどこから来るのか、丁寧に根気よく答えを求めていく。そして、その答えは常に雨に行き着く。つまり、最終的には雨しか水源がなく、その雨を、いかに人間を含む生物が利用できるようにするかが根本の問題であることを気づいてもらう。

そういうものだと教えてもらうのではなく、そうなのだと自分の思考を通して気づくというのが、行動変容への第一歩だ。ここまで理解が進んだところで、マイクロ・ウォーターシェッドについて説明していくことになる。

マイクロ・ウォーターシェッドという器をどう手入れしていくか

まず、マイクロ・ウォーターシェッドを、便宜的に三つのゾーンに分ける。尾根の辺りが第一ゾーンだ。斜面の中腹辺りを第二ゾーン、そして麓以下を第三ゾーンとする。科学的に厳密な定義が、それぞれのゾーンにあるわけではない。

第一ゾーンでは、木を切らないことを原則とする。たとえ薪用だろうが材木だろうが、木を切らない。完全な保護区にする。したがって、村人が普段利用することのない木を植える。考えてみれば簡単なことだが、尾根の辺りが、一番傾斜がきつい。だから、ここに植物が生えていないと、水は急流となって流れ落ちる。したがって、土壌の流出を激しく起こす。村人が普段利用しない木というのは、また盗伐されない木のことを意味する。村と村との境界にある木や草などは、盗ったり盗られたりの対象となりやすい。草地ならば、牛や羊の群れを連れていって食べさせてしまう。あるいは、木なら伐採してしまうなど珍しいことではない。特に、資源がちゃんと管理されずに樹木や草そのものが減少していると、そのようなことが起こりやすい。

このようなマイクロ・ウォーターシェッドの管理は、これまで述べてきたことからも容易に想像できるように、管理というよりもマイクロ・ウォーターシェッドの復旧から始めなければいけない。この辺りの年間の降雨量は八〇〇ミリほどで、特に雨が降らないということではない。ただ、村人が水と土の循環を理解し、それを維持していく方法がわかればいいという状態で活動を始めるのではない。端的に言えば、資源（繰り返すようだが水と土）を過度に使用して疲弊しきった状態で始めるのだ。だから、いわばマイナスからの出発だ。

そもそも、保水性を高めようとして植林しようにも、斜面に土がない。そのようなときにどうするのか、その方法を学ぶことから始めるしかない。本書はそのことを専門に紹介する本ではないので、技術的なことには立ち入らないが、大筋だけでも理解してもらうために、ざっと書いておく。

マイナスからの出発のとき、おおざっぱに言って二つのことをやらなくてはならない。一つは、なけなしの土をこれ以上無駄に流出させないための処置、二つ目は、斜面でわずかな土を「貯める」処置。ともかく、植生を回復するには、植物が生育する環境を取り戻さなくてはならない。そのためには、木や草を植え、土を作らねばならない。

この一見矛盾したようなことをやらなければならないので、一朝一夕には物事がならないのは明らかだ。そもそも、このような過剰な資源の利用というのは目先の経済的欲求のために起こったことなので、少なくとも、本当に効果が期待できるには、最低一〇年ほどを見ておかなくてはならない。こんな活動を、いかに村人が主体性をもってやるようになるのか。ともすれば目先の経済的欲求によって動きがちな私たち自身の行動パターンに引きつけてみれば、その難しさは容易に想像できよう。

いずれにせよ、このような長期的な展望を必要とし、なおかつ多少なりとも経済的なリターンも保証するようなことをしなければならない。だから、第二ゾーンは、植樹する樹種も、果樹を植えることもする。また、箒草など、現金収入になるものも植える。ただし、このゾーンには、保水性を高めかつ土壌の流出を止める工夫をする[14]。

アクション・プランづくりが一つの鍵となる

上記のような具体的な活動をする前に、私たちは簡単な測量のトレーニング、そして予算を含むアクション・プランづくりのトレーニングを十分な時間を取って行った。構造物については、専門家を招いて技術的なインプットをしてもらい、村人も私たちも共に基本的な理屈を理解した。

巻き尺を使って簡単な測量をすることや、通称A（エー）フレームという簡単な道具を使って等高線の水平を測ることなど、構造物を作るための根拠となる数字を出すためのトレーニングは、村の若者たちがリーダーシップを発揮しだすいい機会ともなった。このようなことは、小学校の算数や幾何をある程度理解していれば十分できる。したがって、小学校を出ただけの青年でも十分こなせることだ。しかも、学校で学んだことを村の生活で活用するなど、彼らにとっては初めてのことだ[15]。

予算は、アクション・プランに組み込まれる。このアクション・プランは、ある意味ではメタファシリテーションの基本中の基本、事実質問だけで組み上げられていく。

たとえば石垣を作るというだけでは、そもそも計画（プラン）にもなっていない。準備の期間を入れていつ作り始め、いつ作り終わるのか、その時間軸が設定されて初めて計画となる。石垣を等高線に沿って作るとき、その場所を測量するところから始まり、完成までさまざまな工程がある。その工程一つ一つに、「誰が」、「どこで」、「なにを」、「いつ」するかという質問が発生し、それに対して一つずつ確実に答え、それを表にしていくことがアクション・プランづくりだ[16]。

さらに、そのアクション一つ一つにコストが発生する。そのコストに対する意識を醸成するというのが、このようなトレーニングをやる最大の目的の一つでもある。なぜなら、コストを意識することが、この市場経済の世の中でコミュニティとして生き残る鍵となるからだ。

そもそも、多収穫品種の導入、化学肥料、農薬の使用ということが、どれほどのコストを発生させ、このような導入が利益をもたらすためには、最低どれほど生産しなければならないのか、ということをあらかじめ考え計算して行われたことは皆無だ。

それが何をもたらすかといえば、果たして目先の収穫増が実際の収入増に結びついているのかどうか、誰もわかっていないという事実だ。確かに、収穫後手にする現金は増えるが、実はそのほとんどが先行投資のためにした借金を返すことで帳消しになるという例は枚挙に遑《いとま》がない。下手をすればマイナスだ。しかし村人たちは概してのんきなものだ。それは、日々食べるものがなんとなくあるからであり、そして自分がいくら借金をしているのか、正確には知らないという事情もある。要するに、日々くよくよと思い悩むことがない。ここには、私たちの世界とは対極の世界がある[17]。

自分たちでプランを作ればリーダーも出てくる

ところで、測量やアクション・プランづくりのトレーニングをひたすら行うことで目に見えた変化は、新たなリーダー層ができてきたことだ。

ある意味、測量したり面積を計算したり、そしてアクション・プランに従って予算を執行したりするという活動は実力本位だ。というより、これまで村にはなかった活動であり、したがって、村人の中にそのような知識と技術をもつ者がいなかった。だから、そのような知識、技術を柔軟に受け入れる若者たちがいつの間にか頼りにされ、リーダーとして育っていく。私たちがこのマイクロ・ウォーターシェッドに係わるプロジェクトを村人たちと始めてから一年も経ち、トレーニングが次第に佳境に入っていくと、各村の若者たちが積極的に活動を始め、実質的に各村におけるプロジェクトのリーダーシップを執るようになった。そして、数年後の話だが、このようなリーダーとなった若者の一人が、行政村の村長選に立候補し、見事に当選した。

この若者は、トレーニングを受け始め、そして活動のリーダーシップを執るようになってからしばらくして、こんなエピソードを誇らしげに話してくれた。

地方行政は、国や州のスキームに従って各種の公共工事を実施する。そして、このような工事は、地元の農民たちを日雇い労働者として雇用するので、農閑期の農民たちの重要な収入源となる。中には、形式的には村からの提案によって予算を組み、それを執行するという形で行われる工事もある。だが、予算が果たして適切なものなのか、きちんと執行されているかなど、村人たちが知るよしもなかった。というのも、役人がすべてを取り仕切るのと同時に、村人のほうにも、それを監視、評価する知識もなかったからだ。

ところが、上述のトレーニングを受けて実際に活動してみると、このような公共工事がどのような仕組みのものなのか、この若者には自ずと理解できるようになっていた。そして彼は、その役人もよくわかっていなかった道路工事の単位容積あたりのコストをたちどころに計算して見せ、役人を驚愕させるとともに、その尊敬も勝ち取ったというのだ。このような行為の積み重ねが、後に彼の村長選での成功に結びついたのは疑いを入れない。

このような、これまで村では経験したことのない「新しい」活動スタイルというのは、女性もリーダーの仲間入りする確率が高い。このようなことに能力の男女差などないからだ。それでも、女性リーダーの割合が少ないのは、まだ男女の識字率を反映しているのではないかと思われる。それでも、ある村では、若い女性がリーダーシップを執っている。しかも、このような活動では、女性が、たとえば月に一回のペースでトレーニングに丸一日出るなどということは容易ではない。この女性リーダーも、夫からクレームが出て、しばらくトレーニングへの参加を自粛せざるをえないことがあった。しかし、彼女の日常的な努力と活動そのものが村全体を利することがだんだん理解を得て、彼女は再び活発に活動するようになった。

村が生き残るということ

共感能力が有限な資源を支えてきた

人類は、限られた資源の中で生き残るために人との関係性を築く能力を発達させてきた。人にどう見られているか気になるということは、人が何を考えているか「読む」能力を発達させることであり、それは別の言い方をすれば共感能力を発達させることでもあった。共感能力は、おそらく人と人の間のみではなく、人以外の動物、植物への共感能力としても発達してきた。動物、植物を観察するとは、とりもなおさずそういうことだ。そして、そのことなしに、野生種を栽培作物に変えていくということは不可能だった。

栽培作物は、ある程度安定した食料を人類に提供してきたが、それも自然が許す資源の限度の枠内だ。採集狩猟の長い時代から初期の定住生活を経て、やがて農耕を中心とした定住生活が確立するまで、そのことを可能にするさまざまな能力、技術を習得し、子育ても含めて人類は霊長類の中で独自の発達をしてきた。農耕が確立したあとも、資源、特に土と水をいかに有効に使っていくかということについては、細かい気遣いをしてきた。それほど生産性が高くない時代にそれでも休耕をしていたということは、とりもなおさず、土が消耗するものだという自覚の賜物である。

だが、無尽蔵の化石燃料に依存する近代に入って、土と水をはじめとする自然資源も、あたかも無尽蔵であるかのごとく生産手段として利用するようになった。後付けの理屈だが、私たちが村人たちと行ってきた活動は、「再生可能エネルギー」（この呼び方の是非については、第7章を参照）という認識に基づいて土と水を再生する作業だったと言ってよい。それは、同時に化石燃料への依存からの脱却の一歩でもあったはずだ。

あらゆる依存の難しさは、そもそもその自覚がないということだ。自覚のないまま、なし崩しに化石燃料に依存し市場経済に組み込まれていた。そのことが村のそもそもの存立の基盤である土と水の存在そのものを危ういものとしている。

また、エネルギーが無尽蔵で、金さえあればあらゆるものが買え、自分以外の誰かに頼らずに生きていけるのなら、遅かれ早かれこれまでの村のコミュニティとしての存在も無用のものとなる。これまで数百万年、人類が自分たちの特徴として営々と身につけてきたものが、まったく不要となり、すでに都会で起こっているごとく、人類は、ある意味「類」ではなくなり、浮遊する「個」となる。アイデンティティーとは、畢竟他人との関係性の表現である以上、その関係性が希薄になり、あるいはなくなってしまえば、アイデンティティーなどなくなってしまうのは当然だ。

私たちが「家族」と呼び習わすようになってしまった核家族は、実は人類の歴史の中では少なくとも近代までは存在しなかったものだ。核家族を社会の最小単位とする考え方があるが、それは機能主義的な考え方であり、近代合理主義の錯覚だ。たとえば、それは、人間の身体が細胞から成り立っているといっても、細胞だけでは単独で生きられないのと同じで、特に子育てなど親と子が他と隔絶して向き合う状況ではできるものではない（子育てについては、第8章で再び触れる）。

では、人類のあり方とは近代以前の大家族のそれに戻ることかといえば、それは明らかに違う。これまで見てきたように、村人たちは、土と水を回復するのに新たな知識と技術を必要とし、また、新たな関係性を構築しつつある。そう言いきってしまうのは早計かもしれないが、明らかにその兆候は見て取れる。彼らにとっての新しい技術は、外部者である私たちが導入しているものであるから、明らかに私たちとの共通言語を彼らは手に入れたと言っていい。このような技術が村に根付き、世代を超えた知恵として定着していくには、まだ時間がかかるだろう。そのためには、まず村人がこのような技術を使うことの結果として何を得るのかが鍵となる。その効果を日々実感できない限り、所詮何か導入されたものが根付くということはない。

適切な手入れをすれば、自然はちゃんと応えてくれる

私たちは運がよかった、と言うべきかもしれない。村人たちがマイクロ・ウォーターシェッドの回復を試み始めてから一年、次のモンスーンを過ぎる頃にはその効果が如実に見えるようになってきた。たとえば、ある村の灌漑池。例年だと、九月にモンスーンが終わり、水が貯まった状態になる。しかし、翌年の二月頃には池の底が見えるようになる。夏が始まる三月になると水が涸れてしまう。だから、水を使うような農作業はモンスーンが始まるまで実質的にできない。この間が、村人たちの辛い時期だ。近くの公共事業に賃労働に出るか、あるいは都市に出稼ぎに出て行く。

だが、この年は違った。二月になっても、池は満々と水を湛えている。これは、池のシルトを取り除いただけでは達成できない。同時に、水源から池までの斜面に、これまで述べたようなトリートメントをしなければ、当然このような結果にはならない。言ってみれば簡単なことだが、その簡単なことを、原則どおり手を抜かずに、確実に、しかも的確に行うことはそれほど簡単ではない。そして、斜面でも目に見えた効果があった。石垣の設置場所に植えた箒草の質が飛躍的に向上した。要は育ちが目に見えてよくなったのだ。箒草だけではなく、パイナップルの育ちも格段によくなった。この活動に参加した村々では、育ちのよい箒草やパイナップルの苗を分かち合った。

このことの最大の効果は、村人たちのモチベーション、やる気が上がったことだ。それはそうだろ

う。今までやったこともないことを延々と学び、実践し、期待どおりの成果が出たのだ。それも、計画から予算、管理、施工、すべてを自分たちでやったのだ。次のステップの活動の一部として、近隣の村で希望するところには、今度は村人がトレーナーとなってマイクロ・ウォーターシェッドのトリートメントをトレーニングしていくことになったが、彼らが、その方法に自信をもってトレーニングに臨んだのは言うまでもない。

そして新たに彼らが取り組み始めたのが、ミミズを使った堆肥づくり、ＳＲＩ（System of Rice Intensification）農法[18]、裏庭の菜園や斜面畑地の計画的利用だ。言ってみれば、すべて有機農法の試みだが、その動機として大きいのは経済的なものだ。化学肥料や多収穫品種、農薬を使えば、あまり手間がかからず、ある程度の収穫を確保でき、しかも一度に手にする現金も多い。だが、結局手にした現金は、タネ代、肥料代などに消えていき、たいした歩留まりがない、下手をすると、マイナスになるということに彼らは気づいたのだ。しかも、そのすべては村の外から購入するもので、結局稼いだ金は村の外に吸い取られていく。自分の手元にも村にも残らない。ならば、なるべく歩留まりの多い方法はないのか。それが、結局は地元で手に入る資源を使い肥料から何から作っていく、結果としての有機農法だ。

有機農法も、栽培する作物の組み合わせから肥料の循環のさせ方まで、かなり体系化されている。やってみればおもしろい、という側面もあるのだ。つまり、マイクロ・ウォーターシェッドのトリートメント、アクション・プランづくり、そして体系的に有機農法を学び、実践し、その効果を目にするというのは、実利もさることながら、若者たちの知的好奇心をこの上なく刺激し、村で暮らすことが案外おもしろいことに気づかせたというわけだ。

だが、この若者たちのわずか数年年下の若者たちになると、すでに高等教育を受けるものが出てきて、結局村には帰ってこない。彼らが受ける高等教育の中には、近郷近在の村で役に立つものもあるのだろうが、それを活かす仕組みがない。たとえば、土木工学や看護学など、そのような知識や、技術をもった若者を受け入れるシステムがあれば、彼らは村に戻るかもしれない。いずれにせよ、それもこれも、村が村として存続するという前提があってのことだ。

これまで見てきたように、村とは単に農業生産をするところではない。わずか三〇センチほど地表を覆う土と共存する形で人類が集団として生きる、安定的に生きるということを試みてきた何ものかだ。このような生き方は、考えてみれば化石燃料の生み出す大量生産の世界とは対極にある。そして、そのことの意味を私たちはまだまともに検証したことがない。

このような状況下で、私たちが南インドの山村の村人たちと試みてきたことは、実にささやかだ。周囲の村へのインパクトは確かに見て取れるが、この先市場経済に翻弄されながらどこまで彼らが見出した道を辿っていけるのか、それはわからない。ただ、彼らがこれから辿る道が、人類の将来のあり方を示唆するのはまちがいないだろう。

＊

ところで、「私たちが南インドの山村の村人たちと試みてきた」と書いたが、私はいったい何を試みたのだろうか。今さらながらだが、私はいったい何をしたのだろうか。私のしたことに、どんな意味があったのだろうか。

まず、私が村で最初に目にしたのは、タネを撒き、作物を育て、そして収穫するという農民たちの営みだった。それ以下でもそれ以上でもない、行為としては、おそらく何十世紀と営々と営まれている行為だった。私は、この行為に関しては何も知らない。文字どおりの門外漢だ。この営み自体は一見単純だ。だが、実は長年の経験に培われた職人技がいる。

あるとき、高山市の郊外で農業を営む方にお話を伺ったことがある。この方は、農業四〇年以上のベテランだ。父親の代から農業を手伝い、そしてそれを継いだ。当然ながら、仕事を完全に手中のものとして継いだ、と本人は思われていた。ところが、田植えの時期になって、そのタイミングを決めるのに戸惑われた。父親の仕事を手伝っていた頃は、そのタイミングを決めるのは父親だった。だから、その決定に従って仕事をした。いざ、自分で決めなくてはならなくなったとき、大げさな言い方をすれば途方に暮れたのだ。

このような知識というより知恵、いわば勘としかいいようのない知恵は、長年かけて身体で覚えるしかないものだ。実践知、あるいは暗黙知としか言いようのないものだ。一般的な気象知識があっても、どうしようもないものだ。だが、私が見てきたものは、そのような実践知が、そのまま実践知として機能しなくなる過程だった。自分では同じようなことをしているつもりでも、いつの間にか、まったく中身が違っていた。したがって、同じことをしていても、それが自分の営みの基盤そのものを崩壊させていくようなことになっていた、ということだった。

在来種ではなく多収穫品種を播く、堆肥ではなく化学肥料を施す、これらすべては化石燃料がもたらしたものだ。そして、それは、従来の実践知が実践知として、暗黙知が暗黙知として機能していた文脈そのものを絶っている。中田の表現を借りれば、断絶している、ということだ。

そこで、これまで行ってきたことを一旦言語化する、その意味を考える、そして、それが、今までのように持続可能な知として機能する文脈を作り出していく、という作業が必要になると考えたのが、外部者の私だ。当然ながら、このような作業をするために私が持ち込んだのは近代知というほかないものだ。私がしたのは、村人たちが、実践知（暗黙知）をそれが使われていた文脈とともに言語化された知（説明知）に替え、それを実践知に再び落とし込んでいく過程を作り出すことだ。そして、この過程を作り出す技術を、私たちはメタファシリテーションと呼んでいる。

これが、中田と共に方法論を磨きながら、営々と途上国の村で行ってきたことだ。では、肝心の自分たちはどうなのだろうか。次の問いは、当然ながら私たちはどんな道を辿るのだろうか、あるいは辿れば良いのだろうかということだ。その点について、次章の第7章で中田が、続いて第8章で和田が述べる。

10　福岡伸一『動的平衡―生命はなぜそこに宿るのか―』（木楽舎　二〇〇九年）

11　これらの草木がどのような利用のされ方をしているのか、表にした。

薪	木材	食物	飼料	肥料	医薬	繊維	その他
9	47	42	27	7	68	9	5

この表からもわかるように、ほとんどの種類の草や木が、さまざまな利用のされ方をしている。表にある利用法のうち、五項目利用されている草木が六種類、四項目利用されている草木が一四種類、三項目が二八種類という具合に、二項目以上の利用が、実に八六種類の草木に及んでいる。ということは、草木のさまざまな部位が、さまざまな使われ方をしているということだ。たとえば、テルグ語でアンクドゥ、英語名でパラ・インディゴ・プラントという木があるが、枝は木材、木皮、タネは薬、葉は肥料として利用されている。また、ニーム（インド栴檀）は、枝が木材、木皮、タネ、葉が薬、そして葉は飼料としても利用されている。

12　以下、穀類、野菜など、ざっと分類した表を示す。

分類	穀類	豆類	オイル	繊維	香辛料	果物	砂糖・根菜	野菜
種類	9	5	5	3	4	15	5	21

穀類では、米を除けば、あとはすべて雑穀だ。英語で millet といえば、日本ではキビ、アワ、稗を指すが、たとえば学名で eleusine coracana は、日本名をシコクビエといい、アフリカからアジアまで広く栽培されている。私個人としては、南インドに住んでいるときは、ほぼ常食していると言っていい穀物だった。

13　私たちが村人と一緒に「植物図鑑」を作成したとき、植物の生育する土の種類を八種類に分け、リストアップした一〇〇種類の植物がどのような土で生育するかを分類した。(1)粘土、(2)沖積土、(3)赤色土、(4)黒土、(5)ラテライト、(6)砂、(7)塩土、(8)アルカリ性の土がそれである。このうち、赤色土は、湿潤な熱帯、亜熱帯の常緑広葉樹林の成帯土壌（土壌と気候が一致する）だ。ラテライトも、熱帯にある土だ。両方とも赤いので紛らわしいが、赤色土はやや黄色がかり、ラテライトのほうは紅色をしている。両方とも栄養分が少なく、木が切られて、日にさらされると固まり、砂漠化する。一体に熱帯、亜熱帯では樹木の生育が早い。というのは、土の栄養分はほとんど木に行ってしまい、木に栄養分が蓄えられている状態になる。だから、木が切られてしまうと、土に残る栄養分はほとんどない。ちなみに、私たちの「植物図鑑」で、(1)から(8)までの土に育つ植物を分類すると、以下のようになる。

土の種類	生育する植物の種類数
粘土	23
沖積土	58
赤色土	84
黒土	21
ラテライト	34
砂	9
塩土	6
アルカリ土	1

以上の数字は、重複している。すなわち、リストアップした一〇〇種類の植物の内、一つの土壌でしか育たないのは二二種類で、あとは、複数の土壌で生育可能なのだ。以下の表で、それを示す。

生育可能な土壌の数	生育する植物の種類数
単一の土壌でしか生育しない	22

2種類の土壌で生育可能	38
3種類の土壌で生育可能	16
4種類の土壌で生育可能	7
5種類の土壌で生育可能	6
6種類の土壌で生育可能	3
7種類の土壌で生育可能	1
8種類の土壌で生育可能	1

14　たとえば、英語名でハーフ・ムーンと呼ばれる構造物がある。文字どおり、その形が上から見れば半月形なのでそう呼ばれている。これは、新たに植樹するときも、あるいはすでに育った木の根元の土が流出するのを防ぐためにも有効な手立てだ。半径三メートルほどの石垣を組み、その半円の中に植樹する。円のもう半分のほうは、斜面の上側になるので、すこし円周に沿って土を削り、円の中が水平になるようにする。すると、雨が降ると水が少し溜まり、また、円の中の土が流れることがない。上から流れてくる水は、土も一緒に運んでくるので、水が溜まると同時に土も溜まる。

あるいは、深さ五〇センチほど、幅一メートルほどの長方形の穴を雨季の前に掘っておき、一年後に堆積土が溜まったところでそこに植樹するという方法もある。

これより少し規模が大きいものになると、等高線に沿って石垣を築く方法もある。高さがせいぜい五〇センチほどの石垣だが、やはり土壌の流出を止め、堆積土を溜める役割をする。斜面の上側に箒草、パイナップルなどを植えることができる。

斜面が急だと、集水地域に沿って地面が削れやすく、雨季には雨裂ができてしまう。この雨裂が深くなり安定すると、渓流となる可能性がある。ただし、泉が湧くなどの水源がない限り、雨季だけの季節的な流れになる。この雨裂は、当然ながら水の流れ落ちる速度を速め、土壌の流出を大量に起こす。この流れを弱めるために、英語でNalla bundと呼ばれる石造りの小さな堰堤を数メートルごとに作ってやる。いわゆるチェック・ダムの簡易版だと思えばいい。これで水流を弱め、土壌の流出を止め、さらに水が地面に浸透していくチャンスを増やしてやる。

この雨裂の「河口」辺りには、「河口」の端から端までの堰堤を作る。これは、岩を金属製の網に詰める、いわゆるGabion（ガビオン）と呼ばれるものでもいいし、コンクリートで作ってもいい。いずれにせよ、これまで述べてきた構造物は、すべて村で見つかる資材を使ってできる。先行投資が要るのは、コンクリートで堰堤を作るか、あるいはガビオンのための網を買うときだけだ。したがって、維持管理も基本的にはコストがかからない。

15　要求されることは、三角形、長方形の面積を求める程度の学力だ。肝心なことは、簡単とはいえ、巻き尺を使って測量するときに正確に測るということ、そしてその重要性を理解してもらうことだ。そのためのトレーニングとして、たとえば、研修施設の庭の外周を測ってもらう。村人たちをいくつかのグループに分け、それぞれ勝手に測量してもらう。結果は、各グループばらばらだ。次に、私たちが、基点から終点まで、正確に測る。と言っても、庭のポイントごとに目印の石を置いてあるので、石の中心から中心までをちゃんと測るというだけのことだ。そして、その結果を示し、彼らにも、同じようにやってもらう。すると、当たり前だが同じ結果が出る。しかし、彼らにとっては、まさに「目からウロコ」という効果なのだ。そして、その前の結果と、少なくともグループごとに数メートルの差があると、それだけ正確に測るということの効果に対する印象は深くなる。そこで、たかだか〇・一ヘクタール程度の庭でこれだけ誤差が出れば、数ヘクタールの山の斜面ではどれだけの誤差になるか、誤った面積に植樹をするとき、購入するタネ、苗木などにどれだけの誤差が出るかを、想像してもらう。なぜなら、植樹や構造物の建設などの予算を作るのは、村人だからだ。

16　プラン、アクション・プランがどういうものかについては、前著に書いたので是非参照していただきたい（和田・中田／二〇一〇年）。

17　この南インドの村を舞台にしたジョークがある。まだ、この辺り一帯をマハラジャ（王様）が、支配していたころのことだ。ある日、マハラジャが家来を連れて領内を視察に出た。ある農家に来ると、その屋の主は屋根の上でのんびりとひなたぼっこをしている。そして、マハラジャがやって来たのに気づくと、手の指二本を立てて（Vサイン）左右に振って見せた。マハラジャは何のことだかわからない。ひょっとして、自分がマハラジャであることを、この農民は知らないのではないか。すると、家来が進み出て、「陛下、あの者は、この地が陛下のおかげでよく治まり、幸せだと申しておるのです」マハラジャが問う。「では、あの二本の指はなんだ」これに対して家来が答えるに、「あれは、今日は二回分の飯が食べられるので満足だ、という意味です」このジョークは、ある意味でこの地方の人たちにとっては自虐的なネタでもある。つまり、北インドの人間と違って、この地方の人間は、今日一日食べるものがあれば、もうそれで満足してそれ以上働こうとしない。だから、経済的に北に負けるのだ、と。ただ、これは考えようによっては幸せな環境にいるということで、今日の分だけ働けばすむだけの自然資源があるということだ。少なくともこれまでは。

18　ＳＲＩ農法はすでに広く行われている方法で、イネの苗を従来の六〇パーセント程度の成長時にすでに田植えするということ、一本一本一定の間隔で植えていくこと、そして間断灌漑といって、水の与え方にも工夫がある方法だ。その効果としては、普通の農法より水が少なくてすむ、イネへ栄養が十分行き渡り実りがいい、などがある。実際、これも結果を普通の農法で栽培したイネと比べてみると、その違いに驚く。

第7章

個人化した私たちはどこに行くのか(1)

——化石燃料文明をいかに生きるか

中田豊一

近代化の過程を経て、人類の歴史は大きく分断された。それは私たちが自然から切り離されたことを意味する。石器時代の心で現代テクノロジー社会を生きるのが私たちの真の姿である。私たちの脳は、他者との「つながり」や「絆」を大切にしたいと願いながら、体は化石燃料の力に乗っかってそれとは逆の方向へと進んでいる。しかも、その力はあまりに巨大で、それに伴って起こる現象の理解も制御も私たちの手に余るものとなっている。

私たちの脳、つまり心は、ひとりの時間をひたすら楽しめるようにはできていない。だとすると、私たちの心はこれからどこを彷徨うのだろう。人恋しさと人間関係の煩わしさとの隙間を埋める場をどこに求めるのだろう。個人化の進展による孤立。正体不明の気ぜわしさと欲求不満。こうした現象を、私たちはどう捉えどう扱っていけばいいのだろう。さらには、そうした急激な変化に伴って生じる社会課題にどう対処することができるのだろう。

化石燃料利用システムを基盤とする世界は、限られた植物性資源を分け合ったり奪い合ったりしていた牧歌的な世界とは、まったく異質なものだ。昔話を頼りに自然で幸福な人間のあり方へ固執しても何も生まれない。あるいは、独善と傲慢に彩られた近代西洋の思い込み、つまり歴史の連続性に固執する近代西洋社会科学に頼って社会課題に光を当てようとしても無駄だ。なぜなら、現代世界の最も深刻な社会課題である格差と差別の問題の根っこもまた、この思い込みにあるからだ。

故郷幻想、自然回帰の夢から決別し、虚心坦懐に現実を直視しながら、まだ誰も見たことのない夢を紡いでいくしかない。だとすると、その夢は、必然的に人工的で人為的なものとならざるをえない。

しかしながら、その姿が容易に見えくるはずがない。そんな中、中途半端な対処方法を示すつもりもない。とはいえ、尻切れトンボでは後味が悪かろう。あと少しだけ独善的なおしゃべりを続けることをお許し願いたい。

化石燃料との付き合い方を変えるために

化石燃料は再生「不要」エネルギー

われらが「化石燃料文明論」をより具体化、可視化する方法のひとつとして、まずエネルギーについての考え方を根本から転換することを提案したい。従来は、化石燃料を「再生不能エネルギー」、水力、風力、太陽光、バイオガスなど自然エネルギーを「再生可能エネルギー」と呼んでいるが、それぞれ、「再生不要エネルギー」と「要再生エネルギー」と呼び替えるべきである。

化石燃料の最大のメリットは、再生が不要であること、つまり資源が尽きるまでは、再生も管理も必要ないことにある。そのメリットが、私たちにここまで急激な繁栄をもたらしてくれたことは明らかだ。にもかかわらず、その恩を忘れて、今になって「再生できない」となじるとはいったい何事か。恩知らずにもほどがある。

他方、いわゆる再生可能エネルギーである。

途上国の村の人たちがぶつかっている最大の困難は、現実にはそれらが再生可能でなくなっているという事実にほかならない。第6章で和田が具体的に述べているように、それを再生可能なものにしていくところに私たちの活動の真骨頂があるのだが、希望的な観測に基づいてつけられた呼び名は、現実から目をそらすためには有効でも、現実を厳正に受け止めるためには有害である。「再生可能エネルギー」という呼び名は、政治的なレトリック以外の何ものでもない。

ムラのミライを長年支えてきてくれた高山の有力な実業家にYさんがいる。木材会社の経営者であり、安価で性能に優れた木造家屋をはじめ、飛騨にふんだんにある森林資源を使ったさまざまな可能性を追求してきた。そのYさんとある時、高山で、まきストーブを囲んで、その普及について話をしていた。そのストーブは、正確には薪ではなく、間伐材をチップにして固め直したペレットを燃料に暖房するものだった。

Yさんは、その意義について語っているうちに、次のような本音を漏らした。

「ペレットストーブの普及には、実は初めから限界があるんだ。もしも高山の家々のすべてがペレットストーブで暖房するようになったら、飛騨の森は10年もしないうちに丸裸になる。するとこのストーブはもう役に立たなくなる。本当に有益なのは、間伐材の有効利用に留まる間だけなんだよね」

つまり、要再生エネルギーとしての薪は、私たちのエネルギー消費の量とスピードに鑑みれば、実際には再生不能エネルギーでしかない。

他方、太陽光発電は、その機材の生産において、化石燃料と石油由来資材に全面的に依存しているため、価格は常に化石燃料に支配される。加えて、発電、蓄電、移送の設備の寿命が尽きれば、途端に「再生不能」となる。

最も現実的な代替となりうる可能性をもっているのは、装置が単純で高い技術が必要ない水力、特に送電ロスの小さい小規模水力であるとされる。それ以外の他のさまざまな再生可能エネルギーは、化石燃料の代替となりうる可能性は今のところ極めて低いと考えたほうがよさそうだ。

和田が延々と述べてきたように、途上国の村で起こっているのもまさにこの資源を巡るジレンマである。生態系の輪の中で再生産される村の自然資源、水、土、森などは、動力ポンプを使った灌漑、化学農業、森林の開発などの近代化、つまり化石燃料を使った介入により消耗の一途を辿っている。再生への希望などどこにもない。「植物依存経済」から「鉱物依存経済」へのあまりに急激で暴力的な転換の過程で、途上国の自然は回復不能なまでに乱開発され、搾取され、痛めつけられている。農村の人々には、世界経済に参入するに際して必要な資金を得るためには、単純労働と自然資源以外に売るものがない。これが、私たちが見てきた農村の疲弊と衰退、そして消滅へと向かう光景であった。

そもそも、再生する必要のないエネルギーが、再生が必要なエネルギーを駆逐するのは、「悪貨が良貨を駆逐する」という法則と同列の世の道理である。本当に再生可能エネルギーを主流にしたければ、エネルギー消費の絶対量、つまり化石燃料の使用量を減らしながらその割合を着実に変えていく以外に道はない。子どもでもわかる理屈だ。

化石燃料の枯渇リスクを、再生エネルギーへの転換の推進の根拠とする考え方も控えたほうが賢明だ。掘削技術や精製技術の進歩により、次から次へと新たな資源の開発が可能になってきているからだ。一九七〇年代初頭、世界の生産可能な石油の埋蔵量はあと三〇年分程度と見積もられていたのに、今では、さらに五〇年余りは大丈夫と言われている。石炭の埋蔵量はほぼ無尽蔵とも言われており、その利用方法が発達すれば、化石燃料の寿命はさらに延びることになる。そもそも、石油をはじめとする化石燃料の埋蔵量については諸説あり、何をもって埋蔵量とするかについての統一的な基準がない。資源エネルギー庁の白書をはじめとするいくつかの資料を当たってみたところ、石油が五〇年前後、石炭が一五〇年以上、天然ガスが六〇年前後で尽きるというのが平均的な説のようだ。しかし、前述のように、ここ半世紀ほどにわたり、「あと〇〇年でなくなる」と言われ続けて久しいことからすれば、石油だけに限ってもあと一〇〇年程度は尽きることはないと考えてまちがいないだろう。近年のシェールガス開発の著しい進展やメタンハイドレートの実用化に向けての動きなどを考慮すれば、エネルギー業界とすれば、当分の間、枯渇という事態は訪れないだろうと高をくくっていいはずだ。

だとするなら、それが望ましいかどうかは別として、化石燃料文明からの決定的な転換は容易に起こるはずがなく、要再生エネルギーは、相変わらず化石燃料文明という刺身のつま程度の役割しか果たせないことになる。

経済システムの改良やテクノロジーの進歩により、化石燃料への依存を減らせると考えるのもこれまた幻想である。その最たるものが原子力発電であることは言うまでもない。産業革命以降の人間世界はそれ以前の世界とは完全に異質なものとなっている。私たちの文明が化石燃料に依存して築かれたものであるとの自覚に立って、文明、科学、そして社会と生活のあり方を再構築する努力を始めない限り、展望は決して開けてこない。

エネルギー消費と人間世界の膨張

経済は貨幣価値を基盤とするが、「価値」というものは「幸福」と同列の著しく主観的相対的な概念である。その気になればいくらでも操作やごまかしがきく。貨幣を媒介に需要と供給を計測する経済学の虚構もそこに起因している。それに対して化石燃料はモノであり、力であり、物理的なエネルギー量をジュールという単位で記述することができる。理論的には客観的な数値化が可能だ。科学的ということが、確かな数値化が可能なことを意味するなら、社会現象の要素としてそれに当てはまるのは、突き詰めれば、エネルギーの消費量と人間の量、つまり人口や平均寿命との相関関係しかない。

ちなみに、採集狩猟生活のいわゆる原始人の一日の消費エネルギーは２０００キロカロリーであったとされる。それに対して、1000年ほど前の農耕時代は2万4千キロカロリー（煮炊きに薪を使うようになったことなどによる）、そして現代は一人あたり23万キロカロリーを消費しているという（岩瀬昇『石油の「埋蔵量」は誰が決めるのか？』p198）。なんと百倍以上である。

そのエネルギーの約86％を化石燃料に依存しており、原子力は4.4％、水力と再生可能エネルギーを合わせても10％にも満たないのが現代世界のエネルギー事情なのである（岩瀬 p212）。さらには、原子力発電施設を建設し維持していくためには莫大な化石燃料が必要なことからすれば、この4.4％という数字の意味もそのまま受け取っていいものか、はなはだ疑問だ。

他方、有史前には二〇歳ほどであった平均寿命は、今や途上国を含む世界全体でも七〇歳を超えている。総人口は、一万年前には全世界でわずか数百万人、多くても一千万人程度であったと推計される。それが二〇一五年現在、七一億人である。人間一人の一年を基本単位として単純な掛け算をすれば、最大で二億年／人であったものが、一万年のうちに五千億年／人にまで膨張したことになる。実に二五〇〇倍になっている。産業革命開始直前の一七五〇年頃には、世界の総人口は、七億七千百万人、平均寿命は二七歳と推計される。単純に二つの数字を掛け算すれば、二〇八億／人ほどになる。この二六〇年だけを見ても、人間の世界は二五倍も膨張しているのである。

近代以降の世界では、格差が地球規模で広がってきた一方で、途上国、先進国を問わず、個々人が消費する資源量は飛躍的に増加している。その結果がこの驚異的な人間世界の膨張なのである。言うまでもなく、現代世界は以前の世界に比べ、物質的にははるかに豊かだ。三〇年前、バングラデシュでは、着替えを一枚しか持たない人が私の周りにいくらでもいた。今では、国産の安いシャツであれば、相当の貧乏人でも数枚持つことができる。相対的な貧困人口が急増している反面、一人一人の摂取カロリー量も確実に増加している。それが大量生産、つまり化石燃料の力によることは言うまでもない。ちなみに、イモ類や豆類を含まない世界の穀物生産量を人口で割れば、一人あたり一日三〇〇〇キロカロリーを超えるという。これは成人男性（体重七〇kg）の必要量とされる二一〇〇キロカロリーを大きく超えている。もちろん、それがそのまますべての人の口に入っているわけでないことが問題なのではあるが、それにしても驚異的な生産力となっているわけだ。

以下に引用するのは、国連が発表した現代世界の貧困削減に関する活動状況についての新聞記事である。ここからも、途上国の人々の生活水準が急速に上がっているのがわかる。

〈国連〉10億人以上が極貧から脱出

◇「ミレニアム開発目標」の最終報告書

【ニューヨーク草野和彦】国連は6日、国際社会が開発分野で２０１５年末までに達成する目標とした「国連ミレニアム開発目標（MDGs）」の最終報告書を発表した。10億人以上が極度の貧困から脱却したとして、「史上最も成功した貧困撲滅の取り組み」と総括した。一方で、乳幼児の死亡率低下など未達成の分野もあり、16年から30年までの「ポスト２０１５開発目標」に引き継がれる。

MDGsは、00年の国連ミレニアムサミットで採択した「国連ミレニアム宣言」を基に、計8分野で21の目標が掲げられた。

報告書によると、途上国で1日1・25ドル未満で生活する極度の貧困層の割合は、1990年の47%(19億2600万人)から、15年には14%(8億3600万人)にまで減る見通し。目標の「半減」を大きく上回る成果を出すことになった。

教育では、小学校の就学率が90年の80%から15年には91%に達した。地域ごとで最も就学率が低いサハラ以南のアフリカでも同期間で52%から80%へと急伸しており、「初等教育の完全履修」に向けた前進があった。

飢餓人口の割合は90~92年の23・3%から、14~16年は12・9%にまで減ったが、「半減」目標にはわずかに及ばず、今も8000万人近くが飢えに苦しんでいるという。

5歳未満児の死亡率は90年の出生1000人当たり90人から、15年は43人と5割以上も減少したが、目標である「3分の1に減らす」は達成できなかった。

目標を達成できなかった分野も含め、00年以降の改善が目立ち、「目標設定」の重要性を示した。一方、14年末までに紛争で家を追われたのは、約6000万人と第二次大戦後で最悪を記録。開発目標にとって「最大の脅威」と位置づけた。

「ポスト2015」は「持続可能な開発」を重視し、環境やインフラ開発なども含め計17分野で169項目の目標が盛り込まれる見通し。政府間交渉を7月中に終え、9月の国連サミットで採択される。

（二〇一五年七月七日（火）付毎日新聞）

この事実を前に、化石燃料に支えられた産業化社会の偉大さを誰が否定できよう。失ったものより得たもののほうがはるかに多いことは、誰の目にも明らかなはずだ。ただし、ここに示した「改善」は、途上国における化石燃料文明の拡大と浸透によるものにすぎず、「目標設定」が何らかの役割を果たしたという根拠はどこにもない。私もその末席をけがしているところの国際援助業界の我田引水を、メディアが真に受けているだけだ。

平均寿命を飛躍的に延ばした主要な原動力は、予防接種と抗生物質の普及である。併せて化学肥料と農薬、動力灌漑など機材の導入による穀類やイモ類などの基本的な食料生産の飛躍的な向上である。そして、それらはすべて工業製品の大量生産と高速輸送がもたらした。

見方を変えるなら、上記の「進歩と発展」を表す数字が本当に示しているのは、化石燃料の使用による生活様式の変容とその効果としての人口爆発が相まって、制御も理解も不可能な変化が猛烈なスピードで進んでいるという現実である。まずは、このシンプルな事実に目を向けるしかない。化石燃料が当面は無尽蔵としたうえで、その消費量を制御していくことが本当に可能なのか、それにはどんな意味があるのかを、徹底的に検討するしかない。そのうえで、何かを本当に変えたいのであれば、エネルギー消費の絶対量をコントロールする仕組みを作るしかない。

化石燃料依存症の私たち

ところで、前述のエネルギーの呼び方に加えてもうひとつ提案したいことがある。それは、「化石燃料依存症」という概念の導入である。麻薬、アルコール、タバコ、カフェイン、パチンコ、そしてネットやスマホ、とりわけSNS、などなど、私たちの周りにはありとあらゆる依存症の材料で満ちている。前述したエネルギー消費事情の変遷を見れば、私たち現代人は化石燃料依存症にかかっているという見方ができるのではないか、ということだ。公平に見れば、あらゆる資源のうちでも化石燃料ほど偉大な自然の恵みはほかにない。その力があまりに大きく魅力的であるため、私たちは依存症になっている。とはいえ、自分が何かの依存症になっていることを、公然と認めたい者などいるはずがない。

依存症は、突き詰めれば、それを供給する社会の問題であると同時に、個々人の行動の問題である。規制と行動変化の両方が手に手を取って進まない限り事態の改善は望めないが、それはまったく容易でない。その意味では、環境問題もエネルギー問題も資源問題も、基本的な構造は格差と貧困の問題と同じである。つまり、個人主義の進行、消費の個人化のスピードのほうが社会的合意の形成と対処法の実現よりはるかに速く、ほとんどの対策は焼け石に水であったり後手後手にまわったりしている。化石燃料の本質と役割について、さらには近代化についての認識が根本的に改まらない限り、展望が開けてくるはずがない。

化石燃料の消費量を減らす

私たちを覆うこの不透明感、展望の乏しさは、あまりに急激な社会と生活の変化に個人も国家もついていけないことからくる。近年の急激な気候変動もその一部と考えられよう。そして、その大本には、化石燃料の圧倒的な力がある。最も深刻で扱いにくい個人化と孤立化の急激な進展という現象もまた、生身の人間のペースとはあまりにかけ離れた化石燃料の力によってもたらされている。

この見方に立てば、変化のスピードを抑制することなしには何も始まらない。つまり、「変化が早すぎてついていけない」のが最大の問題だとすれば、その速度を緩めるしかなく、そのためには、「化石燃料への依存を減らす」必要があるというのが、理論的な帰結となる。具体的には、化石燃料の絶対的な使用量を継続的に減らしていく方向に大きく舵を取るしかない。つまり、化石燃料文明からの脱却を図るしかないということだ。

あまりに非現実的な提言のように思えるだろうか。それとも、思考実験なのだから、行けるところまで行けばそれでいいと考えてくれるだろうか。実を言えば、最初は私自身、この提言のあまりの壮大さと荒唐無稽さに恐れとおののきを感じなかったわけではない。とはいえ、ここまで来てはもうあとには引けない。そう考え直して、まずはエネルギー消費を減らすことに焦点を当てて道筋を追求してみたところ、あるところまでは、あっけないほど簡単に行けることに気がついた。

一言でいえば、個人の日常生活のレベルでエネルギーとしての化石燃料の使用量を減らすのは、まったく難しいことではない。日常生活のあらゆるジャンルで消費を少しずつ減らしさえすれば、化石燃料の使用量の一割や二割の節減は簡単に達成できるはずだ。電力やガスやガソリンの使用量のその程度の節約が日常生活にたいした支障なくできることは、自然災害を経験した者や、いわゆる開発途上国での生活経験のある者、あるいは第二次世界大戦の渦中と戦後の時代を生きた世代にとって、議論の余地はない。汗をあまりかかない仕事をしているのであれば、毎日風呂に入る必要もなければ、汚れてもいない衣類を洗濯する必要もない。テレビや電灯をつけっぱなしにするのは簡単にやめられる。暖房も冷房もあと一度か二度控えめにしても、ほとんど支障はない。外出にいつも車を使う必要もない。

このように個人の生活レベルでの節電をはじめとするエネルギーの直接的な節約は、やる気さえあればまったく難しくない。問題は、それがいったいどういう意味があるのかということに尽きるのだが、残念ながら、それだけでは大きな意味をもたない。

なぜなら、電力消費を個人レベルで節約したところで、化石燃料使用消費の絶対量の削減には、極めて限定的にしか貢献できないからだ。二〇一六年度のエネルギー白書（資源エネルギー庁）によれば、二〇一四年に日本国内で消費されたエネルギーのうちで、家庭用の電気やガスとして消費されるのは、わずか一四・三％にすぎないという。一番大きいのは製造業をはじめとする産業用で、四四・八％、次が運輸用で旅客貨物合わせて二三・一％、続いて民生業務用、つまり店舗や公的施設のために一七・八％が使われている。つまり大きく括れば、家庭用に使われる分は一番小さな割合しか占めない。ということは、日本中の人々が高い意識をもって、家庭で一生懸命に努力してエネルギー二割を節約したとしても、全エネルギー消費量の三％弱にしかならないということだ。

そうした具体的な数字は知らなくても、私たちは直感的にそのことをわかっているような気がする。電力会社や公共広告機構がコマーシャルで発信する電気の節約の呼びかけに本気で応じる気になれないのも、そのためにちがいない。少し考えてみれば、エネルギーのほとんどが、産業と輸送のために使われているであろうことは誰にでもわかる。その部分での節約抜きに、個人レベルでの節約など焼け石に水であることも、私たちは直感的にわかっている。逆に言えば、私たちのエネルギー節約の試みが実体をもつためには、それらの分野での節約が不可欠だということだ。

そしてそれを個人レベルで実践しようとするなら、方法はひとつしかない。それは、私たちの消費生活全体を見直して、真の意味での資源節約型の生活に転換することである。つまり、エコ商品を選んで買うだけではなく、なるべく物を買わないようにする。自家用車や航空機を避けてなるべく鉄道を使って旅行をするだけではなく、不要な移動は避ける。旅行は、徒歩や自転車で行けるところに切り替える。乗り物を使って移動する際にはできる限り相乗りする。このように消費の絶対量を減らしていくことでしか、個人レベルでの実体を伴う努力はできない。

たとえば、ゴミの削減のスローガンとして知られる三つのR、つまりリデュース、リユース、リサイクルも、消費全体を減らすことと組み合わせることなくしては、本当にエコな社会を作っていくためにはほとんど意味をなさない。すなわち、ゴミの量を本当に減らすためには、できる限りすでにあるものを再利用することで、なるべく新しいものを買わないようにするのが最も効果的であることに議論の余地がない。ところが、それは言い換えれば、なるべく作らない、運ばない、売らないという経済行動の縮小につながっていくことになる。つまり経済規模を小さくしていこうという呼びかけと同じことだ。

こうした抜本的なことに目を向けないで、一般受けしそうなこと、やれそうなことだけを前面に出した「環境にやさしいライフスタイル」を手厳しく批判してベストセラーになったのが、武田邦彦による『偽善エコロジー』であった。同書の最後の部分で武田は以下のように述べている。

すべての生活のことを、物を中心として考えていたこれまでを、心を中心に据えると、案外、物を買うことが少なくなります。だからゴミを減らそうとか分別しなければならないとか、二酸化炭素を減らそうなどと考えなくても大丈夫です（p226）。

わが意を得たりとしか言いようがないが、問題は、その転換を行うにはどうすればいいのかということ、つまりどのような処方箋が描けるのかということだ。それが本章のテーマであることは言うまでもない。

ところで、誤解されては困るが、私がここでこのような議論を展開しているのは、いわゆる経済成長至上主義を否定し、小さな規模の経済社会を作るべきだということを主張するためではない。そうではなく、この展望のなさ、将来に対する見通しの暗さや不透明感、社会課題への対応をめぐる無力感などなど、という状況に対処していくためには、化石燃料文明論に立脚するなら、理論的にはその方向を目指すしかないのではないかという議論を提起しているだけだ。

意識的な生活設計からすべては始まる

上記のような状況に対処するためには、個人単位での対処が不可欠となる。そして、個人的な行動変化によって化石燃料への依存度を減らそうとするなら、個々人は極めて意識的で自覚的でなければならない。言い換えれば、消費のレベルを自覚的に制御する必要がある。本章の冒頭で、私は「…その夢は、必然的に、人工的で人為的なものとならざるをえない」と書いたが、この自覚的に制御するというのがまずここで言う「人工的で人為的」ということを意味する。さらりと書いてはみたが、実は、自分が自分の消費行動を自覚的に制御するというのは非常に困難な行為のはずだ。ただやみくもに節約したり自制したりするわけではなく、何らかの方針なり法則なりに従って計画的に制御していく必要がある。つまり、そこには自己マネジメントが必要になり、その基礎には生活設計がなくてはならない。

もちろん私たちの多くは、それなりの生活設計に基づいて、収入と支出のバランスを意識しながら日々の消費行動を行っている。ただ問題はこの「それなり」というやつなのだ。

「それなりに」だけだと、消費はやがて膨らんでいく。収支が折り合わなくなることがはっきりした時点で、やっと私たちは支出を見直すという行動に出る。しかしながら、その間、消費は確実に膨張していく。長い目で見れば、消費は右肩上がりになっていく。これでは本当の意味で制御とは呼べないことはおわかりいただけることと思う。

これは中高年のダイエットとよく似ているかもしれない。「それなりに」気をつけていても、体重は確実に増えていく。あるいは体脂肪率は着実に増加していく。長い目で見れば、しっかりした目標設定を行い、それに基づいて強い意志をもってカロリーの摂取量を制御し、適度な運動を常に心がけていかない限り、「それなりに」では成人病への道まっしぐらである。私たちのような中高年は骨身にしみてわかっているはずだ。

長々と書いたが、要するに、「それなりに」、あるいは「適当に」、では消費の絶対量を減らしていくことは不可能だ。それは制御でもマネジメントでもない。和田による「私たちは、資源のマネジメントを自覚的かつ計画的に設計し実行したことがかつてあっただろうか」（第8章）という問いかけの真の意味もそこにある。

そして、もちろん、そんなことは金輪際したことはない。ただし、個人の生活と共有資源のマネジメントを巧妙に結びつけて、持続的で効率的なバランスの取れた生活と生産の場を作り上げたという意味において、いわゆる「村」は前近代の世界においては、そのひとつの完成形であった。仕組みや規則が言語化されていないという意味では自覚的、意識的とは言いにくいし、数値化されていないという意味では計画性に乏しかったことは確かだが、「村」は、和田が詳しく分析しているように、植物依存経済を持続的かつ公正に成り立たせるための精妙なシステムを築き上げていた。

それがどれほど優秀なシステムであったかは、古代の都市文明の壮麗さと壮大さを見ればわかる。近代産業化社会とは違い、生産という点では都市が村に還元する部分は非常に小さく、都市は基本的には村の余剰生産物を消費することで成り立っていた。古代エジプトや古代中国の壮大な都市文明を引き合いに出すまでもなく、農村社会がいかに生産性が高かったかは、世界中のあちこちで花開いた都市文明の成り立ちを見れば、明らかである。

つまり、資源の持続的なマネジメントおよび村人すべてを養っていくための経済的なマネジメントのシステムという点で、近代以前の村はひとつの完成形を示していた。栽培や資源管理などの技術においても、極めて精巧で効率的なものをそれぞれの条件に合わせて作り上げていた。すなわち、人類の歴史において、「村」こそが、消費と生産のバランスを意図的、主体的に制御した唯一のシステムであった。

その「村」が、近代化の進展に伴ってどのように衰退してきたかについては、すでに散々述べてきた。そして、村のシステムを現代に再現したりそのエッセンスを抽出して応用したりすることは不可能だというのが、私たちが下した結論であった。

ダンバーの一五〇人説を持ち出すまでもなく、村のシステムは、限られた資源を、限られた人数の成員によって利用し管理することを前提に成り立っている。それに対し、近代社会は、大きな幅をもった資源量と、メンバーを限定しない開かれた集団を基盤に成り立っている。極論すれば、近代化以降の社会において、枠組みがはっきりしている、つまり成員の日常行動の制御が可能な集団は、近代国民国家、核家族、そして個人の三つしかない。

そして、結論から言えば、日常生活において消費を制御できるのは、現実には、「個人単位」か「国家単位」しかないと私は考えている。核家族は世代間のギャップをはじめ個人差があまりに大きく、ライフスタイルについて皆が合意するのは容易でない。企業や教育機関など他の集団は、生活に包括的に関わることはないので実効性をもちえない。

国家については、ここでは触れない。化石燃料文明論に対するより深い理解とそれに対処する姿勢が個人の意識レベルで整うことが先決だと考えるからだ。私たちが本書を書いたのも、まさにそのためである。

経済の収縮への恐れは杞憂にすぎない

さて、肝心の個人レベルである。消費を制御するためには、なんといってもまずは「安物買いの銭失い」という行動パターンを改めることが肝心であろう。そのためには「衝動買い」と「見栄買い」を慎む文化を提唱し、一人一人が実践していくしかない。だが、それは本当に可能なのだろうか。あるいは意味があるのだろうか。

そこで私は、こういう話を何人かの友人知人にそれとなくしてみた。すると、決まって返ってくる反応があった。

「みんながそんなことしたら、経済が縮小して、景気が悪くなる。失業者が増えて、かえって生活はたいへんになるに決まってる。まったく現実的ではない」

実を言えば、私の妻はかなりエコ志向の人間なのだが、その彼女にしても同じような反応を示した。多くの人がこのような画一的な反応を見せたなら、私たちはまず自分に問いかける。「それは本当だろうか?」「何を根拠にそう言うのだろうか?」つまり「それは人々の思い込み、つまり固定観念の反映にすぎないのではなかろうか?」と。

あなたも一緒にこのように問いを立てて、しばらく考えてみてほしい。するとこんな声が自分の中から聞こえてくるかもしれない。「よくよく考えてみれば、それにはたいした根拠はなさそうだ」「単なる思い込みにすぎないのかもしれない」

そうなのだ。この経済縮小への恐れこそ、現代社会が共有する根拠のない思い込みの最たるものなのだ。その恐れにいかに根拠がないかを、ここでいちいち具体的に述べていくつもりはない。いずれにせよ、架空の話をもてあそぶしかないからだ。

その架空の最たるものが市場システムであり、そこから出発した経済学もまた壮大なフィクションにすぎないというのが、わが化石燃料文明論が辿り着いた結論でもあった。そのシステムへの信奉によって自分たちの既得権益を正当化できる支配層や富裕層はいざ知らず、市井の庶民である私たちには、そんなおとぎ話に義理立てする必要はまったくない。

市場システムが架空の存在であるなら、経済という幽霊を実体的に把握することはそもそも不可能であり、それを制御できるというのも思い込みにすぎない。個々人が買い控えることで経済が縮小し、不都合が生まれるという恐れには根拠がない。生まれるかもしれないし、生まれないかもしれないが、それは私たちのコントロールの範囲にないのだから、恐れる必要はない。

個々人が消費を縮小する方向に動くのであれば、国家のシステムをそのように変えればいいだけだ。そうなったらなったで、企業家たちは、状況に対応した新たな産業を作っていくにちがいない。それが本当の自由主義社会というものだ。

私たちの社会は人口減少が進み、若者たちの消費への欲求も縮小しているのに、リーダーたちがいまだに経済成長神話にすがりついている。そこに強い違和感をもっているのは私だけではないはずだ。

経済成長神話こそ近代西洋文明が作り上げた最大のフィクションであり、したがって経済縮小の恐れこそ現代社会を覆う最大の「杞憂」なのである。

だから、私は、声を大にして言いたい。「恐れるな!」と。

消費の縮小によって職を失う人が出たように見えることもあるだろうが、そうしなくても毎日「急激な変化」の中で職をなくしたり、何よりも自分を見失う人が続出したりしているという現実に鑑みれば、いずれにせよ恐れるに足りないではないか。経済システムにおける個と全体の関係など、まったく気にかける必要はない。必要ないとあなたが感じるのであれば買わなければいいし、無駄だと思うのであれば、やらなくていい。つまり個人の判断と行動がすべてであり、その集積がどのようなインパクトを全体に与えるかどうかは、本当は誰にもわからない。近代社会科学に基づく予測など、まったくあてにならない。

その意味では、どのくらい化石燃料の消費を減らせば、変化のスピードが緩くなったと実感できるのかについても、やってみなければわからないとしか言いようがない。とはいえ、五年から一〇年かければ、二割程度の削減は不可能ではないような気がするし、国全体とは言わないまでも、周囲の人々も同じようにその方向に向かって動き出したなら、確実に実感できる程度の変化は始まるのではないだろうか。

和田が第8章において、またまたしつこいくらい詳細に述べているのは、活動地の村の人たちの、そして和田自らの生活における実践に基づく極めて現実的な、そのためのシミュレーションである。

そこからもわかるように、一人一人が、「私にとってこれは『本当に』必要なのだろうか」、と問い直す習慣をつけることによって消費行動を意図的に変えていくことこそが、その出発点となる。そして、本当に必要かどうかを判断するためには、それぞれの現実から出発するという姿勢が必要になる。

ここからは、その「個々人の現実から出発する」ということの意味を、私たちのもうひとつの拠り所であるメタファシリテーション手法を駆使しながら、化石燃料文明論の観点からより深く追求してみよう。

個人の現実から出発する

個人化する社会課題に立ち向かうために

個人の現実から出発する必要があるという方向性は、さんざん述べてきたように、化石燃料の巨大な力によって私たちが自然から分断されるとともに、他者からも次々と切り離されているという現実認識から導かれたものである。

近代以前の世界では、生活様式や生活環境の変化は植物エネルギーのスピードで起こるしかなかった。あとから振り返れば巨大な変化に見えることも、個々人にとっては非常にゆっくりした小さな変化の積み重ねによってもたらされるものだった。個人化、孤立化の進展も極めて緩慢で、集団の成員の努力で対抗できた。だから、それぞれの帰属集団、つまり家族とコミュニティという強固なセーフティネットの枠組みを堅持するために貢献することがすべての成員の最大の義務であり、同時に喜びでもあった。個人の問題は家族やコミュニティの問題であり、その解決方法もまた家族やコミュニティの経験と知恵の蓄積の中にしかなく、それが彼らの言う伝統というものであった。

近代以前の生活は、厳しい自然環境や他集団との土地や資源を巡る争い、あるいは集団内での駆け引きなど、楽でないことも多かったが、それが自然な生き方であり、それ以外の選択肢はほとんどなかった。しかし、そうした自然で牧歌的な世界はもうすでにない。私たちの生き方は近代以前の世界とは断絶した。

近代社会科学は、過去との連続性を前提に普遍的な法則を求め続けてきた。その錯誤の大本は、近代化の最大の要因を経済と技術の発展に求めるという決定的な取り違えにあり、その背後には人間の能力への過信と、近代西洋の独善と傲慢があった。

繰り返すが、近代社会科学の錯誤は、再現可能性に対する幻想に集約される。この世に何百億人が生きて死のうとも、私たち一人一人の人生は一度きりであり、他者の人生の再現などありえない。喜びも悲しみも苦しみも、その人のその場その時の一回きりのものだ。誰かが代われるものではなく、やり直しも利かない。他人の経験をいくらもってきても、当事者にとっては、自身の固有の状況との条件の違いが浮かび上がるばかりで、実践的な解決策にはつながらない。しかも、状況の変化があまりに早いため、分析が終わった頃には課題はすでに次の未知なるステージに突入しているのが現実だ。

近代国家は、経済学を柱とする似非《えせ》社会科学に依拠して「マクロ」な、つまり大ざっぱな施策を当たり前のように実施してきた。つまり延々と資金を投入してきた。しかし、経済政策はもとより、福祉や貧困の問題、とりわけ孤立した個人の状況の改善がマクロな政策によって改善される保証などどこにもない。一回限りの人生のその場その時に踏み込むことになしに、孤立から生じる困難を当事者が脱することは到底望めない。

では、この過ちを正し、新たな道を探るとすれば、それはいったいどのようなものになるのか。それを見出すためにはどこから出発すればいいのか。この疑問に答えることなくして本論を閉じることはできない。それに際しては、気忙しさやなどの気分の問題はひとまず脇に置いて、貧困、格差、孤立などの社会課題に焦点を当てたほうがより実践的でわかりやすい。個人化が進むにつれて姿が見えにくくなり、実態の把握が難しくなる社会課題に対して、第三者として、あるいはその予備軍という意味での当事者として、私たちはどのように臨めばいいのか、どのように備えればいいのか、ということに絞って稿を進めていく。

すべての元凶と考えられるあまりに急激な変化のスピードの制御、すなわち化石燃料の使用量の意識的な削減については、すでに述べたとおりだ。一人一人の現実から出発するしかない。

孤立化、個人化の進展に伴い、個々の状況はますますタコツボ化していく。他者の経験はますます活かせなくなる。とすると、決定的な解決策は、あるいはその鍵は課題の当事者自身の内にしか見出せない。集団の経験も個人の中に蓄積されており、その意味ではすべての鍵は当事者の内側にある。いかにも平凡な結論で恐縮だが、自分自身を正しく知ることから出発する以外に、個人化する社会課題に立ち向かう方法はない。これは、普遍的な法則を求めるいわゆる科学的な方法とは正反対な方向性であり、だからこそ社会課題においてはより実践的となる。

自己を映す鏡の喪失がもたらすもの

では、自分を知る、とはいったいどういうことなのか。どうすれば「正しく」知ることができるのだろうか。

それに答えるには、また、そもそもの話から始める必要がある。

繰り返し述べてきたように、私たちの脳、つまり心は、種としての人類の形成に伴って、自分がどう見られているかが気になって仕方がないようにでき上がった。その過程では、一五〇人くらい（種を維持していくには五〇人では少なすぎ、一緒に移動するには五〇〇人では多すぎた）の運命を共にする濃い共同体の中で、集団内での自分の立ち位置や役割、他者からの評価を周りの者たちの言動から自然に把握することができた。運命共同体に生きる身近な他者が自分を映す鏡であり、彼らの自分に対する振る舞いや言動の中に自分自身を見ることができた。だから、あえて自分自身を問う必要はなく、そのための知恵も技術も発達する必要がなかった。和田が、「人類の歴史から言えば、個人のアイデンティティーということが問題になるようになったのは、このほんの数十年だろう」（第8章）と述べているのは、そういうことだ。

途上国の農村の人々、とりわけ山岳少数民族など原型を未だに留めている共同体に生きる人たちと親しく接していると、彼らの自己意識のゆるぎなさに圧倒される。自己意識こそ情緒の源泉であり、その意味では老若男女にかかわらず、恐るべき情緒の安定を示す。言い換えれば、素朴で力強く、呆れるほど人がいい。あれこれと文句を言いつつも私たちが援助屋をやめられないのは、そのせいにちがいない。

ところが、近代化の進展に伴い、私たちは自分を映す鏡を失ってしまった。核家族という鏡は、距離も近すぎ、関係も濃密すぎて感情で曇りやすい。一方、周辺を行き交う無数の他人は、関係も利害関係も薄すぎて、あまりに断片的な情報しか与えてくれない。にもかかわらず私たちは、そんな他人による評価が気になって仕方がない。私たちの脳は、そのようにできている。SNSや掲示板の一言が行き死ににかかわるほど気にかかるのは、青年期の自意識からすれば当然のことなのである。

要するに、自己を取り巻く確かな枠組みが存在した近代化以前の社会では、他者ときちんと付き合いさえすれば、自分を知る努力など日常的には必要なかった。伝統やしきたりや人情の機微に通じていればよかった。

それに対して現代では、人情の機微を教えてくれるような濃い付き合いがなくなり、他者の中に自分を映し見る機会が著しく減っている。自然、そこに映る自分の姿はどんどん歪んでくる。しかし、割れた鏡や歪んだ鏡でもないよりはましなので、私たちはそこに映る自分の姿に固執し、偏ったあるいは歪んだ自己意識を後生大事に抱え込む。歪んだ自己意識をもつ者が、他者にとって付き合いやすいはずがない。他者との関係はますます表層的になり、「友だちがいない」と感じるようになる。

他者といい関係を築けないのは自分を知らないからだ。なのに、その仕組みに気づかないで、自分は「人間関係」に悩んでいると考えてしまう。こうなるともう、自分だけではにっちもさっちもいかない。けれども他者は遠いところにいる。

ところが、そんな状態でも一定の収入さえあれば誰とも密接なコミュニケーションを取らなくても他人に頼らなくても、物理的には生きていけるのが現代社会である。そうして日々を過ごしているうち、何かの拍子に貧窮化が始まる。すると孤立化がそれに拍車をかけることになり、孤立化と貧窮化の悪循環が進んでいく。つまり、孤立していくことでまず相互扶助という生活上のセーフティネットが失われる。それに伴って心理的な孤立が広がる。同時に、これが一番肝心な点なのだが、知的な孤立も深まっていく。一人一人が孤立してしまえば、それぞれのもつ知的能力の差、とりわけ情報処理能力と資源マネジメント能力の個人差が、そのまま経済的な格差へとつながる。個人単位だけではなく核家族単位でも基本は同じだ。こうして孤立家庭における貧困の連鎖が始まる。

こうした中、孤立の中で生じてくるさまざまな苦しみや困難に取り組むためには、個々人の現実から出発するしかない。国家も組織も家族も、個々人の集合体にすぎず、しかもその結合力は日に日に弱まっている。産業化社会においては、人と人とのつながりを弱めたり変形させたりする力が、いつも強く働いている。ノスタルジックな美しい言葉、たとえば絆の再生などを並べて夢を見るのはそれぞれの勝手だが、問題の当事者にとっては、多くの場合、つながりの押しつけでしかない。

あるいは、福祉的なセーフティネットの網を地域や集団に対して中途半端にかけてみたところで、孤立化が進んだ貧窮者は引っかかってはこない。

孤立する中で失われる能力のひとつに「受援力」と呼ばれるものがある。何か困ったことがあったら気軽に他人に相談できる精神状態、さらには他者からの援助の申し入れを快く受け入れられる度量の広さ。そういうものを指して「受援力」と呼ぶ。孤立するということは、そういう心構えやそのための情報収集能力が欠けてくるということなのだから、行政がやるようなとおり一遍の支援策では、本当に必要な所に手が届くはずがない。それでも悪いことをしているわけではなく、ほとんどはないよりましなことは確かだが、そのたびに借金を国庫に残していくのだから、たちが悪いといえば悪い。そのツケは結局庶民のところに回ってくるのだから。

この際なので、化石燃料文明論から見た、このような行政サービスの構造的な欠陥について、もう少し述べておく。

まず、産業革命が軌道に乗ると、国庫には化石燃料の物理的な力を源とする大量生産の分け前が、税収という形でどんどん入ってくる。すると政府は国民生活の向上のために、それらの資金をふんだんに注ぎ込むことができるようになる。つまり化石燃料の力を得て財政的な資源量が圧倒的に増える。しかしながら、その源は物理的な力であって、「質」とは本質的に無縁である。国民を満足させるためには、政府はより多くの資源を投入してサービスの「量」を増やすしかない。国民の側もまた、サービスの成果を「量」、つまり金額で評価する。政治家や官僚が予算の獲得に血道を上げ、それを自らの仕事の成果として示すしかないのは、理の当然である。こうして民主主義国家、つまり選挙によって政治家が選ばれる制度においては、政治家は国民の支持を得続けるためには、税収の増減にかかわらず、資金的な投入を延々と増やし続けるしかない。

ところが上述のように、孤立化する個人に効果的にサービスを届けることはまったく容易でなく、成果はなかなか見えてこない。さらに、課題は次から次へと生起し変質していくため、それに対処するためには、手を替え品を替えしながら投入の総量を増やしていくしかない。こうして成果を伴わないままに際限のない投入が続いていく。悪意のない無駄遣いが拡大していく。格差と貧困と孤立の問題は解決しないままに、国の借金だけが増えていくわけである。

何を指して無駄とするかは別として、次々と生起し、形を変える社会課題に対して日先を変えながら投入を増やしていくだけでは、対処はおぼつかない。どんな成果があったかもあやしいままに、福祉や社会保障を名目に、巨大な公金がとめどなく注ぎ込まれていくことになる。

抽象的で一般的な記述になったが、国際的な開発援助の世界でまかり通る無駄と非効率、国内でも拡大しつつある格差と貧困の問題への行政の取り組み方、これらをＮＧＯやＮＰＯの立場からつぶさに観察する中で得た生身の情報に基づいていることは強調しておきたい。

以上が、現代社会における孤立化と貧窮化の大まかな見取り図である。

ただし、このように今起こっている社会現象をもっともらしく解釈してみせるのはそれほど難しいことではない。その当否を議論したところで、何かが産まれるわけでもない。肝心なのは、その解釈に基づいてどのような処方箋が書けるかだ。

ちなみに、途上国における近代化の急激な進行に伴う貧窮化に立ち向かうためのささやかな処方箋についは、和田がインドの村を舞台に示してみせた。そこでも、最大のポイントは、村人の資源マネジメント能力の獲得に置かれていた。つまり、知的な支援なしに、この断絶に、時代に立ち向かうことはできない。ところが、残念なことに西洋近代の思い込みというぬるま湯にどっぷりと浸かったいわゆる近代社会科学には、その役割を期待できない。繰り返し述べてきたように、いわゆる開発学やら国際○○学とやらのあまりの無力さを前にして、私たちは、独自の方法論を作り上げるしかなかったのである。

同様に、既存の教育機関が、将来の知的孤立を前提に、情報処理や資源マネジメントの能力を育むことができるような教育を子どもたちに与えられているのであれば、私たちの出る幕はない。しかし、残念ながら、現実はそうなっていない。近代学校教育は、化石燃料を使ったシステムの構築と稼働のための知識と技能を与えるために設計されたものであって、それ以上でもそれ以下でもない。ましてや、日常生活における情報処理と資源マネジメントの基礎となるはずの自己についての情報処理技能など、まったく顧みられてこなかった。

鏡となるための技術

現代においては、自己を映す鏡が喪失したため、人が自分自身を知ることが難しくなっている。必要なのは、困難の渦中にいる者が、自己意識の歪みも含むありのままの自己の姿に気がつくことだ。だが、いざやるとなるとこれほど難しいこともない。私たちは、そもそも自分自身を客観的に見られるようにできていないからだ。

私たちの周りは、「言い訳」、「自己弁護」あるいは「自己正当化」に満ち満ちたやり取りばかりだ。少し距離を置いて振り返るなら、自分もまたその一員であることに思い当たる。はしたないとわかっていても、ついそのように振る舞ってしまう。つまり自分の都合のいいように物事を捉えようとしてしまう。それが人間というものである。この前提に立てば、自分自身を正しく知るということは、自分に都合のいい捉え方をしている自分に気がつくという意味になる。

その具体的な方法としては、私の知る限りでは以下の二つがある。

ひとつは、瞑想、観想、祈り、などによって自己の内側を「観る」作業を通して、自分の内なる声を正しく聞くことだ。ヨガが世界的に広がりつつあるのは、人々がそのための手法を求めているからだろうか。これらは非常に有効なやり方であるし、私自身この手のことに深入りしたこともあったが、ここでのテーマとは大分離れるのでこれ以上の言及はしない。さらに、その延長線上には、超越的な絶対者（つまり神や仏など）を想定し、自己の真の姿を映してくれる究極の鏡としてそれに向かい合うという強力な方法がある。このような宗教的な祈りの力に勝るものはないと思われるが、理屈を述べ立ててどうにかなる話ではなかろう。

もうひとつのやり方は、他人の力を借りることだ。つまり、カウンセリング、コーチング、コンサルティング――なぜか横文字ばかりだが――などを通して、自分の状況を正しく把握できるような働きかけをしてもらう。前述したように、私たちの場合、その根幹は対話術にあると考えていて、その手法の開発と普及が私たちの活動の軸となっている。

ただし、実際にそれがやれるためには、私たち一人一人がまずそのための知恵と技術を意図的に身につける必要が出てくる。場の設営も必要であろう。とすると、かつての自然な鏡に代わるものは、意図的に据えられた人工的な鏡となる。本章の冒頭で「その夢は、必然的に人工的で人為的なものとならざるをえない」と書いたのにはそういう意味もある。

他者の自己認知を手助けする技能と、手助けする側の者が自分で自分自身を知るための知恵は一枚のコインの裏表であって、どちらが先でどちらがあとなどとは言えないが、ここではまず前者の話から入ることとする。次のような、軽めでわかりやすい事例が比較的多く手元にあるからだ。

二〇代後半の女性Iさんは、英会話学校を経営する会社の正社員として働いてきたが、仕事のことで少し迷っていて、たまたま会った私にそれとなく相談してきた。

まずIさんが言った。「会社に入って4年以上になるのに、受付事務や受講者リストの管理など事務作業ばかりで、英会話クラスの運営やカリキュラム作りに関わる仕事はまったくさせてもらえません。別のところに転職したほうがいいかな、などと思ったりしてます」。

すると、脇にいた彼女の別の友人が、今の会社を選んだのは「どうして？」と、私たちの手法では禁句の「なぜ質問」をしてしまった。

するとIさんは、「英語が好きでずっと勉強してきて英語力には自信があったので、それを生かせるといいと思って、今の会社にしたの」と答えた。

私たちの手法では、「なぜ？」に対して答えたことには、本人の思い込みが混入しているものと考える。それを取り除くために、私は次のようにやり取りした。

私「今の会社に入ったのはいつ？」
I「4年前の春。大学を出た年です」
私「何社くらい受験したの？」
I「最終的には4社です」
私「で、いくつ受かったの？」
I「2つですが、最初に内定が出たのが今の会社だったので、すぐにそこに決めました。家からも近かったし」
私「他の3社はどういう職種だったの？　英語と関係があったの？」

I「いえ、あまりありませんでした」

ここで私は少し微笑みながら「へー、そうだったんだ」と言って、少し間を置いた。そうしたところIさんは、「今思えば、就活のときには、私、別に英語に関係ある仕事をしたかったわけじゃなかったんだ。今のところを選んだのも、それだけが条件じゃなかったんですよね、本当は」と。

たったこれだけのやり取りだったが、Iさんにとっては、自分を正しく知り、現在の迷いを根本から捉え直すための契機となった。つまり、「自分は英語に関係がある仕事がしたくてこの会社に入った」というのは、彼女があとから作り上げた思い込み、すなわち歪んだ自己意識であって、それに囚われている自分が見えたことで、新たな視界が開けてきたのだった。

事実質問で息子さんの悩みを聞く

あまり深刻にならないうちに食い止めることができた実際の例を、もうひとつ紹介する。

国際協力のコンサルタントとして活躍しているKさんは、中学生の息子さんを持つシングルマザーだ。私が行った対話型ファシリテーション（メタファシリテーション手法の対話術の部分を取り出して研修する際の呼び名）講座を受講した翌週、夕飯のテーブルに着いた息子さんの顔色が冴えないことに気がついた。「何かあったの」と尋ねると「僕、このごろよく宿題を忘れて先生に叱られるんだ」と言う。息子に何があったのか早く聞き出さなくては、というはやる気持ちを抑え、これこそ講座で学んだ質問術を試すチャンスと思い直して、Kさんは尋ねた。

「一番最近忘れたのはいつ？」

「先週。うっかり忘れて先生に叱られたんだ」

いつもの彼女だったら「どうして忘れたの」と畳みかけるところだったが、ぐっとこらえて講座で教えられたように事実質問に置き換えた。

「その前に忘れたのはいつだったの？」

「1ヶ月くらい前かな。そのときも先生に少し注意された」

公式に従ってKさんはさらに聞き続けた。

「じゃあ、その前に忘れたのは？」

思い出そうとしているうちに、息子さんの顔が少し明るく変わったのにKさんは気がついた。

「そういえば、その前は宿題忘れたことなかったかもしれない。全然思い出せない」

生真面目な息子さんは、二度続いただけの失敗を、「よく忘れる」という言い方で一般化して気に病んでいた。母親の質問に答えているうちに、自らそのことに気づき、気持ちをもち直すことができたというわけだ。Kさんは少々照れながら、「おかげさまで母親としての役割を果たすことができました」という言葉で報告を締めくくった。

適切な質問が相手の気づきを促す、という対話型ファシリテーションの真髄を体現した実例として、そして家族の絆を深めるために少しでも役立ててもらうことができたという意味で、私にとっても忘れることのできないケースのひとつである。

Kさんがその際に使った私たちの対話術、つまりメタファシリテーションの技法では、「なぜ、どうして」と聞きたくなったら、それを一度飲み込んで、「いつ」「どこで」という事実質問に置き換えて質問すべし、と教える。

私たちは、自分自身のこと、特にあまりよくないことについて「なぜ」と聞かれたら、どう対応するだろうか。たとえば約束の時間に遅れたとする。そこで相手から、「どうして遅れたの」と尋ねられたら、「電車が遅れたから」とつい答えてしまう。余裕をもってあと五分早く出ようと考えていたのに、実際にはそうしなかった結果、電車の遅延に遭遇して相手に迷惑をかけてしまったのが現実だったのに…。

そう、私たちは「なぜ」と聞かれるとつい「言い訳」するようにできている。これはKさんであっても息子さんであっても同じだ。あそこでKさんが「どうして忘れたの」と尋ねたとしたら、息子さんは宿題を忘れた事情を説明し始めたにちがいない。ほとんどは本当のことかもしれないし、かなりが言いつくろいかもしれないが、いずれにせよ語っている本人にも事の真偽が定かでない可能性が高い。わざわざそんな話をさせることに何の意味があるのか。聞くほうにも語るほうにも意味のない話は聞かないに限る、させないに限るということだ。

そのような心理的な仕組みの理解の上に立って、「その前に宿題を忘れたのはいつ？」という具合に事実を思い出させてあげることで、息子さんは、自分の思い込みに気がつくことができた。ちなみに、Ｉさんのケースも同じパターンであった。相手の鏡となるための対話術の一端をおわかりいただけたものと思う。

ただし、それがすべてのケースに通用するわけではないのはもちろんだ。Ｉさんのような、日常の迷い程度であればまだいいが、自己の評価につながる歪みは、心のより深いところに刻み込まれるからだ。

私たちの仲間のＪさんには、二〇年近くいわゆる「引きこもり」を続けているお兄さんがいる。まったく外に出ないわけではないのでそれほど深刻とは言えないが、家族ともあまり話さず、特に父親とはほとんど会話がないらしい。彼らのお父さんは、一流大学を出て一流企業に勤め、管理職までなった現代のエリートに属する方だ。それに対してお兄さんは、勉強も他のこともあまりよくできるほうではなく、平凡な少年だったという。Ｊさんは、「兄は、そういう自分を父が見下しているのだと思い込んでいて、それが兄の自信のなさの根本にあるのかもしれないと、ときどき感じます」と言う。

そこで私が「じゃ、Ｊさんから見て、お父さんはそういうふうにお兄さんのことを見ているなと感じたことが今までにありましたか」と尋ねたところ、「そういうことは一度もありません。そんな父ではないことを娘として断言できます」と言う。真偽のほどは当事者に聞き込まなくてはわからないが、お兄さんは、父親の些細な言動から自分が見下されたと感じてきたのであろう。自信のなさが作り上げた疑心暗鬼の可能性は高そうだ。歪んだ自己意識をもつことが自分を孤立させる深刻なケースであり、残念ながらここまでくると修復は容易でないと思われる。

だとしたら、このようなケースを一般化したところで、当事者には何の意味もないことになる。家族社会学や心理学などの理論で分析することはできても、固有のケースにおいて、誰がどこでいつどうすればいいのかは一般論からは導けない。だから、カウンセリングの技術が必要となるわけだ。このケースの場合、誰か適切な対話術を身につけた者が、そのお兄さんご本人としっかり向かい合って対話する機会がもてれば、違った景色が見えてくる可能性は十分にある。具体的には、Ｊさんが固有のケースに対応できる技術——私たちの場合は対話術——をもった人間を伴って、お兄さんと真摯な対話に臨む中でしか孤立化を脱する道は見えてこない。さらに望ましいのは、Ｊさん自身がこの技能を身につけることだが、実際には未だ道半ばである。

実は、社会課題と呼ばれるものへの取り組みも、基本的には、この個人との対話の先にある。個人の現実を見定めることができるようになれば、集団のあり方に対する洞察もそこから導くことができるようになる。集団への働きかけ方もまた個人へのそれと基本的には同じ手法に基づいて行うことができる。それが一対一の対話を通じて個人の現実から出発し、そこから社会課題に向かい合うということなのである。

自分に引きつけて考える

ではその技能はどうすれば体得できるのだろうか。そのためには、対話の技術と並行して、自分との付き合い方を学ぶ必要があると私たちは考える。これが三〇年以上にわたり、先進国と途上国を行き来しながら、人間の意識と行動の変化に関わる活動に携わってきた私たちの出した結論でもある。

何度か紹介してきたように、私たちは、現場での試行錯誤を通じて、村人やスラム住民の生《なま》の現実から出発し、当事者たちが課題を再発見していくプロセスを支援する手法――私たちはそれをメタファシリテーションと名付けた――を築き、体系化した。その効力は絶大で、途上国の現場だけではなく、最近では国内外のさまざまな課題分析にも応用されつつある。

その基礎には、相手に対して適切な質問ができるためには、自分自身に対して正しく問いかけることができる必要があるという考え方がある。言い換えれば、自分を客観視できていなければ、相手の立場に立って質問を組み立てることができない。自分自身が歪んでいては相手を映す鏡とはなれない。ほかにたくさんの鏡があれば、多少歪んでいてもいいのだが、それが期待できないのが現代社会だからだ。

ここで言う技術や技能は、他人の経験を一般化した法則を学んだだけでは決して使えない。第三者としてJさんのお兄さんのケースに対応できるためには、このような状況における父と息子の両方の心理に通暁する必要がある。そのための唯一の道は、自分のこととして、自分自身の経験に引きつけて捉えてみることである。つまり、自分と父親との関係を虚心に見つめ直す中からしか得られない心理の綾を自分の中で蘇らせる作業を、その場その時にできるようになっていなければならない。

たとえば、あなたが、以下のような指摘を家族や友人や同僚から受けたとする。

「君は人の言うことを最後まで聞かないで、すぐに結論を出そうとするね」
「人の考えに左右されやすい人ね。もっと自分の意見をしっかりもったらどうなの」
「話をするとき、人の目をしっかり見ていないね」

これ以前にも他の人から指摘されたことがあったりしたら、あなたは、自分にはそういう悪癖があるんだと確実に思い込む。自分で思い当たる節があろうとなかろうと、複数の人からの指摘を無視できるようには私たちはできていない。実際にはたった二度しか指摘されていなくても、自分の中では「よく指摘される」というフレーズで記憶され、容易に自己意識の一部となる。Kさんの息子さんの場合もまさにこれだった。

そこで私は、「そういえば、こういうパターンで自意識過剰におちいったことが、私にもあった」、あるいは「周りにもこんなことで必要以上に気に病んでいる人がいる」という私自身の「自覚」に立って質問を組み立てる。その際に大切なことは、相手が自分で気がつくようにもっていくことであって、「気にしすぎだよ」と一言で締めくくることは厳に慎まなくてはならない。自分で気がつかなければ、人は変わらない。こちらの言葉が、相手の深いところに届くこともない。これまた自らの苦い経験から得た貴重な教訓である。

このように、自分は何かをどのようにして知ってきたか、学んできたか、ということを自覚的に知ることを、心理学用語では「メタ認知」と呼ぶ。実は、メタファシリテーションのメタもこの用語から拝借したものだ。私たちの手法の核心に、自分を知るための知恵と技術があることがおわかりいただけるものと思う。

自然科学者にそのような姿勢や技術は必要ないかもしれないが、社会事象に実践的に関わるすべての者にとっては必要不可欠だと私たちは考える。個々の社会課題の事象を自分に引きつけて捉え直すことによってこそ、そこで相対している当事者に対して適切な働きかけが可能になるからである。

一回性の事象を扱うからには、自己の知りうる一回性の事象、つまり自分自身の人生とそれを取り巻く環境、特に人間関係の坩堝《るつぼ》の中で生起するさまざま現象を客観視し、常に引き出しに入れ続けていなければ、普遍的な理論など使いようもなければ、教えようもない。

自分の人生を縦軸とし、他者の経験の集積を横軸とするなら、その交わるところにこそ解決策が気づきや発見として顕現する。それが真の学びというものである。自らその経験をもたない者が、どうして一般化された法則や理論の活かし方を他者に伝えることができよう。厳しい見方をするなら、人文社会科学が無用の長物となりつつあるのは、そのような現実に研究者や教育者たちが目をつぶって、知的遊戯と自己保身に埋没しているからだ。大学や専門学校でいわゆる社会科学や人文科学を学んだときのことを思い出してみるといい。どれだけの教員が、そのような視点から自分が専門的に扱っている事象を真摯に虚心に捉えようとしていただろうか。心構えや一般的な意義ではなく、自らの研究の内容と自分の価値観や生き方との結びつきを、理論的な整合性を伴って説得力豊かに語ってくれた先生がどれだけいただろうか。

授業や講義のほんの一部でいいから、こうした自分を知ることと社会や人間を知ることを結びつける中から生まれてくる真の知恵を得るための技術と方法論を学ぶ時間を組みこめたなら、知の世界は劇的に変わるにちがいない。そうすることで、化石燃料の巨大な力に後押しされたこの急激な変化に生身の人間として対応できる世代が育ってくる。これが私の期待であり、ささやかな希望である。近代化を通して生じた巨大で急激な物理的パラダイムシフトに対応する知的なパラダイムシフトが起こらない限り、展望が開けることはない。

私たちが、自分に引きつけて考えることの必要性を痛感したのも途上国援助の現場においてだった。私（たち）はどのような社会を作ろうとしているのか、あるいは私はどのような生き方をしたいのか、どのような生き方がいいと考えているのか、などに対する答えをもたないままに援助に携わるのはごまかし以外の何ものでもないという現実を、痛烈に突きつけられた。

思えば、自分たちがやっていることの意味や価値を、説得力を伴って示すことができないまま、ただモノや設備や技術をばらまいているだけだった。そこでの援助がいわゆる開発経済学や開発人類学の視点からしてどんな意味をもつかは、一回性の人生を生きる当事者とその小さな集合体である家族や地域コミュニティにとっては何の関係もなかった。固有の人生とコミュニティにおける意味を説得力豊かに示すことができなければ、私たち外部者は決して信用されず、約束も守られず、その結果として援助はほとんど活かされなかった。そのような困難をなんとか克服しようともがく中で生まれてきたのがこの気づきであり、やがてこの手法へと発展していったのだった。

面白いことには、途上国の人々相手に、あるいは日本国内で悩みを抱える人を相手に、上記のようなやり取りを繰り返しているうちに、人にはそれぞれ固有のパターンがあるということがわかってきた。つまり、一回きりの個人の人生という枠組みの中では同じパターンの問題が繰り返される。同じ物語が同じ人の中で手を替え品を替え演じられるのだ。つまり、再現性は存在するがそれは当事者以外に知りえない。外部者が気づいて教えても、当事者のものにならないから実践されない。当事者がそのパターンを見つけることからすべては始まる。だから私たちは「それはいつからですか?」「それ以前に似たような経験はありませんか?」と時系列で事実を聞いていくのだ。

さらに興味深いことに、それは、農村コミュニティなどの枠組みの固い小集団でも同じことが言えた。固有の集団には、成功に際しても失敗に際してもそれぞれ類似のパターンがあり、世代をまたいで繰り返している場合が多かった。和田の長年にわたる村での実践も、そこに働きかけることで、より効果的に行うことができたのだった。

先進国を筆頭に、人々の個人化と孤立化が進む中、課題を共有する当事者による新たな集団の可能性もここから開けてくるように思える。先進国で徐々に存在感を増しつつあるNPOや当事者団体などの新たな形の市民組織が、そのひとつと考えられるということだ。その意味ではかつての自然な鏡に代わるものは、意図的に据えられた人工的な鏡となる。本章の冒頭で「その夢は、必然的に人工的で人為的なものとならざるをえない」と書いたのにはそういう意味もあった。

自分を知る技術が現代を生きる最大の知恵

自分を知るための知恵と技術を大切にしているのは、もちろん私たちの手法だけではない。私たちのものが、唯一絶対であるなどとうそぶくつもりはない。

たとえば、今もブームが続く片づけの指南書もそのひとつだ。これこそまさに、日常レベルでの資源マネジメントのための知恵と技術の指南書にちがいない。

二〇〇〇年頃に『「捨てる!」技術』（辰巳渚著）という新書がベストセラーになったのを皮切りに、

要らないモノであふれている状態、つまり安物買いの銭失いの末に生じた状態を脱するためのハウツーものが次々と世に出て、その都度話題となってきた。中でも最も大きな支持を受けているのが、「こんまり」さんこと近藤麻理恵による『人生がときめく片づけの魔法』などで紹介されている片づけ術である。彼女の方法は、要るものと要らないもの、つまり、これからも着るであろうものと着ないものを仕分けるには、ときめくかどうかを自分自身に尋ねてみて、トキメキを感じるものだけを残し、トキメカないものは、どんなに高価でももう着ることはない、つまり役割を終えたものとして、心穏やかに送り出す。それが捨てるということだ、というものである。

よく考えてみれば、この方法も自分を知ることが基本になっている。実際に洋服を前にしてトキメクかどうかを判断するのは容易でない場合もあるので、そのへんのコツや構え方についてもしっかり示しているのが、彼女の著書が驚異的なベストセラーになっている所以と思われる。

別の片づけ指南書では、たとえば二年以上袖を通してないモノは、高かろうと愛着があろうと全部捨てなさいと教える。ここでは、二年以上袖を通していないということは、すなわち着たくないものなのだから、これからも着ることはないと判断しなさいという考え方が基礎になっている。事実に基づいて判断するという点ではこちらのほうが私たちのやり方に近いと言えるが、近藤さんのやり方は、感情が行動を支配するという人間の本性により深く根差しているからこそ、あれほどの支持を受けているのであろう。

これらの手法の価値は認める一方で、根本的な疑義もある。商業出版社が出している指南書全般を見回しても、消費量自体を減らしていくという方向づけを前面に出しているものにお目にかかることは少ない。つまり「捨てるより買わないことが先決です」とはなかなか言えない。ここにも経済発展神話が大きく影を落としている。その点では、武田が、遠慮がちにではあるが、なるべく買わないのが本当のエコだという主張で著書を締めくくっているのは、称賛に値すると思う（武田邦彦／二〇〇八年）。

こんまりさんと並んで、「断捨離」というヨガの行法に基づく心構えを取ることで「捨てる」ことを楽にしてくれる片づけ指南術も大きな共感を得ているという。それを聞きかじったのであろう、私の息子が久々に自分の部屋の掃除をしたあと、私に向かって「要するに断捨離が大事やな」など聞いたふうなことを言う。これ幸いと私は「捨てるより買わないほうが、より根本的な断捨離なのではないか。それが断捨離の『断』なのではないか」と投げかけてみた。すると「それはそうかもしれないが、買う喜びは捨てにくいんじゃないか」ときた。そこで私が「もちろん、まったく買うなと言っているわけではない。そうではなくて、お前は、どのくらい買えば、買う喜びを得られるか自分でわかっているのかということだ」と念を押したところ、彼は、返答に窮したようで、う〜んと言ったきり黙り込んだ。経済発展神話に毒されていることに自分では気がついていない輩が、すぐ近くにもいたわけだ。

孤立と貧困に関わる社会課題云々はさておいても、化石燃料文明のあり方を再検討するためには、一人一人が自分の足元の現実の点検から始める必要がある。折に触れては自分の生活を見直したり、生き方を再点検したりという作業は、現代に生きる誰もが必要とする。そして、その必要な作業のためには、こうした技術が有効であろうことは疑いを入れない。

学者やインテリからは見下されることの多い、いわゆるハウツーものだが、実はそこにこそ現代の知恵が集積している。水泳の入門書を読んだだけでは決して泳げるようにならないように、実践なしでは身につかないものがほとんどだろうが、いずれにせよ本当に役立つものにするためには、こんまりさんや断捨離に代表されるように、人間の意識と行動の関係についての深い洞察に基づいていなくてはならない。「彼を知り己を知らば百戦危うからず」という孫子の教えも、そこにこそ息づいている。卒業証書を買うことを目的に、飾りとしての学問を高い金を払って大学で学ぶより、こうした実学を極めるほうがずっとましなようにさえ思えてくる。

企業の経営に携わっている方たちもまた、経済学や経営学を情報として参考にすることはあっても、経営判断は自らの経験と見通しに基づいて行っている。彼らにとっては、学問が商売の役に立つと考えることのほうがむしろ滑稽であろう。にもかかわらず、自分の子どもたちは慶応の経済学部やハーバードのビジネススクールで学ばせたがるのもおかしな話だが、それが世の中というものなのだろう。

植物エネルギーの効率で人に関わる

個人の現実から出発するためには、当事者と一対一で対峙することから始める必要がある。しかし、このようなアプローチは効率が悪いと見られがちだ。行政の貧困対策が対象者全体に大きく網をかけるようなやり方に偏らざるをえないのも、そうした批判を考慮してのことにちがいない。しかしながら、長い目で見て本当に効率がいいのはどちらかと問われたなら、私は迷いなく一人一人から出発する方法だと答える。私たちの国際協力の現場での経験からして、そのほうが中長期的に波及力をもつことが明らかだからだ。

とはいえ、一人一人の現実から出発するアプローチによる効果が目に見えるようになるまでには、それなりの時間がかかる。何よりも、そうしたやり方を担える人材が広く育ってこなければ、残念ながら私たちの試みは、その場限りの人工的なモデルで終わってしまうだろう。その意味では、このようなアプローチが可能になるためには、「効率」や「費用対効果」にとらわれない文化の形成が必要になる。

一人一人に向かい合って対症療法を探り、粘り強く誠実に実行していく作業と、工場で製品を大量生産する作業を、同じはかりに載せられるはずがない。孤立した個人を相手にする仕事は、究極の植物エネルギー依存型であり、鉱物エネルギー依存型の活動と同列に語ることはできない。費用対効果などというビジネス用語が、人間を相手にした活動にいつも通用すると思ったら勘違いも甚だしい。たくさんの資源を投入できる金持ちの子どもが常に立派に育ってくれるのであれば、親にとってこんなに楽なことはないが、現実にはまったくそうはいかない。人が育つということは、そういう話ではないのだ。

断絶を受け入れて生きる

すべては、断絶を意識するところから始まる。私たちは、化石燃料の力がもたらした社会変化のスピードと威力にまったくついていけない。近代の社会科学理論も、それを基礎とした政策も何ら有効性ももたないほど変化は急激なのだ。そのような認識から出発するしかない。思考実験から導かれたこれらの提案はささやかなものではあるが、知のパラダイムシフトという意味では、それなりの意義があると私は確信している。再現性を捨てて一回性に集中するという知のあり方をアカデミックな世界に提起するというのは、それほど的外れなことではないはずだ。

逆に、こうした根本的な発想の転換のないままに、社会科学や人文科学などの知的ソフト分野の専門家たちの多くが、今後も近代の思い込みをもてあそび続けるとすれば、論理的整合性と確率のみを根拠とする人工知能に知的領域を浸食されていき、私たちの生活がそれに支配される日が必ずやって来る。人間的だの自然だのというあいまいな語も辞書から消えてなくなる。突き詰めれば、生命はエネルギーであり人間は脳である。ＩＴのさらなる発達に伴い化石燃料と人間の脳との融合が進めば、生身の存在を置き去りにした人工知能へと行き着くことは確実である。その兆しはすでにあちこちに現れている。

ただし、そうなったとしても、当分の間は、そこから利益を得る階層が根本的に入れ替わることはないだろう。近代社会科学という思い込みを作った人々が属するグループが主導権を握り続けることに変わりはない。経済システムとテクノロジーにだけ目を向けたなら、いわゆる先進国、とりわけ欧米先進国が世界を動かすのには正当な理由があるように思えるからだ。

だからこそ、前から引っ張っている力にだけ目を向けてはいけない。本当に動かしているのは後ろから押している見えない力、つまり化石燃料の力なのだ。それは単なる物理的な力であって、欧米人が誇る人間の英知などではない。より平等で多様な世界の実現のためには、こうした基本的な認識に基づいたものの見方が世界に浸透していく必要がある。その先のことは、「神のみぞ知る」である。


他方、途上国か先進国かを問わず、そのような時代に生まれ育っている現代世界の若者たちは、こんな「へ理屈」に頼って大上段に構えなくても、そのような現実を直感的に理解しているように思える。近代化現象は、今や舞台を途上国に移しつつあり、先進国の孤立した個々人の生活レベルでは化石燃料の物理的力が相対的に小さくなり、変化を変化と感じられなくなりつつある。私の子どもたちやその友人たちを見ていると、彼らの内部には、右肩上がり経済の世界とはまったく無縁の定常化社会に対応した価値観や生き方が育ちつつあるように見える。

たとえば、ある男子学生は、経済学部に行ったのは専門的に何かを学ぶ必要がなく学生生活を楽しみながら就職に備えるためにはちょうどいいと考えたからだという。彼は、車にも高級腕時計にも立派なオーディオにも興味はなく、自炊しながら自転車で移動し、普段着は中古衣料で十分というライフスタイルをこれからも続けていくつもりらしい。たまに一点豪華な楽しみをもてれば十分という。かつての活動家もどきのエコ志向の若者のような肩ひじ張ったところはまったくない。自分の子どもたちも含めて、こんな若者が私の周りに増えつつあるのは確かだ。

だとすると、小難しくもったいぶった言い方でここまで展開した考え方や姿勢は、今の若者たちが日々の生活の中でとっくに体感しつつあることで、今更それを年寄りが言語化したところで何の役にも立たないのかもしれない。明確な方向性を示すことができなければ、本当の役には立たないこともわかっているつもりだ。しかし、今の私には、そのへんの合意を形成するための材料を提供することで手いっぱいだ。せめて若者たちが、自分たちにとって自然で無理のない新たなパラダイムを作り出すためのヒントを提供できたらと考え、本書をものしたわけだ。

繰り返すが、化石燃料を大量に使用して作られるモノや提供されるサービスを私たちが消費すればするほど、個人主義化と孤立化は進む。それにつれて私たちの心と体の分裂も深まっていく。好むと好まないにかかわらず、私たちはそんな世界に生きている。だから、若者よ、これだけは言わせてほしい。

仕事にやり甲斐や充実を感じないのは、君のせいではない。君が、夢や目標をもたないせいではない。どこかに君に本当に向いている仕事があるのに、それがまだ見つからないからでもない。それは、市場経済は幻想にすぎないのに、君の周りの大人たちが近代社会の誤った思い込みに基づいて、そこで何か実質を伴うことをするよう君に強要していることによる。そのレールは教育機関、とりわけ高校や大学のキャンパスから始まり、企業社会へと続いている。君が学校で学ぶ、いわゆる社会科学系や人文科学系の学問に実質を感じられないとしたら、それはすでに君が市場経済というものの正体に感づき始めているということにほかならない。

就活のために狂奔させられる若者がふと自分の足元を見たなら、地に足が付いていないことに気がついて愕然とする。苦労して入った会社なのに、「こんなはずじゃなかった」という思いが日々募る。それは、当然といえば当然なのだ。

今の社会のあり方を批判的に語りながら、その一方で自分の地位や収入にしがみついている連中の言うことを信じる必要はない。彼らは、社会現象を説明できているような錯覚を君たちに与えようとすることで現状を正当化し、自分を防衛するための予防線を張っているだけだ。もちろん当人にそんな自覚があるはずがない。なぜなら、繰り返し述べてきたように、近代以降の世界の歴史的断絶の深刻さに本当には気がついていないからだ。

いいことをするのに理屈は要らない。本当に要るのは、やさしくてしなやかな心だ。そしてもうひとつが、自分と目の前の相手の双方にとって本当にいいことなのかを確かめられる技能、言い換えれば、自分を知るための知恵と技術だ。

近代産業化社会、すなわち化石燃料文明に対する認識を改めるプロセスは、世界と生の不条理、わけのわからなさや脈絡のなさを、私たちにより強く意識させるきっかけにもなりうる。人生は不条理である。私たち一人一人の運命は、偶然の連続によって形作られる。悲しいことに、誠意や努力が常に報われるとは限らない。現代では、そうした現実をどう受け止めて生きるかも個々人の個性、つまり生きる姿勢や価値観に委ねられている。自分自身を知るための知恵をもち、その場その時で最も現実的な選択をしていく以外に道はない。

詰まるところ、「之《これ》を知るは之《これ》を知ると為《な》し、知らざるは知らずと為《な》す。是《これ》知るなり」や「彼を知り己を知らば百戦殆《あや》うからず」などの古代の聖賢の教えに勝る実践的な知恵はないということだ。

社会的な課題にそこまでの興味はないが、物理的な豊かさと精神的な充実のバランスが取れた日々を送りたいという若者も、私の思考実験を参考に自分の日々を改めて振り返ってみてはいかがか。おそらくたいしたアイデアは生まれないだろうし、方向性が急に見えてくることもないだろうが、「若い割に達観してるね」と言われるような雰囲気が出てくるかもしれない。あるいは、「自分のことがよくわかっているみたいだね」などとほめてくれる人が現れるかもしれない。

その程度になれば上出来である。かく言う私も、老骨というほどではないが、老いが徐々に忍び寄る心身をだましだましながら、その程度の境地を目指して日々を過ごしている。

他方、日本の都会に基盤を置いて浪費的な生活を送る田舎者の私とは対照的に、本来は都会っ子である和田のほうは、いわゆる途上国の不便な生活の中で、自分自身の生活のあり方を見つめ直すことを迫られている。そこで見出した等身大の自分の姿と、ささやかな希望への処方箋を、微に入り細に入り語ってもらうことが、本書を締めくくるに最もふさわしいにちがいない。

第8章

個人化した私たちはどこに行くのか(2)

——化石燃料文明を少しバイパスする

和田信明

人類はこれまで成り行きまかせの生き方だった——それを変えてみる

第7章に引き続き、ここでも私、すなわち和田信明という個人がしていること、できそうなことを書いていく。改めて断ることもないが、これまで私の村体験から学び、考えたことがもとになっている。

行き当たりばったりで自然にかけるようになった恐ろしい負荷

人類の発展とは、ある意味では成り行きであったと思える。

人類史が二〇〇万年から二五〇万年とすると、たかだか一万年の定住生活を除くと、採集狩猟の時代が人類史のほぼ全体を占めると言っていい。定住から農耕革命へと続く流れも、人類の能力と地球環境の良好さがたまたま重なったからだとも言える。もし、氷期が続いていたら、今のような生活をするまで、まだ少なくとも何千年、何万年と待たなくてはいけなかったかもしれない。あるいは、北半球のごく一部で現在のような生活ができるようになっていたかもしれないが、はっきり言えることは、アメリカ合衆国はなかっただろうということだ。なぜなら、氷期、北アメリカはほぼ全土が氷に覆われていたからだ。アメリカだけではない。いわゆるヨーロッパ文明を作ったほとんどの国々は、存在しなかったろう。

化石燃料が作り出した現代文明も、まさに偶然の産物だ。人類にこの無尽蔵の燃料を利用できる知恵がついたとき、たまたま石炭、石油などの存在を知っていたということに尽きる。ただ、この化石燃料文明は、地質年代的に言えばほんのこの間（一万二千年ほど前）人類が作ったと言える村を、ものすごい勢いで消滅させようとしている。

村は、明らかに人類の能力の発展に沿って可能となった居住、生活形態だった。だが、その存在は、これまで見てきたように、農業という人工的な生産形態を適用したとは言え、明らかに自然の許す範囲でしか資源を使わないという制約の中でしか成立しえなかった。

都市は、農村の進化したものではない。むしろ、チンパンジーと人類が共通の祖先から分化したように、農村から分化した存在だ。ゴリラやチンパンジーの進化形が人類ではないように、都市も村が進化したものではない。決定的に言えるのは、人類が現在のような認識、情緒をもつ存在になったのは、村もその延長上にある集団形成の結果だということだ。

　当たり前のことを言うようだが、人類の歴史から言えば、個人のアイデンティティーということが問題になるようになったのは、この、ほんの数十年だろう。そもそも、アイデンティティーなるものを形成する過程そのものが、人類の認識能力の発展と同一のものだった、他との関係性を作ることそのものが、人類の現在の脳の発達をもたらしたものだったからだ。だから、己が何ものか、などと問うこと自体が、ごく特殊な例を除いては人類の歴史ではなかったのだ。

　中田が指摘するように、私たちは「浮遊する個」という存在になりつつある。それを可能にしたのが、多少なりとも集団にぶらさがっていなくとも、コンビニやスーパーに行けばいくらでも必要なモノがある、買える、という状態だ。もちろん、それには金がなくてはならない。何でも買えるというのは、言うまでもないが、金がある限りの自由である。

　逆に言えば、このような状態で暮らしている私たちの糧食を絶つには、金の供給をやめればいいということになる。現に、そのようにして「糧食を絶たれた」人たちが、近年急速に取りざたされるようになった貧困層だ。どこか遠い開発途上国の話ではない。わが国をはじめとするいわゆる先進国での話だ。

　この先進国における「貧困」ほど、考えれば馬鹿げた話はない。私たちは、何の疑問もなく経済成長率をあたかも私たちの死活問題として考える。

　日本のＧＤＰは、一九七〇年で七三兆円余り、昨年二〇一五年が五〇〇兆円弱だ。六・八四倍に増えている。一方、日本の人口は、一九七五年で一億一千万人余り、二〇一〇年で一億二八〇〇万人だ。一・一六倍だ。単純に考えれば、今の日本人は当時より六倍ほどは豊かになっていなくてはならない。一九七〇年代というのは、日本国民の九割が自分は「中流」だと意識した年代であり、少なくとも国内の「貧困」が問題となっていた記憶はない。

ちなみに、米価一〇キロあたりの価格が、一九七五年では二四九五円、二〇一五年では平均で三八七〇円ほどか。繰り返すが、GDPは七倍弱増えているのに、人口は一・一倍ほどしか増えておらず、米価は一・五倍ほどしか上がっていない。単純に考えれば、すべての日本国民が一九七〇年代よりさらに豊かさを実感していていいはずだが、働き盛りの男性が飢え死にするような事態となっている。

なぜこうなったか。経済学ではいろいろ理屈があるのだろうが、中田の言うとおり、すべて後付けの理屈にすぎない。また、そんな理屈を聞いたところで将来にどのような展望も出てこない。はっきりしているのは、これはどう見ても富の偏在、格差の増大が極端に進んだということだ。

こんなことは、今更私が賢しら顔で言うことでもないが、経済成長は、特に一国の経済成長は、国民一人一人の豊かさを保証するものではまったくないと結論づけても良いということだ。

さらに、このような経済成長がもたらす生活が自然にかける負荷を考えると、全体の、つまり私たちの生存の前提そのものとなっている環境を含めた収支を考えると、マイナスバランスになっているとしか思えない。そのことを、自然との係わりが最も直接的な農村で、前章まで延々と見てきた。

私たち個人の生活、ごく平凡な都会人である私個人の生活を取ってみても、考えれば恐ろしいほど自然に負荷をかけているとしか思えない。

たとえば、わが家ではほぼ毎日洗濯機を使って洗濯する。特に、毎日汗まみれになって学校から帰ってくる子どもの衣類は、こまめに洗わないと間に合わない。そこで洗濯機の登場となるが、洗濯槽一杯洗うと、洗い、すすぎ二回を通じてほぼ一五〇リットルの水を使う。そして、シーツや枕カバーを替える日など、二回洗濯する。それだけで三〇〇リットルの水を使う。これは洗濯だけの話だ。さらに、炊事、入浴に使う水を考えると、おそらく、軽く四〇〇リットル以上の水を使っているのではないか。

特に、日本人は偏執的な風呂好きだ。毎晩、日本の津々浦々で膨大な量の水が消費されている可能性は大だ。それが、私がこれまで紹介してきた南インドの山村では、おそらく世帯あたり五、六〇リットルから一〇〇リットルほどしか使わない。なぜそういうことが言えるかといえば、それは簡単で、毎日女たちが水を汲みに行く水瓶の容量が最大二〇リットル程度で、一度に水を汲みに行く回数、たとえば朝の水汲みで水場と家を往復する回数はせいぜい二往復だ。水場には、当然ながら女性たちが列を成しているので、行ったらすぐに汲めるというものではない。水浴は毎朝するが、使う水はせいぜいバケツに一杯ほどだ。

そのつましい南インドの山村でも、農業には膨大な水を使っている。膨大という形容詞がこのような場所で適切かどうかは別として、前章まで述べてきたように、供給できる能力以上に水を使っていれば、それは使いすぎということだ。

大昔に比べて特に進歩しているとは言えない時間の使い方

水は、中田が指摘するとおり「要再生エネルギー」だ。言うも愚かだが、水がなければ人間をはじめ、どんな生物でも生きてはいけない。そして、都会で私たちが使う水は地下水だ。川から水を取る場合でさえ、そもそも源は地下からわき出る泉だ。そして、都会では天から降ってくる雨を溜めるどころか、すべてを排水していると言っていい。つまり、使うだけ使って、地下に溜めるということはない。

そもそも、都会では地面が露出しているところはほとんどないので、雨が地下に浸透しようがない。私たちは、生産されたものだけではなく、自然資源も消費するだけだ。私たちの生活スタイルは、「再生不要エネルギー」である化石燃料だけではなく、一切のものをあたかも無尽蔵にあるように消費するということで成り立っている。あるいは、そのようになってしまっている。そして、そのことを意識することがない。すべて、このような使い方の上に需要量が計算されているとしたら恐ろしいというしかない。

たとえば、水を使うときに必要とされるエネルギーだけでも、たいへんなものだ。洗濯機は電気を使う。風呂は、ガスで焚くか、あるいは電気で焚くか、いずれにせよ化石燃料のお世話になる。エネルギーを含む自然資源の消費に関して、私たちが、意図的にこうしているのではない。私たちが、ある程度意図的にしたのは、単に洗濯機を購入したり自動給湯器を取りつけたりしただけだ。便利だ、というだけで。ところがその便利さを納得させるような情報が、私たちの周りには氾濫している。便利ということを突き詰めてみれば、より体力を消耗しない、より時間を費やさない、ということに尽きるだろう。

だが自身を振り返ってみれば、そうやってセーブした体力、時間を使って何をしているかといえば、特に創造的な使い方をしているわけでもない。たとえば、全自動洗濯機を使えば、朝食の準備をしている間に、洗濯ができる。朝、子どもに食事をさせて学校に送り出す、そして自身も出勤するというときには確かに便利だ。さらに、朝洗濯物を干しておけば、お日様を有効利用できる。このような時間の有効利用は、実は人類の遠いご先祖様の時代から、多かれ少なかれ試みられてきたことだ。

人類の脳の発達、もっと具体的に言うと脳の大きさの発達と集団の大きさは比例している。脳が大きくなるにつれて、人類はより大きな集団を形成してきた。あるいは、より大きな集団を形成するように脳は大きくなってきた。そして、集団が大きく成っていくということは、どれだけ限られた時間の中で（大昔は、暗くなったら眠るしかなかったので、お日様が出ている日中）、食物を探す、食事をする、休息する、グループの絆を深める、この四つの主な活動の間のバランスを取るかという課題をなんとか解決してきた歴史でもある。特に、脳は全体重の二パーセントほどの重さしかないのに、エネルギーは二〇パーセント消費する。つまり、大きくなればなるほどより多くの栄養を補給する必要があるわけだ。必然的に、食物を探す時間は長くなる。さらに、集団の規模が大きくなると、それを維持するために使う時間も増える。脳の発達とは、このような課題を解決してきた歴史だ。

翻って、現在の私たちの生活を見ると、大昔のご先祖様たちとは逆転した時間の使い方をしているように思えてならない。つまり、洗濯機を使って時間を有効利用し、できた時間を何に使っているかといえば、生活の糧を稼ぐことに使っている。現在は昔のように、暗くなったら眠るしかないなどということはないが、それでも、私たちが起きて活動するほとんどの時間を、稼ぐことに使っているようだ。そして、本来もっと時間をかけるべき、自分にとって最も大切な人々とのコミュニケーションの時間が取れていない。

これまで何度も出てきたダンバー数は一五〇人だが、この数字を中心に、五人、一五人、五〇人、一五〇人、五〇〇人、一五〇〇人というレイヤーがあるそうだ。その最小単位五人こそ、本来なら日常的に最も接触が多く、したがって、最も密なコミュニケーションが取れるレイヤーだ。現在なら、核家族に近いものだろう。あるいは、物理的に一緒に住んでいる人たちと言い換えることができるかもしれない。

ところが、現在では、下手をすると居住空間を同じくしながら一日のうちで顔を合わせることが滅多にない、などということもざらだ。これは、何百万年と培ってきた人間の心性のあり方とは異質な状態なので、やはりどこかで必ずストレスになるはずだ。

私たち人類は、これまで自分の生活を設計したことがない

ところで、これまで私が村のことを書きながら見えてきたことは、私たちの歴史は、延々と変化する状況にいかに対処するかということで生き延びてきた歴史だった。そして、この変化する状況を作り出すのが自然環境の変化だった。

人類が登場してからの変化としては、おおざっぱに言えば、気候が暑くなったり寒くなったりというこ とで作り出される環境の変化に、いかに適応するかということに尽きる。私たちは環境の変化に適応するという、ある意味では受け身の対応を延々としてきた。それは今も変わらない。

が、この百年あまりは、化石燃料を大量に消費することによって、自然以外の要素が大きく環境を変えるという事態に直面せざるをえなくなった。これは、これまで人類が経験したことのない事態だ。しかも、その変化の早さは、生理的にもメンタルにも、それに適応する時間を許すようなものではなさそうだ。

当たり前のことだが、私たちは、自分が生まれる環境を選んでこの世に出てくるわけではない。生まれ落ちたところの自然環境、社会が私たちの基本的な世界だ。その世界に対して、自ら積極的に変化を求め行動を起こし、そしてそれに成功するということも歴史上には何度もあった。

ただ、それは大方権利闘争であって、それが社会的な権力であろうが、自然資源に対するアクセス

権であろうが、社会のある層は持っていて、ある層は持っていないという状態を変える、つまり持っていない層がマイナスだったものを獲得するという内容だった。

だが、私たち人類がこれまで一度もしたことがなかったことが、自分の生活を起点とした社会の設計だ。つまり、自分はどのような生活をしたいのか、そのためには、インフラも含めてどんな環境が必要なのか、そのためにはどれほどエネルギーを含む資源が必要なのか、それを積み上げてコンセンサスを作り、自分たちが住む社会を設計するという行為だ。中田が第7章で述べたように、私たちの選択肢としては、「個」から出発し、人為的にこれから生きる場を作るしかないなら、今まずしなければならないのは、このことかもしれない。

いわゆるライフサイクルプランというのが一時流行ったが、あれは極めて抽象的なもので具体的な生活に根ざしたものではない。ところが、朝目覚めてから夜寝に就くまで何をするかということに基づいた設計というものは、極めて現実的なものだ。

朝起きてまず何をするのか。洗面をするなら、そのとき使うものはどういうものか、歯磨き粉の素材は、タオルの質は、何よりも使う水の質は、などなど、快適で健康な生活をしたいなら考えることはいくらでもある。必ず出る排泄物の処理の仕方だって、快適なだけではなく、環境に負荷をなるべくかけない住環境を作る要素だ。

さらに、朝食は、その材料は、果たして自分や子どもに長期的に害にならないものか、調理に使うエネルギーはなど、ここでも考えるべきことはいっぱいある。そして、通勤や通学に使う道路はどんなものがいいのか、目的地に着くまでストレスがないような環境とはどんなものなのか、などなど。

こうして具体的に積み上げていって、どこまでが個人でき、どこまでが隣近所を含む地域ででき、どこから地方行政と協働でき、そしてどこからが行政がするべきことなのか、できうる限り分けてお互いの責任分担をはっきりしなくてはならない。これは、メタファシリテーションの基礎である事実質問の応用である。メタファシリテーションの真骨頂は、まさにこういうところにある。

小さな村の中期計画

二〇一五年七月のある日、ブータラグダ村でイベントがあった。私たちが行っていたプロジェクトの発表会だ。発表会と言っても、村人がプレゼンテーションするのを私たちが見ているだけだ。このプロジェクトは、ＪＩＣＡの「草の根技術協力」という制度を使って、ムラのミライが村人たちと二〇〇七年から行ってきたものだ。このプロジェクトが八月に終了するので、最終評価にやって来たＪＩＣＡチームのために、発表会を村人たちが企画した。ディスプレイする展示物から発表まで、直前まで何をするのか私たち外部者は知らなかった。

会場はこの小さな村の居住区の裏手、山際の空き地だ。木立に囲まれ、村人たちが薪取りや、牛やヤギを放牧するのに連れていく通り道にある。犬たちも、集会の宴のおこぼれにあずかろうとやって来る。そして鶏たちも。

会場の設営は簡単だ。来客、つまり私たち用のプラスチックの椅子が数脚、あとは村人たちが座るビニールシートが敷いてあるだけだ。展示物は、ブータラグダのマイクロ・ウォーターシェッドの模型、SRIの模型（第6章参照）、村で穫れる作物だ。彼らがどんな活動をしているのか、わかるようになっている。

この発表会には、二〇〇七年から同じプロジェクトで活動している他の村、そして、二〇一一年から新たに活動を始めた村からも村人たちが見に来ている。そのときのブータラグダの青年たちの発表の内容を、以下、当時、ムラのミライのスタッフとしてプロジェクトに係わっていた實方博章の報告から引用する。

（前略）最初は、流域*なんて言葉も知らなかった。でも研修を受けて、自分たちの流域のことを知った。自分たちの村にある資源を知った。植物図鑑を作って、計画づくりのやり方を学んで、石垣をつくって、植林をして、今度はそれを村のみんなでメンテナンスできるような仕組みをつくって（中略）少しずつ自分たちの森のことを知って、それを守り、今度は農業に活かすための実践を続けてきた。そして、自分たちが習得した技術を隣の村にも教えるようになった。

今では、自分たちで流域管理の計画を立て、それを実践できるようになった。乾季でも村で水が手に入るようになった。

農業の計画を立てて、小さな土地を有効活用して、より多くの、多種類の作物がとれるようになった。化学肥料に頼らなくても、ミミズや牛糞や葉っぱを利用して、土に栄養を与える方法を知った。

毎月各世帯から貯金を募り、村の中でお金の貸し借りができるようになった。

そして、今では「安全な水と土で安全な野菜を作り出す村、そして高利貸しなど外部からの融資に頼らなくても自活していける村」という目標を立てて、それを達成するため2020年までの計画を立て、実行している。（中略）

誰かが「あーしろ、こーしろ」と、指示したわけじゃない。このすべては、ブータラグダ村の人たちが自分たちの意思で続けてきたこと。自分たちの意思だから、8年間、ずっとこの活動を続けてこられた。

ブータラグダ村の軌跡の発表が終わると、会場からは拍手が巻き起こった。司会をしていたアナンドがブータラグダ村のみんなを呼び寄せた。子どもたちも、若者たちも、お母ちゃんも、お父ちゃんも、おじいちゃんも、おばあちゃんも、「これがオラたちのブータラグダ村」だと言わんばかりに、その嬉しそうな顔には、自分たちの村を誇る自信が感じられた。

（よもやま通信第22号「奇跡じゃない、これがオラたちの軌跡」〈二〇一五年八月一七日発行〉muranomirai.org）

（＊マイクロ・ウォーターシェッドのこと：筆者註）

発表は、年を追って行われる。まず、二〇〇七年、二〇〇八年などのプラカードを持った村人がいつの年のできごとかを示し、その年に行われたことを寸劇や模造紙に書かれた表で表現する。自分たちが何を理解していなかったか、何を学んだか、そして何をしたかが、彼らの言葉で要領よく紹介されていく。

このプロジェクトは二つのフェーズに分かれていた。第一フェーズでマイクロ・ウォーターシェッドの理解とその維持の仕方、第二フェーズで、保全、再生できるようになった資源をいかに農業に持続的に有効に利用できるかを学び、実践するというものだった。

第二フェーズでは、同時に、第一フェーズに参加した村が、近隣の村で希望するところには自分たちが学び実践していることを普及している。注目すべきは、彼らが、自分たちの村をどうしたいのかということについての、二〇二〇年までの計画を立てていることだ。三〇世帯ほどの小さな村だが、村人が話し合って自分たちの将来あるべき姿を具体的に描き、それを実行しようと計画に落とし込んだという例を、私はほかに知らない。

その計画に盛り込まれているのは、農業に関することだけだが、たとえ小さな村とはいえ、自分たちで、自分たちの言葉で語っている。この計画で欠けているのは、インプットとアウトプットに関する具体的な数値だ。特に、エネルギーに関してどれほどのインプット、アウトプットが見込まれるのかがわからない。しかし、これは彼らがこれまで学んだことより、もう少し複雑な知識を必要とする。

なまじ儲かってしまうと危うさもある

一方では、ブータラグダ村と同じ年にプロジェクトに参加したゴディアパドゥ村は、マイクロ・ウォーターシェッドのトリートメントが功を奏して、斜面に植えた箒草の質と収穫が飛躍的に上がり、近隣の村々に箒を出荷する一大生産地になった。

箒草の収穫、箒の製造に、他の村から人を雇うまでになっている。そして、箒事業を拡大しようと、斜面の上のほう、マイクロ・ウォーターシェッドでいうと、尾根のほうまで箒草を植え始めていた。

そもそも、この尾根付近は第一ゾーンと呼んで、一旦木を植えたらそのまま人が利用せずに保全する場所だ。ここで木を伐採して畑にしてしまえば、マイクロ・ウォーターシェッドのトリートメントの前提そのものが崩れ、トリートメント以前の状態に戻る、つまり元の木阿弥になる。私がそのことに気づいたのは、前述のブータラグダでの発表会がある数日前、その村を訪れたときだった。そのことを、金の卵を産む雌鳥のたとえ、「もっと卵を得ようと雌鳥そのものを殺してしまってはすべて失う」を使ってその場で指摘したが、その後、果たして村人たちが「雌鳥を殺す」ことの愚を悟り、再び持続可能な資源の管理を始めたかどうかは定かではない。

この村は、ブータラグダと同じく世帯数がたかだか三〇ほどの小さな村で、そのマイクロ・ウォーターシェッドも規模が小さい。もし、このまま過剰に斜面を使い続ければ、数年を経ずして資源、つまり土と水を消耗してしまうだろう。

だが、このように一つの生産品が商品として大きな収入源となってしまえば、それに引っ張られるのも人間の心理だ。現にこの村も、二年を経ずしてピックアップトラックを買い、新築の家が増え、と、ちょっとした成金の村となった。一つの産物に頼りすぎ、自然資源を過剰に使い、村そのものが疲弊してしまう例には暇がない。

需要はどこでもあとから作り出される

需要と供給を基にした市場というものの虚構性は、中田が繰り返し説いている。ここでは、私の個人史、自分自身のことと私が観察しえたことを中心に中田の説を補足したい。

まず、第1章の冒頭で紹介したプットシル村のことだ。一九九六年、南インド、オディシャ州とアーンドラプラデシュ州の州境に近い山中にあるプットシル村に出力が一三キロワットの小規模水力発電所を建設した。この頃、小規模水力発電所の設置は南インドでは初めての試みだった。地元のNGOと日本側では二つのNGO（ムラのミライと自立のための道具の会）がコンソーシアムを組んで、プロジェクトを実施した。

プットシル村は、当時世帯数七〇ほど。建設後は、ずっと五キロワットしか発電しなかった。それ以上の出力が必要なかったからだ。電気が来たことで各家庭が購入した電化製品が、電球一つ。そして、村で一台のテレビを買った。ほかには、地元のNGOが村の青年たちを教育するというので、デスクトップ・コンピューターを一台。さらに、近隣の村にも役立てたいというので、精米機。精米機が頻繁に使われていたことは、私の知る限りない。

電気が付いたおかげで、屋内の竈で炊事をするとき、いかに煙が室内に充満していたかということがわかったという以外、村人たちの生活にさして変化はなかった。電球以外の電化製品を買う現金がないという理由だろうが、冷蔵庫を買うとか、洗濯機を買うとか、そういうことは起こらなかった。また、そのようなものを買わないことで、特に村人たちが不便を感じているという様子もなかった。

翻ってみれば、私の子どもの頃、覚えている限りでは、小学校二年生（一九五七年：昭和三二年）までわが家の「電化製品」といえば電球と箱形のラジオだった。米は羽釜で炊いていた。洗濯は盥でしていた。コンロというものもなく、七輪で煮炊きしていた。

母親は勤めていたので、できれば洗濯など機械にやってもらえればありがたいと思っていたかもしれない。だが、子どもの私が、そのような生活が不便だとか貧しいだとか思うはずもなく、腹いっぱい食べて夕方まで外で遊んでいられればそれでよかった。

羽釜で米を炊く頃から家事を始めた母は、今はグループホームに入っている。父が亡くなって一〇年、一人で暮らしていたが、認知症が進んで一人暮らしは無理になった。弟が、自宅からさほど遠くはないグループホームに入れ、弟や弟の妻が週に一、二度ホームに母を訪ね世話を焼いている。

母が自宅からホームへ移る頃から今まで、弟のやることといえば、母が住んでいた家のゴミを片づけるということに尽きた。まず、ゴミの最大のものは、食べられずに腐った食品の山である。そのほとんどは、巨大な冷蔵庫の中で朽ちていた。子どもが家を離れ、夫も死に、自分一人になっても長年の習慣というのは抜けないものらしい。相変わらず必要以上のものを買い続け、冷蔵庫に入れ、そして買ったことさえ忘れてまた同じものを買う。本人が意識しないうちに、外国製の巨大な冷蔵庫はいつの間にか巨大なゴミ箱になっていた。

認知症の進んだ母だからこうなのかといえば、そういうことではないらしい。友人が、東海地方のある都市で、市と一緒にゴミの調査をしたところ、分別したゴミのうちの厨芥類《ちゅうかい》(要するにいわゆる台所から出る生ゴミのことだ)のなんと一九・二パーセント以上が手つかずの食品だった。つまり、買われてからまったく使われていない、中には封も切らないうちにゴミとして捨てられたものだった。このようなゴミが、二〇パーセント近くもあるのだ[19]。

ところで、母の名誉のために言っておくが、昭和二年(一九二七年)生まれの彼女は、基本的には「もったいない」の世代だ。食べる量もつつましい。問題は、生理学的な意味での彼女一人のささやかな消費と、彼女の購買行動（もう過去の話となってしまったが）のギャップの大きさだ。彼女が今日一日分として買う量がすでに「多め」、彼女が必要とする量よりはるかに多くパッケージされているのだ。つまり、もともと余分に買っている。

このような状態は日常の積み重ねなので、気がついてみたらこうなっていたというものだ。だが、やっかいなのは「日常の積み重ね」というやつで、本人が意識しないうちにそうなったものは、当人の生存そのものを脅かすような事態が起こらない限り気がつかない。さらにやっかいなことに、購買行動というのは依存症も作り出すらしい。つまり、買うこと自体に快感を感じるのだ。第3章で紹介されている「ペットボトル入りのお茶を買うシングルマザー」のエピソードは、そのささやかな例だろう[20]。

自分の生活に制約を設けてみる

このようになってしまった生活を、私たちのリズムに合ったものに改めるのは容易ではない。そこで、自ら制約を設けるのも一つの考え方だ。

茨城県日立市にある茨城製作所、通称イバセイが作った革命的とも言える発電機がCappa（カッパ）

だ。これはダイナモを水流に浸ければそのまま発電を始めるというすぐれものだ。もちろん、設置するための土木工事は一切要らない。大人二人で持てる。通常の水力発電のように、水流の落差は必要ない。水深五〇センチ、渓流か水路の幅が一・一メートルから四・五メートル、水流の速度が毎秒一・五メートルあればそれでいい。水流に浸ければ、そのまま四六時中発電できる。メンテナンスも、ゴミを取り除いてやるくらいだ。インバーターを経由してバッテリーに蓄電しておけば、一時間で定格出力四五〇ワット、一〇時間で一二〇ワットである。

一二〇ワットといえば、せいぜい緊急時の電源程度だと思われるだろうが、そうではない。LED電球、スマホ、携帯、タブレット、ラジオ、一七インチテレビ、DVDプレーヤー、白熱灯、デジカメ、ノートパソコン、扇風機程度のものなら、組み合わせを考えながら電気を供給することができる。たとえば、さほど大きくない冷蔵庫なら、出力は一二〇ワット程度だ。

しかし、カッパが本当に力を発揮するのは、カッパが出力できる範囲で生活を組み立て直すと私たちが決めたときだ。そのためには、カッパが供給できる電力で動く家電を作らなければならない。いわば、アプリがなければスマホ本体だけでは何にもならないように、カッパもそれに合わせた製品を開発するわけだ。

たとえば、洗濯機などウォーキングマシーンで発電できるような装置を考え、カッパで出力する電気はその制御にだけ使うということも可能だ。つまり、運動をしながら洗濯をしてしまおうというわけだ。冷蔵庫なども、必要最小限のものだけ入れられるようなものにすればいい。

こう書くと、とてもそんな時間はないという声が聞こえてきそうだが、そのような時間が十分ある生活に切り替えるのだ。だから、働き方を変える必要があるだろう。

また、カッパは汚れた水流では使えない。水流が十分できれいな渓流、水路があるような環境を作り出さなくてはならない。

カッパは、二機並列でも使える。もちろん、出力が増す。将来、コミュニティ全体でそれぞれの家がもつカッパの電力を融通し合えるようなシステムが開発されれば、まさに電力のネットワークだ。つつましく、しかし「足るを知る」という生活に切り替えるには、何らかのきっかけが必要だが、カッパのような具体的なテクノロジーがあれば、それを依り代として具体的に変化の方向を考えていける。

私がこのように偉そうに書けるのは、カトマンズに最近まで住んでいたことが根拠になっているのかもしれない。

カトマンズは、電力不足で停電があるのが普通の生活だ。冬場は例年でも、一日一六時間停電する。日中、私たちが活動している間の給電は平均三時間だ。ましてや、昨年（二〇一五年一二月の時点）はインドから供給を止められているせいで、石油もガスもなく、冬に向かって停電の時間は増えるばかりだ。だが、人々は暴動を起こすでもなく、ガスを薪に切り替え、やりくりしながら暮らしていた。わが家も、電気があるときだけ電気を使うという生活をしていた。停電中は、インバーターを通じてバッテリーに充電していた電気を使い、限られた照明だけ点ける。それも、バッテリーが切れればお仕舞いだから、早く寝る。

不便といえば不便だが、翻ってみれば、ずっと電気があるからといって特に創造的な活動をしているわけでもない。早く寝て、朝小鳥の声とともに起きるのは悪くはない。もちろん、カトマンズといえども、ある規模以上の病院など、どうしても必要なところには優先的に電気を供給している。

カッパに戻って考えれば、私が言いたいのは、個人の生活などこの程度の電気で実は十分ではないのか、ということであり、それ以上に必要な公共施設などは別の電源を使えばいいだけの話だ。それでさえ、ほとんどは小規模水力発電程度で十分なはずだ[21]。

食料だろうがエネルギーだろうが、自分たちが必要なだけ自分たちで選ぶ。それが主権者の主体性というものではないだろうか。

変えるのは私の、あなたの生活
――それ以外の出発点はない

要はあくまで具体的に考えること

個人から出発するというのが、あくまで基本だ。私の生活を具体的にどうするか、そのことだけが問題だ。楽に暮らしたいとか、楽しく暮らしたいとか、家族と仲良く暮らしたいとか、快適な生活をしたいとか、安全で安定した暮らしをしたいとか、そういう漠然としたことではなく、楽に暮らすとはどういうことなのか、朝起きたときから寝るまで、あるいは寝ている間さえも楽であるとは自分にとってどういう状態なのか、どういう環境なのか具体的に考えなくてはいけない。いや、具体的にイメージし、どのようにしたらそれが実現できるのか、考えなければいけない。

第6章でも書いたが、プラン、計画とはそうしたものだ。「温泉にでも行きたい」、だけでは温泉には行けない。いつ、どこに、どれだけの予算で、どのような交通手段で、何日、と決めてから初めて行ける、つまり、実現するのだ。もちろん、たかだか温泉くらいでこれをすべて言語化することは大げさだが、こんどの休みに温泉に行くぞ、と決めた時点で、実は言語化しないだけで上記のことは頭の中でシミュレーションしている。たとえ、団体旅行に申し込んでも、少なくとも自分の財布の中身と相談していくらのパッケージに申し込むか考えるだろう。

話が横道に逸れたが、楽しい生活にしても、安全な生活にしても、すべてそうだ。たとえば、毎日食べる食事。食べなければ自分の肉体を再生産できないわけだから、生きるということのこれが基本だ。再生とはよくいったもので、私たちの肉体のあらゆる細胞は、新たに生まれ変わっている。その点でいえば、私は数ヶ月前の私ではないのだ。毎日自分を新たに生まれ変わらせてくれている大事な食事を、どのような食材を使い、どのように食べるかほど人生で大事なことはないかもしれない。果たして自分は、与うる限りベストの食材を自分の肉体に対して与えているだろうか。それは、珍味佳肴を毎日食べろということではない。普段に食べる野菜にしろ、魚にしろ、肉にしろ、本当に自分の肉体に負荷をかけず、せめてたった一度の人生で息を引き取るまで健やかに過ごせるようなものを吟味して食べているだろうか。

ところが、食を大事にし、そのことを考えるにも、私たちの社会は、「自由で平等な競争」という思い込みにしばられている節がある。なぜなら、自分のために投資するという発想を、今の人は往々にしてするからだ。そして、自分に投資するとは、毎日農薬のかからない、放射能に汚染されていない、食品添加物の入っていない、新鮮な食材で食事をすることではなく、あちらの講座にでる、こちらの塾に通う、そして「専門的」知識をつけることに資源を、つまり金を遣うことだと思っている。子どもに対してもそうだ。そもそも、子どもに対する教育費は、食費を極限まで削る言い訳になっていないだろうか。だが、教育こそ最も国民国家が資源をつぎ込むべきものだ。

人間は育ち上がるのに二〇年から二五年かかる。大脳の前頭葉が十全に発達するまでにそれだけの時間がかかるのだ。その間、子育て、教育はコミュニティが担ってきたのが人類の歴史だ。なぜこれだけ他の霊長類に比べて一人前になるのに時間がかかるかといえば、この時間で他人との関係性を学ぶからだ。

人間の子どもは、赤ん坊の頃から他人の心を「読む」ことを学び始める。簡単に言えば、目の前に現れる人が何を考えているのか、自分をどう評価しているのかを「読む」ようになるのだ。これがよくわかるようになるのが、大体五歳頃だ。そして、直接相手にする人からたぐっていって、二人、三人と、だんだん他人が何を考えているのだろうか、ということを推定するようになっていく。二〇歳から二五歳くらいまでに、直接間接に五人の推定ができるようになる。たとえば、「Dさんがそう思っているとCさんが信じているとBさんが思いたいとあなたがそう思っていると私は信じている」というような推定の仕方だ。

人間の子どもが、長い間学校で学ぶ最も重要なことの一つが、このような関係性のマネージの仕方だと言っても過言ではない。ちょうど、小学校、中学校、高校と、日常的に学校で接する他人、つまりクラスメートや同じ学校で学ぶ子どもたちが住む範囲が広がり、本来ならさまざまな考え、習慣、文化を背景にした他者と接する機会が広がるのだ。すなわち、相手の気持ちがわかり、相手の考えを尊重する大人にゆっくりとなっていく過程なのだ[22]。

そのようにして教育された子どもこそ、掛け値なく国の宝、ちょっと生な言い方だが、国が持ちうる最高の「資源」だ。だから、学校教育は国が最優先で投資すべきことで、そもそも親の教育費の負担が大きいなどは本末転倒だ。

それよりも、食事に投資し、健康な子どもを学校でのびのびと学ばせることが、家庭にとっても社会にとっても利益になる。というより、初等教育以前の幼稚園や保育園も含め、地域に学校があり、そして子どもがそこで成長していくということの意味が、今はこれまでにも増して私たちの社会にとって重要になっている。私には、そう思える。

ところで、食物の話だ。その食物の手に入れ方だが、昔は安全だから食物だったのに、今は安全か安全ではないか、どこまで危険を許容すべきか難しい判断を迫られつつ手に入れなければならない。思えば不思議な世の中になったものだ。

大昔だって、ある種のキノコが食べられるか食べられないか人間が学習するまで、何人もの犠牲があっただろう。ところが、今では、大量に作られたモノで大勢の人が、巨大なスケールでの人体実験を行っている。農薬、食品添加物、遺伝子組み換え、放射能汚染など、今の安全基準で果たしてどうかなど、すぐにわかるとは思わないほうが賢明だ。おそらく、結論が出るのは、三世代、いや、四世代も五世代もあとかもしれない。

だから、とりあえず、安全な食品とは、私たちのご先祖様が何千年もかかって確かめてきたものだけだと思ったほうが良いだろう。そのような食品をどのように手に入れるか。一つの選択肢は、自分で作る。穀類から野菜、果実まですべて自分で賄うには、もともと農家であるか、あるいは農業に転業するかしなければできない。でなければ、その一部を家庭菜園で作るか、家庭菜園にするような庭がなければ、せめてベランダで、鉢植えでできるようなものを作るか。

だが、それでは必要な穀類、野菜すべてを賄うには足りない。では、どうするか。たとえば、有機野菜の産直運動をやっているグループを探し、参加するというのは一つの手だ。近くにそのようなグループがなければ、自分でそのようなグループを隣近所に声をかけて作ることもできる。その際、結びつくべき生産者をあらかじめ知っておかねばならない。今は、インターネットがあるので、それはそれほど難しいことではないだろう。

しかし、このような活動は割と手間がかかる。はっきり言って、空いた時間にスーパーに行って、買い物をするほうがよっぽど手間いらずだ。だから、手間がかかることも楽しまないと、やっていけない。特に、このような活動をすることの楽しみとは、さまざまな人との出会いだろう。世界が広がることを、まず楽しむようにすれば、手間も十分報われる。

私たちは毎日ゴミを買い、その始末にさらに金をかける

このような購買活動を行うについて、どうしても考えておかなければならないのが、ゴミだ。私たちが「自由」になったのは、特に隣近所、親戚、友だちと助け合わなくとも、金さえあれば何でも手に入るようになったことだ。人と人との関係性のくびきから解き放たれて、自分が思うときに出かけ、自分が思うようにモノを買うことができるようになった。その質さえ問わなければ、コンビニに行って弁当を買い、手軽に腹を満たすことができる。それが、私たちが手に入れた究極の「自由」である。

だが、この「自由」は、常にゴミを一緒に買うというおまけが付いている。なぜなら、購入するすべての商品が包装されているからだ。しかも、この包装の素材が、わざわざそのための設備、システムを作らない限り、リユース、リサイクルができない素材が多い。そして、個人のできうるリユース、たとえば包み紙をギフトのラッピングにリユースするなど、の範囲などはるかに超えたゴミが毎日溢れるほど出るのだ。

まさに、「溢れる」というのは過剰な形容ではなく、スーパーで買い物をしたあと、家で買ったモノのパッケージを外せば、その捨てるだけしかない容器の量にため息が出るばかりだ。そして、その溢れるばかりのゴミを処理するために使う資源の膨大さにも、ため息が出る。まず、ゴミをまとめてゴミ処理に出すためのプラスチックの袋、私たちがゴミ袋と呼ぶモノだ。これも、私たちは買うのだ。

そして、ゴミを収集するために来るトラック。そのトラックが毎日使うガソリンの量とコスト。そして、ゴミを収集してくれる職員の人件費、ゴミを集積し、分別するための施設にかかるコスト、そして、最終的に焼却処理するための施設のコスト、焼却に使う燃料のコスト。ゴミが無駄なモノ、利用できないモノだというのなら、それを処理するためだけに使う資源、空間はいったい何と言えばいいのだろうか。そのコスト一切は、当然ながら私たちが負担する税金で賄われている。

さらに、言うまでもないことだが、ゴミを分別する、回収される発泡スチロールのトレーや牛乳パックを洗って乾かすなど、手間と時間もかかる。これが新たな資源になるから手間も時間も仕方がない、と思わないでもないが、私のような怠け者は、どうしても面倒だと思ってしまう。なら、個人レベルで何ができるか、といえば、それはゴミにしかならない包装をできるだけ拒否するということだ。3R（Reduce: 減らす／Reuse: 再利用する／Recycle: 再生する）とは、ゴミの減量のためのよく耳にする標語だが、これにもう一つのR、Refuse（拒否する）を加え、4Rにするわけだ。

日本のような国ではなかなか難しいだろうが、まずすることは、なるべく包装されない状態で買えるような店を探すことだ。そして、買い物袋は当然のこととして、包装がどうしても必要なモノには、そのための容器を持っていくことだ。スーパーでも、レジをすませたら包装を解いてしまう。家でどうせ解くことになるし、家ではその後の処理もある。ある意味実力行使だが、個人のできることからというなら、このあたりからだろう。

ちなみに、私はネパールの首都カトマンズに最近まで住んでいたが、ゴミに関する限り事情はまったく同じだったと言っていい。ここでも、購買行動を起こすということは、日常的にゴミをため込むということだ。そして、日本のような経済力のないこの国では、行政力の、いうところのガバナンスの低劣さと相俟ってゴミの処理がほとんどできていない、簡単に言うと町中ゴミだらけという状態になっている。

仕方がないので、私はなるべくゴミが伴う買い物を控えるようにしていた。野菜は、幸い週に一回近所で有機野菜を売る小さなマーケットが立つので、そこで購入するようにしていた。卵も、容器を持っていって買っていた。その他、牛乳、パン、洗剤、コッテージチーズなどが買えるが、すべて容器を持っていくか、あるいは前回入っていた容器を洗って返すことをしていた。洗剤は、通称ソープナッツ（Sapindus）の液だ。これで、洗濯から食器洗いまですべてを賄っていた。

だが、それでもそれ以外の買い物もしなければならないので、完全にゴミをシャットアウトするわけにはいかない。プラスチックゴミは、分別するために五〇リットル入りの蓋付きバケツに溜めているが、それが一月でいっぱいになった。カトマンズでは、ゴミを分別回収しているわけではないので、普通生ゴミもプラスチックゴミも電池も何も、そのまま捨てられる。それを回収業者がゴミの中から拾い出し、売れるものをリサイクルに回す、つまりインドの業者に売るということをしている。

繰り返しになるが、ゴミを定期的に回収に来るわけではないので（とてもそのようなことができるほどのインフラも人員もない）、放置されたゴミは、たまりかねた近所の人が路上でそのまま焼いたりする。全部を焼けるわけではないが、まったくやらないよりましだということなのだろう。ところが、プラスチックを燃やすわけだから、燃やすことによって有害物質がでる。ダイオキシンだ。私の場合、幸いにも事務所の近くに回収業者がいるので、プラスチックゴミは、ある程度溜まったら事務所のゴミと一緒に業者に持っていった。それにしても、ため息の出るような状況だ。

だが、忘れてはいけないのは、別にゴミに関して日本がネパールより知恵があるとか優れた考えをもっているとかいうことではないということだ。ただ、日本はネパールより圧倒的に経済力がある。具体的に言えば、石油と人件費をそれなりにゴミ処理に使えるというだけの話だ。もちろん、行政や教育、そして民間によるゴミ減量の啓発活動が行われ、それなりの効果を上げているが、残念ながらそれは購買活動そのものがゴミを生み出すということを変えるものではない。

では、それに対して何ができるか、ということになると、やはり身の周りから始めるしかない。たとえば、すべてを量り売りする店を作ってしまう。このような試みをするには、何よりも生産者の理解と協力が必要だ。しかし、それ以上に必要なのは、同じ志と言えば大げさだが、やはりゴミに埋もれては暮らしたくはないという人たちとの連帯だ。生産者としては、すでに元からの農家で有機野菜、産直運動を起こしている人々、また、都会から田舎に移り、農を生業とするようになった若い人たちが少なからずいる。まず、そのような人々に呼びかけることから始めることができるだろう。なによりも、このような店は、家から歩いて行ける、自転車で行ける距離にあるのが良い。そのような店を一つ作ってみる。

ここで試みるのは、何よりも、必要な量は自分で決める、ということだ。自分で必要なモノを必要な量だけ買う、ゴミは買わないという原則を貫くことだ。徳利を下げて酒を買いに行った昔と違って、今は、軽くて持ち運びに便利な容器が容易に手に入る。醤油もオイルも味噌も、すべて自分が気に入った容器を下げて買いに行くのは、心躍る行為ではないか。店で売っている商品、たとえばコーヒーやジャム、パンなどを使ったカフェスペースを設置して、商品の宣伝を兼ねながらお茶の飲める休息スペースを作っても良い。カフェを運営するのはボランティアに任せ、利益が出だしてから給与を払うなりしても良い。おそらく、そのようなスペースには、そこに休息のために集う人々の間のコミュニケーションが広がり、さまざまな情報が行き来する場所になるだろう[23]。

個人で手に余るところは、隣近所に呼びかけてみる

朝目覚めてから

繰り返しになるが、基本は自分に事実質問を投げかけることだ。自分がどんな生活を望んでいるのか、朝起きてから夜寝に就くまで、具体的に考えてみることだ。こんなことは、毎日できることではない。しかし、たまには、中田ではないが、自分を見つめる思考実験としてやってみてもいいだろう。

朝目覚める。おそらく、誰でも歯を磨き、顔を洗うというところから一日を始めるのではないだろうか。そのとき、あなたは、どんな歯ブラシ、歯磨き粉（あるいはペースト）、タオルを使うだろうか。どんな質のものを、求めるだろうか。たかが歯磨きというなかれ。あなたが、自分の子どもに歯磨きをさせるようになったのはいつだったか、覚えているだろうか。離乳食を、食べ始めた頃だろうか。それとも、断乳してからだろうか。いずれにせよ、歯磨きは、子どもがその後の長い生涯で毎日行う

可能性の高い、いわゆる日課というものだ。

私などは、六六歳になる今日まで、歯磨きに対して特に定見をもつようなことはなかった。ただ、習慣として、毎日朝食後、そして夕食後に歯磨きをするだけだ。歯磨き粉について、特に調べたこともない。

この歳になると、身体のあちこちに不具合が起きてきて、歯もその例外ではない。先日左の奥歯に不具合が出て、右の奥歯でしかものがかめない日々が続いた。すると、肩こりや胃の不調が出て、たった一本の歯とはいえ、徒やおろそかにするものではないということを、身をもって知った。

試しに、インターネットで「歯磨き」で検索をかけてみると、それこそ何十万件とヒットする。ざっとタイトルだけ見ていると、大方は歯磨き粉の宣伝と思われるが、それでも「天然の成分」とか、私の嗜好をくすぐるようなキャッチも散見される。特に、「健康にいい」というものは、日を追うごとにころころ変わるので、何を試みるにしてもほどほどにしたほうがいい。

が、ここで歯を磨くという日課に対して、改めて自分は何を求めているのかということを考えてみると、毎日の食事を支障なく摂れればいいということに尽きる。つまり、虫歯にならず、歯がぐらぐらしないよう歯茎を保つということになる。そうなれば、歯の磨き方、歯磨き粉の選び方も、自ずと決まってくる。ただ、なるべくなら、歯磨き粉を買うことによってゴミが出ることが少ないものを選びたい。また、気がつかないうちに有害物質を体内に取り込んでいたということのないものを選びたい。私の余命などたかがしれているが、特に子どもには、この先何十年という生を生きていかなければばいけないので、気をつけてやりたい。

私たちの遠いご先祖の化石を調べると、火を用いて調理するということのない時代には、臼歯がすり減ったものが多いそうだ。特に、根茎類を食べるときなど、土から抜いてそのまま食べるわけだから、食物についた小石なども噛んでいた。臼歯もすり減るだろう。

やがて、火を恒常的に用いるようになって、動物性タンパク質の摂取が飛躍的に増えた。生の肉より、焼いた肉のほうが、消化がはるかによく、また食べやすい。陶器の使用により、食物を煮炊きするようになると、食物を柔らかくして食べることができるようになり、特に顎の筋肉を鍛えるとか、歯をより丈夫にするために栄養素を使うとか、そのような身体の適応の仕方をする必要がなくなった。すでに、私たち現生人類は、このような食生活を一万年以上送っている。

私たちのご先祖様が営々と開発してくれた技術を使い、食べやすくなった食物をさらに消化しやすくするために咀嚼する。そのために、歯をできるだけ健やかな状態に保つ。一度きりの生涯を全うするまで、なるべく毎日の生活を支えるため、歯には長持ちしてほしい。そこまで、「歯磨き」という行為を、文字どおりかみ砕くことができれば、あとは、何が自分でできることで、何が人の助けを必要とするか、少しずつ考えていけばいい。

たとえば、信頼できる歯医者にいつでも相談することができるか、自分の住む地域にそのような環境があるか。有害物質が歯磨きの成分として規制されているか。これは、私たちの住む世界では、制度的な問題なので、地方自治体や国の仕組みまで視野に入れる必要があるだろう。

歯磨きのあとの、朝食もしかりだ。食物に関しては、これまでにも触れてきたので、ここで繰り返すことはしないが、考え方は、歯磨きと同じだ。

私は、朝食はパン食だ。パンとコーヒーまたは紅茶、それに卵料理、バターとチーズというのが、わが家の朝の食卓に並ぶものだ。

近頃は、日本のどの町にいても、おいしいパンを焼くパン屋さんは必ずあると言ってもいいほど、日本の製パン技術は高い。私の若い頃とは、比較にならない。私が帰国したとき大半の時を過ごす地方都市のわが家の近くにも、おいしいパン屋があり、しかも、酵母と塩以外は使わないので、おいしいだけではなく、まず添加物の心配もなく食べられる。

ついでに、バターも、このパン屋においてある輸入品を買っている。チーズも輸入品だ。こう書くと容易にわかることだが、わが家のエンゲル係数は極端に高い。その分、自動車も持たず、ローンを払うべき持ち家もない。ほぼスーツケース一つでどこにでも住めるような生活をしている、と豪語できるほど荷物が少なくはないが、それに近い生活はしている。

では、このような食生活に問題はないのだろうか、と考えると、パンの原材料は小麦であり、日本の小麦の自給率は一四パーセント、パンに使われる国産小麦は一パーセント、つまり、私の朝食はどこか遠い国で生産されている原料に頼っていることになる。これに、コーヒーや紅茶、そしてバターやチーズを入れれば、わが家の朝食は完全に輸入に頼っていることになる。かろうじて卵だけは国産かもしれないが、卵を産む鶏の飼料には、輸入の穀類が使用されている公算が大だ。調理するための火力も、燃料のガスは輸入だ。かろうじて、コーヒーを入れるための水だけが、地元の水だ。

このように、よく考えてみると、これほど日々の生活に欠かせないものが、ほとんど輸入に頼らなくてはならないということは、何か根本的にまずいことなのではないか、と思わないではない。しかし、自分にどれほどの危機感があるかと自問すれば、あまりにもこういう状況になれてしまって、危機感というほどのものはない。一つには、生産現場があまりにも遠いことがある。

私にとって、いや、私たち多くのものにとって、現実として感じることができるのは、スーパーに並んだ商品だけだと言ってもいい。そして、現実感があるのは、金を出して買うという購買行動だけだ。その購買行動を支えるのは、有り余るモノを作り出す化石燃料文明であり、購買行動を起こすのは孤立した私だ。パッケージに包まれた商品と私の間に介在するのは、貨幣であり、その他の関係性は、モノが買える金さえあれば私は無視することができる。中田の論に従えば、消費という行為に投影される私の姿は、こんなところだろう。

その、他との関係性を無視する気楽さに覆い被さるのが、いつかこのような日常には綻びが生じ、その綻び目から自分が制御できない奈落へと落ちていってしまうのではないかという不安だ。いささか、表現が下手な小説じみていて恐縮だが、言ってみればそういうことだろう。

たとえば、私に限って言えば、この朝食のパターンを、より国産品を使うようなものに変えるということは可能だ。パンの代わりに米の飯にすれば、主食用の米に限れば自給率は一〇〇パーセントだ。

ただ、自分が満足できるような食品を手に入れるためには、近所のスーパーで買ってすませるわけにはいかない。無農薬の米や野菜を手に入れるためには、それなりの努力をしなければならないし、また、そのために生産者と直接結びつくような活動をしなければならないかもしれない。つまり、新たな関係性を築いていかねばならない[24]。

家からの散歩道で景観を考える

朝食を終えたら仕事に出かけるというのが、その次に起こりうる行動だ。たとえば、私が会社勤めだとして、朝食後、出勤のために最寄りの鉄道の駅まで歩く、あるいは自転車で行くということを想定してみる。そのとき、たとえば自宅から店までのランドスケープ（景観）を考えてみるのも良いだろう。手始めに、自宅から店までの道を考えてみる。歩いていくとしたら、どんな道が歩きやすいか、歩いていて心地よいか、子どもやお年寄りや障がい者にも安全か、そして、歩くこと自体が喜びであるような、たとえば道筋に季節の花々が咲いているか、夏の日差しを遮ってくれ、秋には紅葉で楽しませてくれる並木があるか、家の近くに子どもが心ゆくまで遊べる公園があるか、公園に隣接して子どもがくつろげる小さな図書館があるか、近所の人とジオラマを作って考えてみても良い。

安全といえば、地表を舗装などで覆うのは最低限にして、なるべく土を出したほうが良い。それが、夏をなるべく涼しく過ごすための知恵だ。そして、その土が常に再生されるように、できるだけ樹木や草花を植えたほうが良い。隣近所で植える程度なら、各家庭、そして各家庭のメンバー一人一人が、なにがしかの木を植えたりして、自分がその成長に責任をもったら良い。家庭でのガーデニングの延長だ。

ついでに、いくつかの家庭が共同で使えるような雨水の貯水地下タンクを作り、飲み水以外の水はそれでなるべくまかなえるようにしたら良い。これは、予期せぬ自然災害を生き抜くための予防措置でもある。東北大震災は、広域のシステムがいかに自然災害に弱いか教えてくれた。広域のシステムは一カ所の破綻が全体に波及する。それよりも、一週間はどこからも緊急援助が入らなくても生き延びられるような、ミクロのシステムを隣近所で構築しておいたほうが良い。それは、それほど大げさなものではなく、水でいえば、毎日の洗顔、歯磨きに困らない、週に一、二回の入浴に困らない、そして、洗濯する水に困らない、それだけの水を確保しておくことに尽きる。

太陽と水さえあれば当面生き延びるに困らないミクロのシステムを隣近所で作っておくのが、最も効率的な安全を確保する手段だと私は断言できる。なぜ、私がそんなに偉そうなことを言えるのかといえば、それは、二〇一五年四月二五日のネパール大地震を経験したからだ。幸いにして、住む家を失うような被害は受けなかったが、三日間は野外で避難生活をした。そして、数ヶ月、家では玄関で着たきり雀で寝るという経験をした。私が幸運だったのは、借家している家の大家さんが敷地内に井戸を持っていて、市の水道供給に頼らなくてすんだということだ。また、私が勤務する団体の事務所には、雨水を溜める地下タンクが作ってあって、雨樋を伝って雨水を集め、フィルターである程度浄化した雨水を溜めるようにしてある。そのおかげで、事務所でも水で困ることはなかった。

近代的な都市というのは、別に人間を中心に考えられたものではない。自動車が通ることを前提に作られた舗装道路がそのことを何よりも雄弁に語っている。私は、それを否定しているのではない。私も、その恩恵にあずかっているからだ。だが、それも程度問題だ。

第6章で述べたように、私たち人類を含むあらゆる生物は、土と水が太陽光を大きなエネルギー運動に変えてくれるおかげで生きている。人類を含む地上のあらゆる生物は、そのエネルギー運動が作り出すリズムに合わせて生きるように、何百万年というときをかけて身体を作ってきた。だから、日常をコンクリートに囲まれて暮らすこと自体、心身に多大なストレスを与えるようにできているのだ。健康が脅かされる、生命が脅かされることを安全の欠如というなら、どだい、私たちの都会での生活は安全ではないということになる。

だから、昔はよかったなどということを言っているのではない。近代は近代以前とは断絶しているのだ。あるいは、他の文明のあり方を拒否して成り立っているのだ。田中優子たちが「江戸文明」というのは、まさに、私たちが近代文明というところのものが、江戸文明の時間的延長上に発展したものではなく、それをゴミのように捨て去り拒否した上に成り立っているから、近代の前の「江戸時代」ではなく、「江戸文明」と呼ぶのだ。今生きている文明が、自分の身体に合わなければ、私たちは、新たに自分たちのリズムに合った文明を創っていくしかない。

慌てても仕方がない。ゆっくり構えて新しくコミュニティを作る

読者は、気づかれたかもしれないが、私がここで書こうと試みているのは、隣近所、つまりダンバー数程度の共同体でのマイクロ・ウォーターシェッドの範囲での地域づくりである。と、こう書けば、今までさんざん個人化、孤立化がほとんど極限まで進んだと説いてきたくせに、そのようなことが可能かと思われるだろう。正直言って簡単ではない。

そのために、中田は、まず等身大の自分とはどういう姿をしているのか、それを映す「鏡」をどのように作り出すのかを前章でしつこいほどに説いている。また、一方では、時代小説にあるような江戸の昔の長屋の付き合いへの回帰という幻想を排除し、私たちに残されたのは、人工的に新たな関係性を構築していくしかないのだということも、繰り返し述べている。

私なりにかみ砕いて言えば、己の思い込みを捨て、虚心坦懐に自分を見つめろ、ということと、ダメモトで、気楽に（ということも、かなり決心のいることではあるが）他人に働きかける、それも家族、

隣近所から始めたらどうだということだろう。

そのときに、建前ではなく、自分がそもそもどのような生き方をしたいのか、それを具体的にイメージしている、その実現を目指して素直に他人の助けを求めるということをしない限り、つまりあくまで等身大の自分から出発しない限り、何の説得力ももたないのではないか、ということを言いたいのだ。

大上段に構えた理想とやらを振りかざしたところで、何の関心も呼ばないことは、これまでのNGO稼業でいやというほど経験している。その虚構性を根本から変えるパラダイムを探すために、中田も私も、本書でこれまで延々と思考実験、そして、われわれの経験に根ざした思索を重ねてきた。そして、行動するという次元では、あくまで自分でできるところから。そして、まずは自分の生活から、ということが、単純ながら変化を起こす基本だという結論に私たちは達している。

ただ、そのためには、自分がいったいどのような文脈で生きているのかということを認識しない限り、ささやかな行動も踏み出せないであろうことも、私たちは述べてきた。中田の言ではないが、まことに大山鳴動ネズミ一匹で恐縮だが、私たちは、自分たちができもしない大言壮語を吐くほど思考が劣化していないつもりだ。

あえて、都市か農村かという区別をしていないのは、いわゆる先進国では、農村はすでに都市化しているところが多く、都市でも農村でも、新たにコミュニティづくりを行っていかねばならないだろうという前提があるからだ。特に、極端に過疎、高齢化が進んでいるところでは、外から人が入って新たな関係性を築かねば、ということは、ほとんどゼロから出発しなければならないだろう。

第1章でも書いたが、私たち日本人の大多数は、北海道ほどの面積にひしめいている。大都市への人口の集中だ。別の言い方をすれば、「国破れて山河あり」の「山河」を国が破れる前にほとんどうち捨てていると言っても良い状態だ。

私たちは、長い間、「日本は資源がない」という根拠のない信仰を刷り込まれてきたが、「資源がない」ところに人間が何万年も住めるわけがない。

よく地方が「疲弊」していると言われるが、疲弊しているのは地方ではなく、このような簡単なことを直視しようとしない私たちの精神だろう。新たなコミュニティづくりとは、このような認識に立って再び共有資源、共有財産を作り上げていくことだ。

人間のコミュニティは、共有資源の管理、共有財産の管理を軸として発達してきた。祭祀をはじめとする文化も、それを巡る関係性の上に発達してきたのだ。そして、その関係性こそ、私たちを私たち、つまり現生人類であらしめているものだ。

それが断絶してしまったからには、また人為的に作り直していくしかない。その第一歩は、おそらく極めて具体的なことを根気よく話し合うことだろう。ここでは、多数決などという野暮な決定の仕方をせず、みんなが納得するまで時間をかければいい。コミュニティづくりの要諦は、「効率」などという考えを一旦括弧に入れて傍に置き、ゆったりと構えることから始めなければいけない。それが本当に可能かどうかは、まったくわからないが、これも試みてみる価値はあるだろう[25]。

19　豊橋市ごみ組成分析調査報告書〈アルパック（株）地域計画建築研究所〉二〇一四年
ちなみに、この調査は、市内の農家地区、非農家地区それぞれから、一地区をサンプル地区として夏と冬の二回、ゴミを集めて分別、計量して調査したものだ。そして、重量で言えば、農家地区で厨芥類が占める割合が四二パーセント、非農家地区では三九パーセント。つまり、農家地区も非農家地区も四〇パーセントの生ゴミを出している。さらに、この生ゴミのうち、堆肥にできるものの割合は、それぞれ六八パーセント、六一パーセントだ。ゴミの出方からみても、農家地区といっても生活はすっかり都会化していることがよくわかる。

20　MEDA, Dominique "La mystique de la croissance" Flammarion 2013（p242）
購買行動によって、私たちは自分が自由であるということについて二重の幻想を抱くそうだ。一つは、自分が自由にモノを選ぶという、そしてお金を自由に取り扱うという幻想だ。

21　そのような例の一つとして、岐阜県白鳥町石徹白の水力発電所がある。以下、岐阜新聞二〇一六年六月二日付の記事を引用する。
「岐阜県郡上市白鳥町石徹白（いとしろ）に、農業用水を活用した小水力発電所「石徹白番場清流発電所」が完成した。同地区約１００戸のほぼ全戸が出資した「石徹白農業用水農業協同組合」が主体となり２年前から整備してきた発電所で、全国的にも珍しい事例という。１日に通電式があり、稼働した。

最大出力１２５キロワット、年間発電量は約61万キロワット時で、一般家庭１３０世帯分の年間使用電力量に相当する。総事業費は約2億3千万円で県、市の補助も受けた。（後略）」

22　私たち現生人類（ホモ・サピエンス）の脳は、成人では、男性は一三五〇～一五〇〇グラム、女性では一二〇〇～一二五〇グラム、重さで言えば体重の二パーセントくらいだ。出生時の脳の重さは、男女の差はなく、大体三七〇～四〇〇グラムだ。

人間の脳の特徴としては、大きくて負担が多いだけではなく、育ち上がるまでやたらと時間がかかることだ。私たち人類に最も近いとされるチンパンジーが大体八年ほどで成熟するのに対し、私たちの子どもは一四、五年はかかる。さらに、私たちの脳が十全に発達するまでには、二〇年ほどかかるという話もある。

人間の脳は、他者の心を読みながら自分との関係を操作するために働く分野が飛び抜けて発達している。集団の存続と個々人の生存・繁殖がウインウインの関係になるよう調整できるよう進化したということだ。

中田がすでに第3章で紹介したとおり、これは社会脳仮説（SBH: Social Brain Hypothesis）という。この仮説によると、脳の段階的発達は、人類が作る集団の人数と相関関係がある、集団の成員数の増加と脳の容積の増加が比例しているというのだ。

社会脳仮説では、考古学的指標、行動学的指標、認識学的指標、そしてタイム・バジェット（Time Budget）というプログラムを使って、脳の発達とグループの発達を跡づけようとする。

タイム・バジェットとは、要するに一日の時間の使い方、起きて活動している間の時間の使い方だ。それは、食物の摂取、移動、休息、そして社会的な結びつきの四つだ。この中で、特に注意を要するのが、「社会的結びつき」にどうやって時間を確保したかだ。それはすなわち、他の要素をいかに要領よくこなして、社会的結びつきに時間を確保したか、ということを推定していく作業になる。

脳が発達したといっても、各部位が等しく大きく成ったということではない。特に注目しなければいけないのは、大脳の新皮質だ。学習、記憶、複雑な思考を司る。ここがなぜ人類で発達したかという理由に考えられるのは、形成した社会が複雑であるということだ。直接のパートナーだけではなく、その他の成員とも、信頼、共感、共同かつ共時的な行動などができるのは、高度な社会的な能力である。これは、グループ全体のために何が利益であるかという判断ができる能力にまでつながっていく。

では、私たち現生人類は、どのような環境で育ったからこのような能力を発達させることができたのだろうか。この点で非常に説得力のある仮説を与えるのが、S・B・ハーディらのAllo-parents説だ。Allo-は、ギリシャ語起源で「他」を意味する接頭語で、いわば「親代わり」とでも言おうか、母親に替わって、赤ん坊や幼児を世話する者のことを指す。アロペアレンツは、祖母以外にも、父親、叔母、叔父、兄姉など、身近な人々からはじまって、直接血のつながりがない者も含め、新生児のときから子育てに参加する者たちを言う。母親一人ではなく、生まれたときから複数の人々に（それぞれ子育てに関わる軽重はあるとしても）接することが、他人の考えを推し量り、共感能力を身につけることに圧倒的に貢献することは容易に想像できる。ハーディは、たくさんの「親代わり」の中で赤ん坊が育つことは、赤ん坊が早く他人の心を読む、共感する能力を身につけるのに役立っただろうと推測する。子育ては母親がする、というより母親だけがする、というのは、人間の歴史においては少なくとも根拠がない話だ。

23　たとえば、ベルリンのスーパーマーケット「Original Unverpackt」は、すべて量り売りだ。そしてその「Original Unverpackt」に先立ち、すべての商品の量り売りを始めたのは、徳島県上勝町にある「上勝百貨店」だ。上勝百貨店は、開店一年を過ぎて、県外からも客が来るようになったということだ。私はまだ上勝百貨店を訪れたことはないが、ウェブ上のサイトで見る限り、一見プレハブの倉庫のような外見だが、中のディスプレイはなかなか洒落ている。ガラスのジャーなどに入った商品そのものが、何よりも美しいディスプレイそのものになっているのだ。このような、センスの良いとしか言いようのない試みがすでになされ、一定の支持を得ているのだから、自分の地域で同じことを試みても良いだろう。

上勝百貨店では、休息スペースに譲り受けた本を置いて「図書館」も開設している。買い物の後に休みながら本を読み、気に入ったら持ち帰りもできるそうだ。将来は、二万冊ほどの図書館にしたいという志をもっているそうだ。このような工夫も楽しい。

24　私自身の食生活を振り返ってみると、記憶にある限り、パンを中心とした朝食になったのは、小学校四年生あたりだ。すると、今から五六年前、日本の高度経済成長が端緒についたあたりかと思う。話が逸れるが、高度経済成長と日本語で呼び習わすこの現象の「高度」とは、英語で表現すれば「rapid」、つまり「急速な」というだけの話で、なにやら程度が高いということではない。何が起こったかといえば、「急速に」石油依存の生活になっていった、というのが、中田と私の本書の文脈での話だ。それ以来、米の飯と味噌汁、魚の干物、漬け物、海苔などという朝食は、たまに泊まる日本の温泉旅館やホテルでの、いや、そういうところでだけお目にかかるメニューとなり、あたかもそれが、本来私たちが食べるべき、あるいは回帰すべき「日本の」朝食だという幻想となってしまった。そもそも、私が、というよりわが家がパン食を始める前、どんな朝食を摂っていたか覚えがないが、上述のような食事ではなかったことだけは確かだ。中田が述べるように、知らないモノに対しては、需要は起こりようがない。

25　宮本常一『忘れられた日本人』（岩波文庫・岩波書店　一九八五年）

幸い、私たちは、お手本となるべき前例を授かっている。第二次大戦後のある時期まで、対馬では、「村でとりきめを行う場合には、みんなの納得のいくまで何日でも話し合う」という習慣があったそうだ。今でも、この習慣が続いているかどうか、私は寡聞にして知らない。おそらくこのような習慣は、対馬以外でもあったのだろう。

終章

中田豊一
和田信明

第7章の、化石燃料使用の絶対量を減らすには、買わない、つまり消費自体を縮小するしかないという旨の議論を提起する部分を書き終えたのが、二〇一六年の四月の中頃だった。和田の文章を読むにつけ、言うだけで何も実践しない自分に嫌気がさし、せめてなるべく物を買わない生活でもしてみようかと思い立った。そこでまず、以前なら、買い物に行くたび、まだ要らないがそのうちストックもなくなるだろうからこれも買っておこうかなどと、少々余計なものを買い物かごに入れてしまいがちだったのを、最後のところで踏みとどまるよう努めてみた。しかし、スーパーやコンビニに行くたびにそうするのは精神衛生上よくない。そう感じていたところ、行きつけのコンビニに行った際にある方法をふと思いついた。いつもならアイスクリームの売り場を覗いたり、店の中を一回りしながらスイーツやおつまみなど他の棚を眺めたりするのだが、今日だけはそれをやめてみよう。そう考えて、必要なものだけカゴに入れて真っすぐレジに向かった。

それから家に帰ってパソコンを開くと、インターネットプロバイダーのホームページに、「あなたへのお薦め商品」として、腕時計やら新刊書などの広告が勝手に載せられていた。そろそろ買い替え時が来ていると考え、数ヶ月前からネットで次の機種を探していたこともあり、スマホの広告も繰り返し届けられる。よさそうな機種があったので、マウスのポインターを移動してクリックしようとした瞬間、コンビニでのことを思い出し、その日は見るのをやめた。

翌日からは、それに合わせて、商店街を歩く際も、店のディスプレイになるべく目をやらないように努めてみた。こうして数週間が経った頃、ふと気がついた。以前と比べて自分の購買意欲が劇的に減退していたのである。新しいものを買いたくない、つまり欲しくなくなっている自分がいるのに気がついた。その状態をさらに数週間続けたところ、もっと驚くべき変化が自分の内側で起こってきた。いつもなんとなしに感じていた例の気ぜわしさが、明らかに弱まっていたのだ。ふと気がついたらいつの間にかそうなっていたことからして、気のせいでもないし、本書の著者として無理に自己暗示をかけているのでもない。そう断言できる。

「買わない」から「見ない」へ、そして「見ない」から「欲しくない」へと至るルートはこんなに真っすぐで単純だった。しかも、そこは、あの気ぜわしさと手持無沙汰感の両方が確実に和らいだ境地だった。境地と言えば大げさだとしたら、とにかく自分の中で確かに何かが静かに起こっていたということだ。心と体の絶妙な相互作用に、われながら感心したり驚いたりしている。

人は知らないものを欲しがることはできない。途上国の村人ののんびりした佇まいや安定した情緒の秘密は、案外こんな単純なところにあったのかもしれない。そう考えると、これまで書いたことが単に屁理屈をこねまわしているだけのように思えてくる。悲しいことだが仕方がない。

これ以上の実践のない現在では、この話もこれまでにするしかない。ただ、このことに気づかされたことこそ、本書を書いた最大の成果なのかもしれない。それで十分な気さえしている。

（中田豊一）

＊

実際に行動変化を起こすことは難しい。中田の言うとおりだ。それが、いかに「言うは易く行うは難し」であるか、地域の女性たちにゴミとどう向き合うのか研修しながら、改めて思った。

この稿を書いていた間（二〇一六年五月まで）、私は、ネパールの首都カトマンズの郊外の村で、地元のいくつかの集落から集まった女性たちを主な相手として、家庭、地域で出るゴミをどうするかという研修をした。集まってきたのは、近在の五つの集落の女性たち四〇人ほどである。

私が当時住んでいたのは、ヒンドゥーの聖地、パシュパティナートから車で一五分ほど北に行った辺りで、これもやはりチベット仏教の聖地であるボーダナート（有名な仏塔がある）から、歩いて五分ほどのところだ。

わが家のあった辺りは、一五年ほど前まではあまり家もなく、目につくのは田圃と空き地という場所だった。しかし、今では家やビルが櫛比している。おそらく、人口も三倍以上には増えているだろう。ちなみに、私の研修を受けている女性たちに聞いたところ、三世代以上にわたって現在の住所に住んでいる人たちは全体の約三分の一、最近二〇年以内に住み始めた人たち、そしてこの一〇年以内に住み始めた人たちが、それぞれ三分の一ずつなので、近年の人口増加の傾向を、彼女たちも体現しているようだ。

本書でも何度も触れてきたように、現在カトマンズは、近郊も含めてゴミであふれかえっている。そのわけは、単純に、ゴミが幾何級数的に増えつつあるのに処理能力が追いつかないということに尽きる。そして、その「処理能力が追いつかない」理由は、公的機関の処理設備、制度などだけではない。個人の生活でも、生活スタイルが変わって従来ゴミではなかったものがゴミとなった、また、従来存在しなかったものがゴミとなって出現したということがある。つまり、ゴミの量が、個人、あるいは家庭での「処理能力」、そして公的な「処理能力」をはるかに超えてしまったというのが現状だ。

上記の女性たちのうち、何世代にもわたって現住所に住んでいる人たちは、まだなにがしかの農地を持っており、生ゴミは堆肥にしている。だが、それ以外の人たちは、現在のところ堆肥を作ったところでそれを定期的に回収してくれる人がいない。中には、近在の農家に堆肥を売っているという人もいるが、そのためには堆肥を作るための知識がいる。また、堆肥をつくるのは、それなりの手間もかかる。いわば、生ゴミが堆肥となって畑にまかれ、いずれは野菜となって帰ってくるためのシステムがない。

彼女たちの一日は、ミルクティーを作るためのミルクを買うことで始まる。近所の店で買うミルクは、ビニールのパックに入っている。買って帰ったら、ミルクをパックから鍋に移し、沸かしてティーを作る。パックは捨てる。家族が多ければ、一度に二パック買う。パック二つがゴミとなる。大げさではなく、カトマンズの全家庭が毎朝これをやるのだ。ミルクのパックだけで、毎朝膨大な量のゴミが出る。

研修の場で、では、このゴミを減らすためにはどうしたらいいのかを彼女たちに尋ねた。すると、「土に還元できるゴミと還元できないゴミに分ける」、「それから還元できないゴミはリサイクルに出す」という答えが返ってくる。彼女たちの多くは、どこかでゴミの研修を受けていて、こちらがどんな答えを期待しているのか知っている。では、実際にどうするのかと問うと、そこで行き詰まる。

ミルクを空けた後、パックを洗い、乾かし、そしてそれをどこへ持っていくのか。ゴミ回収業者は、不定期にしか来ず、あまり当てにはならない。また、隣近所がまとめてミルクパックをゴミ回収業者に出さない限り、ゴミ置き場に出した途端、あっという間に他のゴミと一緒になってしまう。さらに、ゴミ回収業者が、ミルクパックをリサイクル業者に引き渡せるようなルートがない限り、回収業者がほかのゴミと一緒にしてお仕舞いだ。

毎朝店に買いに行くとき、店の前にパック回収ポストを設置してもらい、そこに落としていくという仕組みがあれば、毎朝の習慣として、最も確実にパックは回収される。しかし、そのためには、販売店、卸、ミルク工場、そしてパックを生産する工場、ミルク工場にそれを納入する業者、と、ざっと考えただけでもこれだけの人たちを巻き込む必要がある。さらに、それを制度的に保障する法、条例なども必要となってくるだろう。リサイクルが必要だというかけ声だけでは、なんともならない。

そもそも、私がこのような問いかけを彼女たちにしたときの研修の課題が、「どうやってゴミを減らすか」というものだった。彼女たちに、「パック以前」はどうしていたか、と問うと、以前は牛乳瓶に入っていたという答えだった。私も、子どもの頃に経験のあることだ。

瓶は、言うまでもないが回収されることが前提となっている。では、なぜパックを導入したか。言うまでもなく、使用後捨てる、一回限りの使用を前提としている。最初から捨てること、ゴミとなることを意図して導入されているのだ。そのほうが便利だ、そのほうがコストがかからないという理屈で。では、このようにゴミを作り出して、それを処理するためにどれだけの社会的コストがかかるようになるか、誰もそんなことは考えもしなかった。かく言う私も、数十年を経ずして、町中ゴミだらけになるとは夢想だにしなかった。私の払う税金の一部が、ゴミを処理するためだけに遣われるようになるとは想像だにしなかった。

問題は、私たちはいつの間にか、このパックに、パックが象徴するものに絡め取られ、気がついたときには、後戻りができなくなっているということだ。後戻りができないなら、中田が言うように、覚悟を決めて人工的に新たな仕組みを作っていくしかない。これまで繰り返し述べてきたように、その第一歩は、余分なモノは買わない、極力プラスチックの包装を拒否するということしかない。

私は、第6章まで村のことばかり書いてきたが、第8章では、特に村でどうこうするということは書いていない。それは、私が生まれてからこの方、村には常に外部者としての係わりしかなく、生活者としては都市にしか住んだことがないためだ。だが、一方では、私が述べてきたのは、村が村でなくなりつつあるという現実だった。特に、二〇世紀も後半以降は、農業の形態も変わり、農村の暮らしそのものが都市型になっているという現実だった。その典型的な例が、上記の女性たちが住むカトマンズ近郊の村だ。

この都市化という流れは、たとえ、南インドの山奥の少数民族の村といえど、抗いがたい奔流となって人々を呑み込んでいく力だ。それが、どのようなメカニズムをもっているか、これまで十分書いてきた。

その意味では、今から何かを変えていく、生活のあり方を変えていくという場合、基本的には、都市型と農村型を分けるという意味があまりない。都市であろうと、村であろうと、これからは人工的に第三の道を探っていくしかないのだ。あるいは、都市で村のように生き、村で都市のように生きる、その中間あたりに、私たちが目指すべき道はあるのかもしれない。

しかし、そのときも、かならずよって立たなければ私たちが生き延びる術はないというものがある。それが、私たちを生かしている土と水だ。私たちが生活を変えていく、ということは、結局は、土と水に行き着く自然資源をどのように使うか、新たな仕組みを作っていくかということにほかならない。そのとき、私たちが参照すべきは、やはり村だ。

村は、猿人から私たち現生人類（ホモサピエンス・サピエンス）に至る人類の進化の歴史の到達点だった、というのが私と中田の結論だ。もちろん、人類が限られた資源を活用しながら生き延びてきたという文脈の中での話だ。人類は、生き延びるための戦略として、他のヒト科の類人猿よりも大きな集団を作ってきた。そして、気の遠くなるような（地質年代的にはたいした長さではないが、人の一生から見れば気の遠くなるような）年月を重ねて、いかに周りの自然を利用しながら生きていくかを学び、実践してきた。

それは、人と人との関係性を作り上げていく過程で、自然資源の利用を決定してきた歴史であり、自然資源の利用に関して、人類は村以上のシステムを作ることはこれまでなかった。これから、この人と自然が作り上げてきた村というシステムを、なし崩しに、弊履《へいり》のように捨て去るのか。それとも、村から学び、新たなシステムを作り上げていくのか。私たち人類は、現在その岐路にある。

（和田信明）

参考文献・資料

- 以下に参考文献として示すのは、本書を執筆するにあたり、直接参考にした文献に限る。
- 文献は、章ごとに示さないで、テーマごとに分類して示した。〈村、共同体、近代史など〉と〈産業革命、経済学、社会科学〉は、内容的にかなり重なる部分があるが、前者は和田、後者は中田が主に参考にしたということでテーマとして分けた。
- さらに関心のある読者のために、特に参考にさせていただいたものや推薦したいものについては★印を付けて示し、推薦文的な短い解説を加えた。
- 学生時代に少し読みかじっただけのマルクスの『資本論』やアダム・スミスの『諸国民の富』などの古典的な大著は、思いきってリストから外した。
- また、マルクス主義関連や進化生物学などの書物には、ある時期にかなり読書を重ねたことにより本書のためのヒントを得たものもあるが、執筆にあたって特に読み返したりしたわけではないので、それらもリストからはずした。
- 日本語の文献も外国語の文献も、基本的にはネットで検索すれば手に入るものを挙げた。また、新聞記事なども同様である。
- マイクロ・ウォーターシェッドに関する文献の一部は入手が簡単ではないが、技術的な部分はまさに受け売りなので挙げておいた。記して謝意を表したい。

〈村、共同体、近代史など〉

・朝日新聞夕刊「村を出た人びと―いま加須良は」一九八五年八月二二日～八月三一日
・網野善彦『歴史を考えるヒント』新潮文庫　二〇〇一年
・石川日出志『農耕社会の成立』岩波新書　二〇一〇年
・内田樹『街場の共同体論』潮出版社　二〇一四年
・田中優子『鄙への想い』清流出版　二〇一四年
・中日新聞〈社説〉「黙とうと明日への気力　大震災の現場で考える」二〇一一（平成二三）年四月一七日
・水野和夫『資本主義の終焉と歴史の危機』集英社新書　二〇一四年
・宮本常一『忘れられた日本人』岩波文庫　岩波書店　一九八五年
・中田豊一『人間性未来論』竹林館　二〇〇六年
・DIAMOND, Jarred "Collapse: How Societies Choose to Fail or Succeed" Penguin 2005
・DIAMOND, Jarred "The World Until Yesterday - What Can We Learn from Traditional Societies?" Viking 2012
・FERGUSON, Niall "Civilization - The Six Killer Apps of Western Power" Penguin 2012
・HOBSBAWM, Eric "The Age of Empire 1875 - 1914" Abacus 2010 (First printed in Great Britain by Weidenfeld & Nicolson 1987)
・LATOUCHE Serge "Farewell to Growth" Polity Press 2009 (First published in French "Petit traité de la décroissance sereine " Fayard 2007)
・MEDA, Dominique "La mystique de la croissance " Flammarion 2013
・MORRIS, Ian "Why The West Rules For Now - The Patterns of History and What They Reveal About the Future" Profile Books 2011

〈産業革命、経済学、社会科学〉

・伊藤元重『入門経済学』第三版評論社　二〇〇九年
★川北稔『イギリス近代史講義』講談社現代新書　二〇一〇年
　産業革命を中心に据えて書かれたイギリスの近代史。わかりやすく書かれていて、読み物としても面白い。
・佐藤次高、木村靖二、岸本美緒『詳説 世界史B（二〇一二年版）』山川出版社
・長谷川貴彦『産業革命』〈世界史リブレット〉山川出版社　二〇一二年
・F・パッペンハイム、粟田賢三『近代人の疎外』岩波新書・岩波書店　一九六〇年
★間宮陽介『市場社会の思想史』中公新書　一九九九年
　経済学という学問が、どのような背景で誕生しどのように変遷してきたかが、歴史的なできごとだけでなく、時代の価値観や思想的な背景を交えて、わかりやすく書かれている。
・エドワルド・リウス『FOR BEGINNERS マルクス』小阪修平（訳）／現代書館　一九八〇年

〈資源、エネルギー、環境、人口〉

・足立力也「日本で唯一の例。ダムを撤去したら川も海も再生した」
日刊「SPA!」二〇一四年一二月一六日
★岩瀬昇『石油の「埋蔵量」は誰が決めるのか？』文春新書　二〇一四年
　この本との出会いがなければ、第7章は書けなかったとさえ言える。石油産業の実務的な側面を知る上でも、統計的な面でも、化石燃料に関する考え方でも、大いに参考にさせていただいた。一読を薦めたい。
・鎌田浩毅『資源がわかればエネルギー問題がわかる』PHP新書　二〇一二年
・榊田みどり「人間の心の中に木を植える―森は海を海は森を恋ながら悠久よりの愛紡ぎゆく」
ARDEC30　二〇〇四年

★佐藤洋一郎『食の人類史』中公新書　二〇一六年
植物エネルギー利用の柱である食物の獲得や生産の変遷を、最新の学問的な知見からわかりやすく紹介、解説してある。繰り返し読んで内容を自分のものにしたいと願う一冊。
・園池公毅『光合成とはなにか』講談社ブルーバックス　二〇〇八年
・武田邦彦『偽善エコロジー』幻冬舎新書　二〇〇八年
・槌田敦『資源物理学入門』NHKブックス　一九八二年
・徳川林政史研究所編『森林の江戸学』東京堂出版　二〇一二年
・「豊橋市ごみ組成分析調査報告書」アルパック（株）地域計画建築研究所　二〇一四年
・マッシモ・リヴィーバッチ『人口の世界史』速水融・斎藤修（訳）／東洋経済新報社　二〇一四年
★ドネラ・H・メドウズほか『成長の限界―ローマクラブ「人類の危機」レポート』大来佐武郎（監訳）／ダイアモンド社　一九七二年
近代社会はこのまま行くと完全に行き詰まるという予測を、資源と経済と人口、そして環境の制約の観点から総合的に提起した歴史的名著。世界的な課題としての環境問題の本格的な起源を理解するために、若い方たちにぜひ読んでもらいたい。
（国連人口基金統計データなど）

〈人類学、進化心理学、進化生物学、脳科学〉
★池谷裕二『単純な脳、複雑な「私」』講談社ブルーバックス　二〇一三年
一般向け脳科学書の傑作。私とは誰かを脳科学の観点から知りたい人にも、ただ面白い本を読みたいだけの人にも、超お薦めの一冊。
・ダニエル・L・エヴェレット『ピダハン―「言語本能」を超える文化と世界観』

屋代通子（訳）／みすず書房　二〇一二年
・岡村道雄『縄文の生活誌　日本の歴史1〈改訂版〉』講談社学術文庫　二〇〇二年
・マイケル・S・ガザニガ『人間らしさとはなにか?』柴田裕之（訳）／インターシフト　二〇一〇年
・鈴木光太郎『ヒトの心はどう進化したのか―狩猟採集生活が生んだもの』ちくま新書　二〇一三年
・ロビン・ダンバー『ことばの起源―猿の毛づくろい、人のゴシップ』
松浦俊輔・服部清美（訳）／青土社　一九九八年
・ロビン・ダンバー『友達の数は何人？―ダンバー数とつながりの進化心理学』
藤井留美（訳）／インターシフト　二〇一一年
・能登健『縄文時代　列島の考古学』河出書房新社　二〇一一年
・長谷川寿一、長谷川眞理子『進化と人間行動』東京大学出版会　二〇〇〇年
★ブルース・M・フード『スーパーセンス―ヒトは生まれつき超科学的な心を持っている』
小松淳子（訳）／インターシフト　二〇一一年
占い、迷信、超能力など一見不合理なことに惹かれたり、こだわったりする人間の心と脳の仕組みを、生存戦略としての脳の進化の中に位置づけることで解明してある。科学書としてのレベルも高く、かつ読み物としても面白い。
・溝口優司『アフリカで誕生した人類が日本人になるまで』ソフトバンク新書　二〇一一年
・DUNBAR, Robin "Human Evolution" Penguin 2014
・GIBBONS, A. "Deep roots for the genus Homo" Science Magazine 6th March2015
・HRDY, Sarah B. "Mothers and Others: The Evolutionary Origins of Mutual Understanding" 2009
・MCKIE, Robin "How hunting with wolves helped humans outsmart the Neanderthals" The Observer 1st March 2015

・MEREDITH, M. "Born in Africa – The quest for the origins of human life" Simon & Schuster 2011
・MITHEN, Steven "After The Ice – A global human history 20,000-5000BC" Phoenix 2003
・"The proper study of mankind" The Economist December 24th 2005
・STRINGER, Chris "Lone Survivors – How we came to be the only humans on Earth" St. Martin's Griffin 2012

〈整理術、その他〉
・近藤麻理恵『人生がときめく片づけの魔法』サンマーク出版　二〇一〇年
・辰巳渚『「捨てる!」技術』宝島社新書　二〇〇〇年
・中田豊一『対話型ファシリテーションの手ほどき』ムラのミライ　二〇一五年
・やましたひでこ『新・片づけ術「断捨離」』マガジンハウス　二〇〇九年
・福岡伸一『動的平衡―生命はなぜそこに宿るのか』木楽舎　二〇〇九年
・和田信明・中田豊一『途上国の人々との話し方―国際協力メタファシリテーションの手法』みずのわ出版　二〇一〇年

〈マイクロ・ウォーターシェッド、土、水〉
★粕渕辰昭『土と地球―土は地球の生命維持装置』学会出版センター　二〇一〇年
かなり専門的な記述の部分もあり、私のような門外漢には決して読みやすいとは言えないが、全体としては、土とは何かということを懇切丁寧に説明してあり、一読すれば土、自然に対する理解が深まることは疑いない。
・デイヴィッド・ビアリング『植物が出現し、気候を変えた』西田佐知子(訳)/みすず書房　二〇一五年
★DUPRIEZ, Hugues & LEENER, Philippe de "Les chemins de l' eau – ruisellement, irrigation, drainage

– manuel tropical” Terre et Vie 1990

サヘル地帯やそれに近い乾燥地帯での農業を主に念頭に置いて書かれた本。セネガルを中心とした仏語圏西アフリカ対象。中等教育レベルの理科の基礎知識があれば、理解できる。また、そのレベルの教育を受けている農民が実際に応用できるよう、書かれている。

・GILLIS, J. & RICHTELAPRIL, M. “Beneath California Crops, Groundwater Crisis Grows” 5th April 2015 The New York Times

・“Plant Book” Micro Watershed Management with Local Initiatives – Mamidijola, Godiyapadu, Tallapadu, Pogadavalli, Butalaguda Edited by SOMNEED 2009

★TIEDEMAN, E.M. “Watershed Management – Guidelines for Indian Conditions” Omega Scientific Publishers 1996

副題が示すように主にインドでの活動を念頭に置いて書かれている。特に、簡単な測量、堰堤などの構造が詳しい。従って農業土木などの専門的知識がないとわかりづらい部分もあり、技術者向けだ。だが、ウォーターシェッドとは何かということを理解するためには一読の価値がある。

・JAMES, A.G. & ROBINSON, Elizabeth “Water and Sustainable Rural Livelihoods in Andhra Pradesh: Background Paper” 2001

あとがき

この本を、中田と私が書こうと思ったその由来を考えると、どうしても二〇〇六年に中田が上梓した『人間性未来論』に行き着く。私たちの仕事は、結局人間と人間が形作る集団と向き合う仕事だ。この『人間性未来論』において、中田はどのように「人間は人間になったか」ということに正面から向き合い、そこから己と己の生業とすることの間の距離を見極めようとした。中田は、そのとき、人間などという曖昧な概念をひねくりまわすのではなく、ヒト（ヒト科ヒト属ヒト種）というところまで降りていって、原型共同体というひとまずの思考の「依り代」を考え出した。瞠目すべき視点だったが、当時私が彼に言ったのは、「これは、まだ書き足すことがあるね」ということで、無責任ながら、自分でもなぜそのようなことを言ったのか、当時の私には判然としなかった。ただ、今度、本書を中田と一緒に書きあげて、気づいたことは、その「書き足りなさ」が、私たちの方法論と現場に対する洞察の足りなさに起因することだった。当時、中田は、私たちの方法論の体系化の道半ばであったし、私も、土と水という観点からの人間の暮らしに対する洞察力が身につき始めたばかりだった。また、私たちそのものであるヒト種に関わるさまざまな学問の領域も、中田が本書のなかで述べるごとく、この一〇年で長足の進歩を遂げ、私たちのような素人でも、その果実をより安心して享受できるようになっていた。したがって、人間性の現在、未来について「続編」を書くのに、さらに一〇年待たなければならなかったのだ。

本文でもさんざん述べたご託はこのくらいにして、もうちょっと蛇足を書く。

私が本文で述べているささやかな「脱化石燃料」実践を日々忠実にやってみると、ゴミの日に出す可燃ゴミが劇的に減った。以前は、一回に四〇リットルのゴミ袋に溢れんばかりに詰め込んでいたゴミが、今や五リットルの袋一つだ。私のささやかな実践でわが家の家庭ゴミは減ったが、それで日本のゴミの総量が減るわけではない。それはわかっているが、これを少なくとも我が国の人口の三分の一でも、いや四分の一でも実行すれば、社会のシステムそのものを変えていく力になるだろうと確信した。それはどうしてかって？　自分で考えてみてください。

中田や私のような、途上国といわれるような国々をふらついてきた人間の強みと言えるような強みといえば、人間の生き方はいろいろあるということを見てきたことだ。都会でせわしなく生きるというのは、その「いろいろある生き方」の中で最も魅力に乏しく、人生も最後のコーナーを回りかけている私たちとしては、気ぜわしく何かに追われるように生きるのは、もうごめん被りたいと思い、そのためには何をしたら良いのか、それを探るのも本書を書いた所以の一つだ。

書き終わったところで、中田も私も、ささやかながらカタルシスを覚えている。言い方を変えれば、これでこれから多少は気を楽に生きていけるな、というほどの感慨だ。

本書を執筆するにあたって、多くの方たちに原稿を読んでいただいた。飯尾歩さん、石丸奈加子さん、澤野都さん、竹内ゆみ子さん、萩原喜之さん、花里信彦さんには、まだ本の全体が形を為さないところから、何度も読んでいただいた。特に原康子さんには、細かく原稿をチェックしてもらった。中田と私が所属する認定NPO法人「ムラのミライ」の役員、スタッフ、山田貴敏さん、大塚由美子さん、久保田絢さん、小森忠良さん、早川美津子さん、山岡美翔さん、和田美穂さん、渡辺成洋さん、河合将生さん、和田アスカさん、光本昭子さんにも原稿を読んでもらい、感想をもらった。特に、宮下和佳さん、前川香子さん、田中十紀恵さんには、完成稿に至る遙か以前から繰り返し読んでもらっている。元代表理事と現代表理事が、頼むのである。これは、一種の「社長の義太夫」に違いない。さぞかし辟易しただろう。ありがとうの一言しかない。原稿を読んでいただいた皆さんには、改めて深甚な感謝の念を捧げる。

竹林館の左子真由美さんには、編集から出版までの全てにおいてお世話になった。松井美和子さんのレイアウト、尾崎まことさんのコピーも本書が意図するところを見事に形にしてくれた。良い編集者たちに恵まれるということは、幸運以上のなにものかである。記して感謝したい。

二〇一六年一〇月一二日

和田信明

中田豊一（なかた　とよかず）

1956年、愛媛県生まれ。東京大学文学部卒。アジア学院農場ボランティアなどを経て、1986～89年、シャプラニール＝市民による海外協力の会ダッカ駐在員としてバングラデシュで活動。1995年5月から1998年3月まで（社）セーブ・ザ・チルドレン・ジャパン事務局長。以後、フリーランスの国際協力コンサルタントとして活動しながら和田信明の開発した対話術を共同で体系化。2004年から2年間、JICA派遣専門家として家族とともにラオスに滞在。現在、認定NPO法人ムラのミライ代表理事。非常勤の役員として認定NPO法人市民活動センター神戸理事長などを務める。神戸市在住。
〈著書〉『途上国の人々との話し方―国際協力メタファシリテーションの手法』（和田信明との共著／みずのわ出版　2010年）、『人間性未来論―原型共同体で築きなおす社会』（竹林館　2007年）、『ボランティア未来論』（コモンズ　2000年）、『援助原論・開発ボランティアが現場で考えた』（学陽書房　1994年）など。

連絡先：E-mail　toyobhai@yahoo.co.jp

◆

和田信明（わだ　のぶあき）

1950年、東京生まれ。ストラスブール大学人文学部社会学科中退。1993年に認定NPO法人ムラのミライの前身のNGOを設立、以来2015年まで事務局長、専務理事、代表理事を歴任。2015年に代表理事を退任。1993年以来、主に南インド、ネパールで多くのプロジェクトを手がける。同時にJICA、JBICの専門家としてインドネシア、ガーナ、インドで多くの調査、研修を行う。その間、中田豊一とともにメタファシリテーションを手法として築き上げ、その普及に努める。最近は、セネガル、イランからも要請されて研修などの活動を広げている。京都市在住。〈著書〉『途上国の人々との話し方―国際協力メタファシリテーションの手法』（中田豊一との共著／みずのわ出版　2010年）、〈訳書〉『白い平和』（ロベール・ジョラン著／現代企画室　1985年）。

連絡先：E-mail　w.nobuaki50@gmail.com

ムラの未来・ヒトの未来　―化石燃料文明の彼方へ

2016年11月1日　第1刷発行
著　者　中田豊一・和田信明
発行人　左子真由美
発行所　㈱竹林館
〒530-0044　大阪市北区東天満2-9-4　千代田ビル東館7階FG
Tel　06-4801-6111　Fax　06-4801-6112
郵便振替　00980-9-44593
URL http://www.chikurinkan.co.jp
印刷　㈱国際印刷出版研究所
〒551-0002　大阪市大正区三軒家東3-11-34

ISBN978-4-86000-345-6　C0036

定価はカバーに表示しています。落丁・乱丁はお取り替えいたします。